From Historical Heritage
to Culture Industry

Landscape Reconstruction
of Tongguanyao in Changsha

从历史遗产到文化产业

长沙铜官窑景观再造研究

鲁雯·著

图书在版编目（CIP）数据

从历史遗产到文化产业：长沙铜官窑景观再造研究／鲁雯著.—长沙：湖南师范大学出版社，2021.9
ISBN 978－7－5648－4370－0

Ⅰ.①从… Ⅱ.①鲁… Ⅲ.①官窑—瓷窑遗址—研究—长沙 Ⅳ.①K878.54

中国版本图书馆 CIP 数据核字（2021）第 204425 号

从历史遗产到文化产业——长沙铜官窑景观再造研究
Cong Lishi Yichan Dao Wenhua Chanye——Changsha Tongguanyao Jingguan Zaizao Yanjiu

鲁 雯 著

◇出 版 人：吴真文
◇责任编辑：孙雪姣　赵婧男
◇责任校对：蒋旭东　陈艳丽
◇出版发行：湖南师范大学出版社
　　　　　　地址／长沙市岳麓区　邮编／410081
　　　　　　电话／0731-88873071　88873070　传真／0731-88872636
　　　　　　网址／https：//press.hunnu.edu.cn
◇经销：新华书店
◇印刷：天津画中画印刷有限公司
◇开本：710 mm×1000 mm　1/16
◇印张：18.75
◇字数：320 千字
◇版次：2021 年 9 月第 1 版
◇印次：2024 年 8 月第 3 次印刷
◇书号：ISBN 978－7－5648－4370－0
◇定价：68.00 元

凡购本书，如有缺页、倒页、脱页，由本社发行部调换。

目 录

第一章 导论 （1）
 第一节 研究主题与选题缘由 （1）
 第二节 已有研究与相关述评 （4）
 第三节 田野简况与研究思路 （23）

第二章 从考古遗址回溯历史生活景观 （33）
 第一节 考古遗址及其空间史 （33）
 第二节 窑炉周边的历史场景 （57）
 第三节 弹性的历史空间边界 （86）
 小结 （95）

第三章 地方陶瓷技艺集体化与市场化 （97）
 第一节 围厂而聚的集体生产 （98）
 第二节 私营陶瓷产业的兴起 （120）
 第三节 当代制陶与文化旅游 （128）
 小结 （140）

第四章 地方景观遗产再造与权力网络 （143）
 第一节 地方景观变国家遗产 （144）
 第二节 遗产保护的权力场域 （149）
 第三节 "非遗"及其承认的权力 （166）
 小结 （179）

第五章　文化遗产的资源转化与消费 …………………………（182）
- 第一节　文化景观与城市更新 …………………………………（182）
- 第二节　商业景观与遗产利用 …………………………………（201）
- 第三节　消费主义与景观塑造 …………………………………（211）
- 小结 ………………………………………………………………（221）

第六章　产业发展中的技艺传承与创新 …………………………（224）
- 第一节　铜官窑风格的再定位 …………………………………（225）
- 第二节　工艺审美的本土评价 …………………………………（243）
- 第三节　传承中的分、继、合 …………………………………（258）
- 小结 ………………………………………………………………（264）

第七章　结论 ………………………………………………………（267）
- 第一节　文化遗产景观再造要素 ………………………………（267）
- 第二节　权力、资本与景观再造 ………………………………（271）
- 第三节　产业化中的技艺张力 …………………………………（274）
- 第四节　"分继合"与文化自觉 …………………………………（277）

参考文献 ……………………………………………………………（281）

后记 …………………………………………………………………（294）

第一章 导论

第一节 研究主题与选题缘由

本书旨在考察作为非物质文化遗产的历史生活景观被逐步转化为文化产业的过程，及其中不同主体所持文化资源、权力和资本的互动机制，探索景观的社会再造规律，以及应有的文化自觉意识。

2018 年，湖南省长沙市北部郊区铜官发生了一件"文化大事"——长沙铜官窑博物馆正式开馆。我在长沙工作，曾较长时间从事艺术设计方面的研究，本就对长沙铜官窑有一定了解。

望城原本总体上属于长沙北郊的农村地区，该地区的铜官镇有部分村民从事烧陶工作（之后行政区划多次更名，除特殊场景表述需要之外，为方便读者阅读连贯，以下统称望城铜官镇）。20 世纪 50 年代初，有考古工作人员在铜官镇发现和发掘了一个唐代陶瓷业的遗址，称其为长沙铜官窑。1988 年，长沙铜官窑遗址被认定为全国重点文物保护单位。2006 年，该遗址又被确定为国家"十一五"期间 100 个重要遗址保护项目之一，2010 年再被列入全国第一批考古遗址公园立项名单。

2018 年 5 月，"黑石号"沉船的文物被从印度尼西亚运回国，其中 162 件（套）被送回到其产地长沙铜官窑，并在长沙铜官窑博物馆展出（"黑石号"沉船本于 1998 年在印尼苏门答腊海域被渔民发现，有 6 万多件珍贵文物被打捞出来，其中超 5.6 万件产自长沙铜官窑），这也标志着该博物馆正式开馆。在博物馆的旁边是当地风景最优美的石渚湖，湖边有制陶业的石渚草市，在当地不少宣传材料中常被誉为唐代制瓷"世界工厂"。2018 年 8

月,在石渚湖与博物馆中间,同时紧邻石渚草市的农地上,由中国民营企业唐瓷集团兴建了一片占地三千亩、名为唐瓷"铜官窑古镇"的建筑群(以下简称"铜官唐瓷"①),与2009年由长沙市望城区政府打造的"铜官老街"形成了鲜明的对比。之后,铜官唐瓷被列为全国优选旅游项目、"一带一路"建设样板工程、湖南省和长沙市重点大型综合文化旅游项目。在各大媒体的报道中,"百亿打造的丝路文旅古镇""穿越千年的博物盛宴"等说法更为这个小镇增添光辉色彩,大量访客慕名来到铜官镇,观瞻历史遗址和游玩。

然而,数月后,"空城""鬼城""退铺""退租"等有关铜官唐瓷的负面消息频频在微信、博客、互联网上出现。据说,此次"退铺""退租"行为是位于铜官老街的商户们联名针对铜官唐瓷展开的。在表面上,这场较量在老街与取名为"古镇"的新镇区之间发生,双方都想借助有利的地理位置和强大的媒体宣传,争夺铜官窑旅游业带来的客流量。

不过,如果回看老街的历史就会发现,虽然它确实依托了铜官镇传统农村集贸市场的街道,但自2009年重修以来,其实基本上也都变成了新房子,只是外貌上遵循了"修旧如旧"的理念,看上去较为"古朴"。老街翻新工程是在望城区政府和旅游局的监督下展开的,街上房产多半属于镇政府,另有一部分属于集体所有。老街上那些与铜官唐瓷争夺利益的商户,绝大部分也并非铜官镇传统农村集贸市场上的居民,而是该镇其他村民,甚至是铜官以外来租房子的人。所以,这场较量不仅仅是一场当地人关于"新"与"旧"、"传统"与"开发"之间的争议,还隐含了在"开发"和"保护"铜官窑的名义下,与铜官窑有关联的多种类型的主体围绕地方空间、权力、文化资源等问题展开的博弈。

因所学专业的关系,长沙铜官窑博物馆开张,本就激起了我的研究兴趣,而此后经过初步了解得知,围绕着已远非考古遗址或铜官窑陶瓷烧制传统技艺的所谓"铜官窑",当地正产生各种复杂的互动,我认为,这应该是一个值得进一步追踪观察和深入研究的经验现象。

在理论讨论潜力上来说,以上各类主体的互动至少涉及了文化主体性、

---

① 除特殊注明外,本书中所用材料均为作者实地调查所得。为保护被调查者隐私,书中所涉企业名称和部分调查对象姓名已遵照学术规范匿名化处理。

文化资源、资本、权力及景观再造等文化人类学方面的问题。由此设定议题并展开深入研究，在文化人类理论探讨方面，应该也是有价值的。例如，一方面，尽管铜官镇逐步增设了一些文化景点，为各类主体致富提供了新的可能，但在本地人、小商户、大资本及地方政府等主体之间，依然存在着重重张力。并且，这些张力并没有随着文化遗产名录扩展得到缓解，相反有逐渐增强的趋势。另一方面，他们之间又不仅仅是竞争关系，因此虽然有张力，却也不约而同地有"合作"的一面。不仅是铜官唐瓷和老街，还有从湖南省到铜官街道办事处的各级政府，都在力图加大投入打造"长沙铜官窑国家考古遗址公园"（以下简称"遗址公园"）。

2011年，铜官陶瓷烧制技艺被列入第三批国家级非物质文化遗产名录，遗址公园核心保护区的修筑及周边环境景观建设也在不断丰富这一遗产的社会含义。尤其是在长沙铜官窑博物馆建成后，讲述铜官窑遗产历史，成为一种多方主体的利益表达，并试图渗透到地方和官方的话语之中。从遗址公园到博物馆，从老街到铜官唐瓷，各种"规划项目"落地，为铜官镇催生了大量的新地标。在某种意义上，这完全符合政府"打造湖湘文化名片，建设国家遗址公园"的总目标，以及"发掘文物资源优势，打造旅游特色名村"的总要求。观光游览的地理空间迅速得以扩增，大资本朝着利益最大化的目标安排着自己的运营，地方政府在打造政绩"名片"的同时还获得了财政收入，当地几个社区和村庄也因发展旅游业获得了实实在在的经济效益。

如此一来，在铜官镇，这些具有不同开发目的的景观就出现了不同程度的重叠，而且因为相互之间错综复杂的关系形成了不同程度的利益纠葛。没有一个空间在被开发成后，与一个稳定的地方群体相关联。相反，不同群体在博弈中都宣称只有自己有资格塑造和经营某一景观。即使有相当一部分人原本并非铜官老街居民，甚至并非铜官镇辖区内任何一个村庄或居委会的人，而仅仅是在某些旅游景观兴建之后才迁入的，但事实上却也以"常住人口"的身份在重塑当地生活景观。甚至可以说，正是人员结构的多样化，构成了当代铜官生活与传统不一样的"风景线"，不同人群的生活实践为当地由一个农业型小镇快速城市化注入了活力。

在中国文化遗产保护与社会主义新时代乡村振兴的背景下，一个陶瓷产业文化区正在"复兴"。在这个过程中,手作的传承与创新、资本的累加与博弈、空间的形塑与变迁都呈现出传统与现代交融的形态。我们很难清晰地区分谁是传统,谁是现代,或者多久算是传统,何时又是现代。但有一点是可以确定的,那就是人们都在尝试以"铜官窑"的名义,以一个地理空间来建构、表达或限制区域范围内各种文化意义的生成与群体利益。正是他们的各种努力和互动,从根本上塑造了铜官镇各种景观的基本面目。由此,本书的核心论述并不在于讨论单一文化遗产中的传统特征及其形塑过程,而是将尝试将这场传统文化"复兴"运动置放在长时段地方性空间内部视野下,去考察不同利益主体围绕地方文化资源、权力和资本展开的博弈。

第二节 已有研究与相关述评

本书的研究将聚焦于景观的再造过程,及其中不同主体围绕文化资源、权力和资本而形成的互动。文化人类学对于景观的研究,在这方面已有较深厚的积累,可供本研究作参考。同时,本书所涉及的景观再造过程,与铜官镇的文化遗产有着密切的关系,其中各类主体的社会关系网络也起到了重要作用。由此,学界已有关于文化遗产保护、社会资本、文化资本以及文化遗产产业化的讨论,也对本书的研究具有重要启发意义。

一、景观的文化权力透视

在现代文化人类学早期的民族志中,景观虽未被当作专门的议题予以对待,但客观上还是得到了关注。例如,埃文思-普里查德在描述努尔人的社会生活时,离不开其空间背景描述,[1] 而列维-施特劳斯的热带旅行记录,也不乏对当地聚落空间、生态环境的描述。[2] 在古典人类学的民族志当

---

[1] [英]埃文思-普里查德:《努尔人:对一个尼罗特人群生活方式和政治制度的描述》,褚建芳译,北京:商务印书馆2014年版,第69页。

[2] [法]克洛德·列维-施特劳斯:《忧郁的热带》,王志明译,北京:中国人民大学出版社2009年版,第416页。

中，也不乏对景观的关注。例如，摩尔根对北美洲土著家屋空间的研究，① 广义上也可算文化人类学聚焦景观的经典之作。

不过，文化人类学将景观作为一个专门议题进行研究，则源于20世纪80年代末。1989年，英国伦敦政治经济学院召开"景观人类学"学术会议，其后出版了论文集《景观人类学：关于地方与空间的观点》，② 可算作标志性的事件。与此大致同时期，巴巴拉·本德（Barbara Bender）等人共同撰写的《景观：政治与视角》一书，更是标志着文化人类学对景观的研究，与地理学、考古学和政治学等交叉了起来，对景观中蕴含的政治关系予以了透视。③ 此后，法国哲学家德波在20世纪60年代本就已经提出来的"景观社会"的理论，在文化人类学中也得到了广泛应用。该理论以"日常生活革命"作为自己的议题，聚焦于社会批判和文化证伪，认为当代西方社会已经发展到了"景观"阶段，即生活细节异化成了景观形式，徒有表征，而无实质内容。④

不过，要想知道"景观"是什么，却不是一件很容易的事情。就像英格尔德说的那样，"我只能从解释'景观'不是什么来开始"，进而他自信地说，"'景观'不是土地（Land），不是自然（Nature），不是空间（Space）"。⑤ 以否定性形式来认识"景观"，实际上是拒绝通过结构拆分与重组的形式确立内涵的方式。

"景观"往往强调一种不可计算性，因此也就拒绝了一种对象或影响条件的简单增减。因此，我们可以发现，"景观研究"的发展并不是从自身概念的提出开始的，而是从20世纪末社会科学领域对"空间"概念的批判中开始的。"空间"作为基本的人类认识自然的状态，从工业革命以来一直是人类科学地认识世界的一个基础性概念。在文化人类学领域，列维－施特

---

① ［美］路易斯·亨利·摩尔根：《美洲土著的房屋和家庭生活》，李培茱译，北京：中国社会科学出版社1985年版，第305页。

② E. Hirsh M. O'Hanlon, The Anthropology of Landscape: Perspectives on Place and Space, Oxford: Clarendon Press, 1995.

③ Barbara Bender Landscape: Politics and Perspectives, Oxford: Berg, 1993.

④ ［法］居伊·德波：《景观社会》，王昭凤译，南京：南京大学出版社2006年版，第170－174页。

⑤ Tim Ingold, The Temporality of the Landscape. World Archaeology, 1993. Vol. 25, No. 2. pp. 152－174.

劳斯沿着摩尔根家屋研究的路子继续往前走。他认为，这种"家屋社会"背后的根本原因，是"总是倾向于侵入社会领域的各种政治和经济利益尚未克服马克思和恩格斯所说的'古老的血缘联系'"。① 这也就是说，"空间化"的分析概念，预设了一种亲属制度向地缘性的政治经济关系转变的过程。但是，我们仍然要意识到，以家屋作为分析单位，并不意味着这种空间作用的过程就是从内向外的。一些学者的研究表明，家屋空间的向外开放并不是一个必然的过程。就像纳德尔曾提醒我们的那样，"我们面临着连续的在时间和空间中扩展的特征，这些特征要求我们不断地对行动的打破和再结合进行考察"，这种考察又要求我们"不断地超越一种隔离状态，并把背景空间与前景空间相互交替"。②

近代资本主义重建空间价值的论述，首先要提到的是福柯对空间规训的研究。他在论述欧洲疯人的空间安排中，就详细说明了一种从隔绝到收编的过程。中世纪的疯人船把疯人排除到了城市的空间外。相对城市来说，城市外的空间在一定程度上是"自由的"，空间的划分是以"文明"与"野蛮"来区分的。③ 换句话说，不存在一种既非文明又非野蛮的空间，空间一定是具有社会价值色彩的。这样的论述同样出现在斯科特对佐米亚地区的历史考察中。他认为，山地文明由于不能被低地文明收编，进而被赋予了空间上的"野蛮性"。④

不过，近代以来，空间开始逐渐"客观化"，变成了不具备价值判断的客观的"数字"。空间的客观化带来的问题是，它可以通过另一种途径被重新利用，并在利用中重新赋予价值，这种方式就是资本。资本以一种"客观化"的方式建立起了对"空间"的统治，这种统治不再只在"文明"的区域里进行，而是拓展到了每一个地方。因此从福柯的角度来讲，空间的客观化是一个权力的问题。但空间的权力关系一旦建立，其自身也就相应地具备了一个再生产的机制。就像列斐伏尔分析的那样，客观空间的权力

---

① ［法］克洛德·列维-施特劳斯：《面具之道》，张祖建译，北京：中国人民大学出版社2014年版，第213页。
② S. F. Nadel, The Foundations of Social Anthropology. London: Routledge, 2004. p. 76.
③ ［法］福柯：《古典时代疯癫史》，林志明译，上海：三联书店2005年版，第5页。
④ ［美］詹姆斯·斯科特：《逃避统治的艺术：东南亚高地的无政府主义历史》，王晓毅译，上海：三联书店2016年版，第3页。

生产是通过"科学化"的语言进行的,这就是现代专家系统。空间的客观化让空间所负载的时间,包括历史、现在与未来,产生了分裂并对如何生产空间提出了新的要求,正是"受过训练的众多专家试图回答这些问题"。[①] 这些专家不仅肩负起了对城市空间设计的任务,还在多个领域内促成了学术语言的转变。

学术语言的转变进一步把地理空间卷入意义阐释与争夺的场域之中。随着本体论转向与现象学学派研究的兴起,空间的客观化遭到了质疑。在这两种视野下,"客观化"并没有真正消除价值判断,而是美化了它,并在新的权力关系中重新进行了价值化,空间不是均质的,而是特殊政治经济关系的再生产过程,即梯莱说的"没有单一纯粹的空间,只有各式各样的空间"。[②]

这些讨论让我们认识到,空间并不是"自然地"产生的,就像"自然"经历了概念上的变化一样。自然的空间在中世纪只包含"地上的"部分,这是与一种"垂直系统的宇宙"观相一致的。[③] 这种宇宙观包含了一个社会面向与神话面向的两极统一,进而在时间的循环中保持了空间上的差异性。然而,近代随着科学的兴起与笛卡儿的反思,空间开始成了时间连续上面的均质的"地平线",进而"自然"与"空间"开始一致。

实际生活是空间所隐蔽在后的状态,是空间话语生成的具体过程。进而,生活空间是一个地理空间、人际关系与意义表达在历史中交互形塑的过程。不同的政治经济关系带来了不同的文化阐释,不同的意义阐释进而形塑了身份权力的博弈过程。景观化正是在这个过程中出现的,景观化研究的是景观形成的过程,同时也是在景观中构成社会问题的过程。景观化研究意味着,地理空间的形塑与人际关系的再生产是同步发展且相互影响的,并一同卷入了社会文化的生产过程。

景观同对空间的批判一样,其本身也并非是一个可数的对象。除此之外,在景观人类学的讨论中,景观还保留了一种动态的过程,正像英格尔德说的那样,"这里没有什么空洞等待着被填充,所以,所有填充都是一次

---

① Henri Lefebvre, The Production of Space. London: Blackwell Press, 1991, p. 37.
② Christopher Tilley, A Phenomenology of Landscape: Places, Paths and Monuments, Berg Publishers, 1994. p. 10.
③ [美] 段义孚:《恋地情结》,志丞、刘苏译,北京:商务印书馆2018年版,第145–150页。

重塑"。① 景观不是一个静止的状态，景观永远是博弈的、动态的与历史的。景观也意味着没有静止的状态，任何一个切入点既意味着过去，也意味着未来，当然还包括现在。这种流动不仅是人的流动，也不仅是土地的直观变迁，而真正促进景观化进程的是其中的权力关系，以及权力关系下的人的生活经验所带来的认同。这正如梅尼格所指出，我们必须明白一个"权力的现实"，那就是"生活必须永远活在已经形塑好的过去"。②

引入权力关系于景观之中，米切尔曾总结六点分析性原则：景观是被生产的，是积极的行为，是有意识的物理干预；任何景观或多或少都是功能性的；没有景观是地方的；历史非常重要；景观就是力量；景观是社会正在进行的空间形式。③ 这六点原则并不能单独来看，从根本上看，景观被认为是一个权力转换的过程，而这种转换需要有一个表达的方式和契机。这正如列斐伏尔所说，必须在整体上关注一种权力的产生与空间的关系，因为空间"集中了财富、权力、信息、知识、文化"等方面的关系。④

由此，景观不仅仅通过权力关系被生产出来，景观本身还对权力关系进行了进一步的阐释。谁的景观与景观是什么，很多时候可能是同一个问题。达比在研究英国工人阶级运动和风景的关系时就曾发现，政治经济身份的区隔并不是被语言表达出来的，而是被风景表达出来的。她认为，"改革者将进入休闲风景区与社会改革联系在一起"，推动了"公用地上的群众示威、革命象征符号的出现、向议会提交请愿书的庞大的游行队伍"，这使得"进入公用地充满了政治含义"。⑤ 在这里，景观不再仅是一种权力关系，还是混合了政治经济影响下的文化身份，正如米切尔所说，"景观不仅仅表

---

① Tim Ingold, The Temporality of the Landscape, World Archaeology, 1993, Vol. 25, No. 2. pp. 152 – 174.

② D. W. Meinig, "The Beholding Eye: Ten Versions of the Same Scene," in D. W. Meinig, ed., The Interpretation of Ordinary Landscapes, Oxford: Oxford University Press, 1979, pp. 33 – 48.

③ Don Mitchell, "New Axioms for Reading the Landscape: Paying Attention to Political Economy and Social Justice," in Wescoat Jams and Douglas Johnston, eds. Political Economies of Landscape Change: Places of Integrative Power, New York and London: Springer, 2008, pp. 28 – 50.

④ ［法］亨利·列斐伏尔：《空间与政治：进入都市的权力》，李春译，上海：上海人民出版社2015年版，第102 – 107页。

⑤ ［美］温迪·达比：《风景与认同》，张箭飞、赵红英译，南京：译林出版社2011年版，第121 – 128页。

示或象征权力关系;它是文化权力的工具"。①

值得注意的是,说景观是一种"文化权力的工具",其实仅仅表明它是一种文化权力形塑的过程,而不意味着景观一定为某一种权力服务,并生产出某一种权力。理解景观的关键在于,权力与认同并不是结果,而是过程。这一特点也是从对空间的客观化批判之中承袭下来的,注重景观在多个意义上的流动性。在这个意义上,首先,景观成为一种博弈的场所。景观所表达的权力关系与身份意识是通过不同人在不同时空下的互动带来的,而不是一种给定的过程。其次,景观不仅仅为博弈提供了一个场所,还塑造了博弈的方式,甚至是以博弈的方式塑造了我们的身体。为此,英格尔德希望通过把身体的运动直接引入到地景中来,使用"践景"(taskscape)来表达地景内的一种集中的综合实践活动。② 通过身体,地景同样"再现了一种对话的体验的感性的回归"。③ 再次,景观的流动感也在异文化的解读中被创造出来。不同的景观可以被不同的人解释。如柯楠通过分析马林诺夫斯基和戴斯考拉所撰写的民族志发现,对于景观,"不同的社会结构产生除了不同的审美经验和不同形式的审美表现"④ 由此,在王斯福和英格尔德看来,景观不仅是一种"旅游风景",也是一种权力的象征,更是一种具体空间的"制作过程"⑤ 和"生成的过程"。⑥。

不过,虽然景观受到权力的影响,但就现实来说,既有的权力结构可能既不统一,又并不必然都发挥同样的作用。要解释风景背后的权力结构,以及这种结构背后社会关系的再生产,就必须深入讨论围绕景观而展开的实践过程。通常来说,这种实践性的竞争会在如下几个方面得到呈现。

---

① [美] 米切尔:《风景与权力》,杨丽译,南京:译林出版社2014年版,第2页。
② Tim Ingold, The Temporality of the Landscape, World Archaeology, 1993. Vol. 25, No. 2. pp. 152 – 174.
③ [美] 安德鲁·斯特拉桑:《身体思想》,王业伟译,沈阳:春风文艺出版社1999年版,第258页。
④ Michel Conan, "From Vernacular Gardens to a Social Anthropology of Gardening," in Michel Conan, ed., Perspectives on Garden Histories, Washington: Dumbarton Oaks Research Library and Collection, 1999, pp. 181 – 204.
⑤ Stephan Feuchtwang, ed. Making Place: State Projects, Globalisation and Local Responses in China. London: University College London Press, 2004. p. 4.
⑥ Tim Ingold, Making: Anthropology, Archaeology, Art and Architecture, London: Routledge, 2013, p. 21.

首先，景观化参与空间的命名竞争。

正如米切尔所指出，景观问题是一种关于权力的文化竞争，竞争主体首先要做的就是命名。① 在空间命名方式中，权力的竞争往往会被激活（如就本书来说，究竟老街算"古镇"，还是铜官唐瓷新建立起来的建筑群算"古镇"）。对此，段义孚也指出，"操纵不同环境类型的智慧"，首先就包括了"给我们经历的特别事物进行命名"，内部视角可能拥有更多的亲密感，但却经常没有具体的形状，而外部视角拥有象征符号特征，但却缺乏真实感。②

景观化过程之所以强调地点的重要性，是因为地点往往拥有具体的名字。如巴苏对西阿帕奇人的研究，就详述了地点如何通过名称被不同的祖先记忆所传承。③ 这些名字记录的地点可以唤起一种自我描述的权利，而不是他者赋予的地名记录。但对地点生活空间的确认，不只是通过名称的传承来实现，有时候需要通过对名称的竞争来实现。在这里，重要的是"命名"过程本身塑造了一个竞争性的公共空间。

与此同时，并不是说没有命名就意味着人们不能进行景观化的努力。一些城市公共空间具有较强的排他性，纵使它只是一个城市空间的分类。如晚清民国时期北京城所谓的"东富西贵，南贫北贱"，其特殊之处在于避免了在正式或公开场合进行命名，而同时这种"非名化"的方式本身与命名具有相似的效果。

其次，景观记忆也涉及文化遗产。

公共场所景观化需要具体的表现形式，文化遗产则是最能体现地点的公共特殊性。遗产的确立是与遗产保护相互关联的，无论是建筑还是出土文物，这些传统考古学、建筑学中的古代遗迹都以遗产的形式被公共性地保护起来，形成了一个具有特定地理空间与制度形态的景观。以景观为中心的遗产保护，往往被认为可以发挥更大的公共性力量，这种力量主要体

---

① Donald Mitchell, Cultural Geography: A Critical Introduction, London: Blackwell, 2000, pp. 1-34.
② ［美］段义孚：《人文主义地理学》，宋秀葵、陈金凤、张盼盼译，上海：上海译文出版社2020年版，第200-202页。
③ Keith Basso, Landscape and Language among the Western Apache, Albuquerque: University of New Mexico Press, 1996, pp. 77-82.

现在激发地方参与和行动上面。① 也就是说，景观化把公共保护政策从宽泛的公共视线拉入公共行动当中，因此也就更能激发地方人员的参与、地方价值的表达以及促进地方协商机制的运作。在这个意义上，本书同样以一种景观的视角来看待遗产保护，只是这种景观化的对象和影响范围远远大于遗产保护的对象和影响范围。

虽然所有的物质空间，尤其是公共空间，都或多或少地涉及集体记忆的问题，但在遗产保护中，记忆过程被置于最显著的位置，并且披上了一种历史客观连续性的伪装。正如马修斯所指出，遗产让我们以一种不会怀疑自身身份的方式生产着认同、发展着乡愁。② 通过遗产所聚焦的公共利益与其创造出来的有足够关切感的共同体，遗产所叙述的历史在现实世界为我们提供了一种"我们是谁"的稳定认识。

遗产的景观记忆不仅仅是一种陈述，而且有现实互动性，其保护行动是一种现实的动员与互动过程。就这一层次的景观遗产来说，历史记忆既是一种复原和保护，也是一种展示的过程，即形塑一种观看遗产的方式，在这种方式中对物质世界的叙事隐含了一种等级规则的生产与合法性的建构。③ 尤其是当代中国的遗产景观，文化遗产认定往往既是政治性的国家身份的确立，也是文化性的地方身份的确立。这两种身份的交融使得景观可以进入更为多样化的身份政治之中。

再次，景观化在市场叙事中参与意义再造。

景观被观看，从一开始就伴随着旅游，尤其是乡村旅游。在这一过程中，乡村被视为一种"景色"，它反映在人们进入到这种景色中去观看，也反映在对乡村景色的直接描绘中。后来，这在绘画领域反映得尤其明显。但无论是作为旅游的视角还是作为绘画的视角，景观在西方的重新出现本身就伴随着一种视点的重新对焦，而这种对焦背后所表达的新的权力竞争也同样具体地反映在围绕景观的阶级与消费之中。就绘画来说，以莫奈为

---

① Daniel Terrasson, "Research Supporting Landscape Policy," in Paul Claval and John Agnew, eds., Landscapes, Identities, and Development, Aldershot: Ashgate, 2011, pp. 355 – 358.

② Christopher N. Matthews, "Idea of the Site: History, Heritage, and Locality in Community Archaeology," in Ludomir R. Lozny ed., Landscapes under Pressure: Theory and Practice of Cultural Heritage Research and Preservation, London: Springer, 2006, pp. 76 – 78.

③ Denis E. Cosgrove, Social Formation and Symbolic Landscape, Madison: University of Wisconsin Press, 1984, p. 8.

代表的印象派表现出一种人与自然的"虚假的等价性"。① 这种反映方式的特点在于,它以看似冷漠的地理科学的观察重新塑造了景观中政治身份的合理性,进而积极地参与了社会空间的实践过程。②

在当代社会,文化作为市场流通的关键指示系统,在承担日常生活沟通性的同时,进一步促进了想象图景的跨场景流通。这样一个过程催生了更为细致的消费问题,尤其体现在以文化品牌为中心的消费方面。这就回归到米切尔对文化景观论述的核心,即一种"文化竞争"的博弈状态。例如,祖金就曾分析指出,一个可以支付更高租金的团体也就有理由宣布他们在城市中存在的合法性,但这一点不是通过直接的金融形态展现的,而是通过"文化力量"展现的。通过这种策略,一种道德优越感在"美"的名义下宣布了自我与他者的区隔。③

而就中国来说,这种空间的设计过程与景观化所卷入的旅游、消费与艺术精神的表达同样存在关联。只不过在这里,本土设计者在接受西方艺术精神的同时,其直接面对的更多是本土市场,一种本土的陶瓷品艺术为抵挡西方艺术美学的全面替代发挥了作用。与此同时,这种本土的美学设计也被卷入各种主体的权力博弈之中,国内地方的差异性空间为文化竞争提供了可资消费的区域。

二、文化遗产产业化反思

1950 年,日本出台《文化财保护法》,为世界首部保护非物质文化遗产的法律,其政策不仅具有系统性和全面性,还有很强的连续性。④ 我国关于非物质文化遗产的研究起步较晚。2004 年,我国成为联合国《保护非物质文化遗产公约》成员国,并陆续出台了一系列保护非物质文化遗产的政策。在此背景下,国内关于非物质文化遗产的研究得以迅速兴起。关于非物质文化遗产的研究,涉及遗产的认定、传承人名录、技术等方方面面,本书

---

① D. Harvey, Consciousness and the Urban Experience, Oxford: Basil Blackwell, 1985, p. 15.
② Denis Cosgrove, Geography and Vision Seeing, Imagining and Representing the World, London: I. B. Tauris & Co Ltd. , 2008, p. 15.
③ Zukin Sharon, Naked City: The Death and Life of Authentic Urban Places, Oxford: Oxford University Press, 2010, pp. 3 - 4.
④ 廖明君、周星:《非物质文化遗产保护的日本经验》,《民族艺术》,2007 年第 1 期。

在此不可能对之做全面化的描述，且就与本书议题相关者略作梳理。

第一，关于文化遗产产业化的争论。

在非物质文化遗产研究中，原真性和活态保护是一个重要话题。如方李莉指出，任何一种产业发展都需要资源支持，文化遗产必将成为新时代经济社会的重要资源，其关键在活化的利用。① 不过，非物质文化遗产保护，涉及一系列复杂的社会活动，如何在保持遗产本身不变形、不伪造的情况下，又充分发挥其生产性功能，而不只是被作为一种文化标本放在博物馆里，则涉及诸多因素的平衡。也由此，在国际上，"原真性"是研究者们定义、评估和监控非物质文化遗产保护的一项重要指标。徐嵩龄指出，原真性的理念源自文化遗产科学，无论对于非物质文化遗产还是物质文化遗产保护来说，都具有灵魂、准则性的意义。② 刘魁立则认为，整体性原则应与原真性原则一样，贯穿于非物质文化遗产保护过程之始终。③ 乌丙安、张博等人还提出，文化空间应成为非物质文化遗产保护的重要"抓手"④，即不仅保护遗产本身，还要保护其产生和发展的空间。⑤

不过，刘晓春也提出了必须进一步思考的意见。他认为，当人们讨论本真性的时候，必须要弄清楚，究竟是"谁的原生态？为何本真性"。⑥ 甚至还有学者认为，在非物质文化遗产保护中，应当树立"文化主权"的理念，呼吁文化持有者如同保卫国家主权一般，维护其文化主人的权益。⑦ 方李莉在强调文化持有者主体性时呼吁，要关注其生活、想法及其处境，关注当地民众及其整体民间生活。⑧ 何兰萍认为，民间文化的持有者实际上糅

---

① 方李莉：《有关"从遗产到资源"观点的提出》，《艺术探索》，2016 年第 6 期。
② 徐嵩龄：《遗产原真性·旅游者价值观偏好·遗产旅游原真性》，《旅游学刊》，2008 年第 4 期。
③ 刘魁立：《非物质文化遗产及其保护的整体性原则》，《广西师范学院学报》（哲学社会科学版），2004 年第 4 期。
④ 乌丙安：《民俗文化空间：中国非物质文化遗产保护的重中之重》，《民间文化论坛》，2007 年第 1 期。
⑤ 张博：《非物质文化遗产的文化空间保护》，《青海社会科学》，2007 年第 1 期。
⑥ 刘晓春：《谁的原生态？为何本真性》，《学术研究》，2008 年第 2 期。
⑦ 张成福、梁平：《民俗学与非物质文化遗产保护》，《重庆文理学院学报》（社会科学版），2007 年第 4 期。
⑧ 方李莉：《请关注非物质文化遗产的拥有者》，《艺术评论》，2006 年第 6 期。

合了社会历史在身上，培育民间文化主体对传承文化遗产有着重要的价值。① 麻国庆考察了民间艺人身体的生物性与社会性，认为其身体本就是一种技术和社会实践，可视作承载社会文化的象征体系，艺人的有尊严的生活即有文化载体和文化表达的作用。②

祁庆富认为，关于文化遗产的传承，民族性、群体性和传统性是应该得到重视的三个维度。③ 赵世瑜则强调，民间技艺是一种重要的历史"记忆"，"记忆是关于传承的记忆，同时记忆又造就了传承"。④ 王小葵也强调，如果把"民间传承看作是一种身体记忆和口头记忆的再生产的过程和结果，那么传承实际上是在一个记忆之场中实现的"。⑤ 赵旭东则认为，民间文化的传播，是因为其本身具有"易感性"，可以实现文化表征传递。由此，民间文化具有容易被广大人民群众"记忆""感染"的特点。⑥ 在社会急剧转型或者新旧文化交替时，文化主体还会产生主动适应性、循环性的特点。⑦

众多研究者注意到了非物质文化遗产实际上潜藏了多种价值，并试图将其转化为经济上的生产力。其中，依托文化遗产发展旅游业，就是一种常见的选择。宋振春、朱冠梅等人提出，应该探索非物质文化遗产保护与旅游开发之间的良性互动，以提升特定文化区域旅游业的竞争力。⑧ 胡绍华还从一些实际案例分析入手，讨论了旅游业发展中的各种主体，同时提出在非物质文化遗产保护所应遵循的原则。⑨ 翟辅东等人认为，非物质文化遗产是我国的一种隐性旅游资源，如果要将其显性化，应该注意不同类型的文化遗产具有不同的特征，其动力机制不同。⑩ 不过，如何在发展旅游业的

---

① 何兰萍：《新农村文化建设中民间文化的传承与保护》，《开发研究》，2008年第2期。
② 麻国庆：《身体的多元表达》，《广西民族大学学报》（哲学社会科学版），2010年第3期。
③ 祁庆富：《论非物质文化遗产保护中的传承与传承人》，《西北民族研究》，2006年第3期。
④ 赵世瑜：《传承与记忆——民俗学的学科本位》，《民俗研究》，2011年第2期。
⑤ 王小葵：《记忆论与民俗学》，《民俗研究》，2011年第2期。
⑥ 赵旭东：《论民俗的易感性》，《民俗研究》，2004年第5期。
⑦ 赵旭东、张洁：《文化主体的适应和嬗变》，《学术界》，2018年第12期。
⑧ 宋振春、朱冠梅：《世界文化遗产旅游深度开发研究》，《旅游学刊》，2007年第5期。
⑨ 胡绍华：《三峡地区非物质文化遗产与旅游开发利用原则》，《三峡大学学报》（人文社会科学版），2007年第6期。
⑩ 翟辅东、肖曾艳：《隐性旅游资源显性化的概念和应用》，《旅游学刊》，2004年第6期。

过程中，同时有效地保护非物质文化遗产，或者说至少做到不损害非物质文化遗产，现有研究似乎显得还很薄弱。

与此问题紧密相连，对于非物质文化遗产是否应该产业化，学界的意见也并不完全一致。例如，冯骥才、乌丙安、刘魁立与刘晓真等人是反对文化遗产产业化较有名的代表性人物。冯骥才认为，若将文化遗产产业化，商业规律结构会割裂和分化文化遗产。① 乌丙安认为，把文化遗产推向市场化利用，很容易破坏非物质文化遗产的"原生态"。② 刘魁立认为，一旦非物质文化遗产成为商品，便会失去原有功能，从而造成破坏甚至亵渎。③ 刘晓真也强调，保护非物质文化遗产，同时又与经济利益挂钩，通常达不到保护到文化遗产的效果。④

同时，也有研究者积极主张应该通过产业化的方式对待非物质文化遗产，一方面发挥经济效益，另一方面也是探索生产性保护的必由之路。例如，黄胜进主张，非物质文化遗产是文化资本，应加快从文化遗产到文化产业的转化。⑤ 辛儒认为，从长远发展的眼光来看，让非物质文化遗产呈现出经济价值，应该是我国产业结构实现优化升级、可持续发展的必然选择。⑥ 刘金祥分析道，在我国综合财力有限的情况下，非物质文化遗产保护总体上只能走产业化的道路，同时也是文化产业发展的内在需要。⑦

还有一些研究者对此问题持有保留态度。例如，吴露生认为，如果能够创造条件做到文化遗产的活态化保护，文化产业无疑是有利于传统文化传承和发展的，但也应该防止其产生弊病的一面。⑧ 李昕指出，我国非物质文化遗产应该探索分类，如分为可经营性、非经营性两大类，对前者应该鼓励以产业化的方式进行开发利用和加以保护，使之发挥经济社会效益，

---

① 参见冯骥才：《文化遗产开发不能搞矿产开发模式》，《领导科学》，2009 年第 18 期。
② 乌丙安：《民俗文化遗产保护中的文化修复与维护》，《中原文化研究》，2014 年第 3 期。
③ 刘魁立：《关于非物质文化遗产保护的若干理论反思》，《民间文化论坛》，2004 年第 4 期。
④ 刘晓真：《"非遗"保护重要内涵》，《中国知识产权报》，2006 年 3 月 1 日第 7 版。
⑤ 黄胜进：《从"文化遗产"到"文化资本"》，《青海民族研究》，2006 年第 9 期。
⑥ 辛儒：《我国非物质文化遗产产业化经营问题探讨》，《生产力研究》，2008 年第 6 期。
⑦ 刘金祥：《刍议非物质文化遗产产业化》，《江南大学学报》（人文社科科学版），2012 年第 5 期。
⑧ 吴露生：《历史镜头前的非物质文化遗产》，《世界遗产》，2010 年第 3 期。

但对后者则宜采取与产业化保持距离的方式进行保护。① 还有研究者则从某些具体的问题和改善策略的角度，对平衡非物质文化遗产保护和文化产业之间的关系做了一些探索。例如，肖曾艳将当代平衡二者关系面临的主要问题归纳为载体特殊性、产业链建设和扩展，以及产权、经营权等问题。② 王文仙则指出，更常见的问题是保护工作与群众脱节，遗产传承后继无人，资金缺乏，遗产保护观念存在偏差等。③ 曹宇将这些问题的原因归结为三大矛盾：利益最大化与可持续发展的矛盾，急功近利的开发与文化传承连续性需求的矛盾，开发目的与保护目的不协调的矛盾。④

甚至于，在不少研究者看来，将哪些东西划为文化遗产本身就是一场又一场隐含了权力的竞争。例如，丹托认为，将哪些艺术定义为"原始艺术"，实际上是将之以独特的方式在西方艺术殿堂中留下位置。⑤ 席勒尔则指出，在通常意义上，"假的艺术"或"不真实的艺术"指的是那些虽然产于市场经济之中，却仍然宣称沿用"传统的"技术、材料和风格的作品，但这种界定本身即隐含了权力。⑥ 一方面，外地（尤其是欧洲）对小型社会手工艺人的影响，不仅被接收而且被赞许，但另一方面又将这些手工艺人的生产看作"不真实的"，实际上是一种国家霸权与本土艺术品价值的纠葛。⑦

第二，关于文化遗产的权力与资本研究。

与上述思路相似，如何以中国自身作为主体、以更加本土化的方式保护我国的文化遗产，也是我国研究者关注的一个问题。从官方的角度看，我国出台和修订的《中国文物古迹保护准则》，无疑参照了《威尼斯宪章》，

---

① 李昕：《论非物质文化遗产保护产业化运作的可能性》，《贵州民族研究》，2008年第2期。
② 肖曾艳：《非物质文化遗产产业化的困境与突破》，《学术论坛》，2012年第1期。
③ 王文仙：《非物质文化遗产产业化保护研究》，《当代经济》，2012年第1期。
④ 曹宇：《浅析非物质文化遗产产业化中的知识产权保护》，《兰台世界》，2012年第32期。
⑤ Coleman Danto, Art/Artifact: African Art in Anthropology Collections, New York & Munich: Prestel Pub, 1988, p. 12.
⑥ Larry Shiner, Primitive Fakes: Tourist Art and the Ideology of Authenticity, The Journal of Aesthetics and Art Criticism, 1994, Vol. 52, No. 2, pp. 225 – 234.
⑦ Christopher B. Steiner, "The Art of the Trade: On the Creation of Value and Authenticity in the African Art Market," in George E. Marcus and Fred R. Myers, eds., The Traffic in Culture Refiguring Art and Anthropology, Berkeley: University of California Press, 1995, pp. 151 – 165.

只是在历史、科学、艺术等价值论述之外,还强调了文化遗产保护具有文化价值、社会价值,以及应该与国情相符。① 吴宗杰②、李沛③等人分析了世界文化遗产的申报明显具有西方权威话语主导的特点。刘朝晖④、吴宗杰⑤还指出,完全以西方标准认定文化遗产的"真实性""完整性",很容易使得我国文化遗产保护被西方权威话语"绑架"。这也就是说,文化遗产保护在一定条件下也可能成为民族国家话语竞争的一部分。⑥ 而由于我国文化遗产保护事业起步较晚,加之西方权威话语的影响,我国很长时期处于弱势。由此,明晰文化遗产保护的话语建构机制,尤其是各种权力的影响,探索本土化的文化遗产保护路子并建构相应的话语,也就变得格外重要。

当然,就国家内部而言,话语及其权力的影响也不容忽视。它们会对文化遗产的认定、价值解释、生产与建构,以及具体保护和利用方法等各个环节产生影响。国家认定和支持文化遗产保护,往往有国家政治或公共利益的考虑⑦,而地方政府和地方社会的动机未必如此。甚至于,即使在地方社会内部,不同人群看重的文化遗产价值也可能不同。由此,不同主体围绕文化遗产形成的话语和对待文化遗产的态度,甚至同一主体对某项具体文化遗产的理解、阐释,随着时间、空间、政策等条件的变化都可能不同。

既然文化遗产保护及其话语都隐含了权力因素,关于文化遗产在产业化过程中如何维护文化持有者利益问题,也成为学界高度关注的话题。例

---

① 参见杨正文:《文化遗产保护的关联话语意义解析》,《西南民族大学学报》(人文社会科学版),2014年第7期;于晓磊、廖汝雪:《文化遗产保护中的中国话语》,《遗产与保护研究》,2017年第3期。

② 吴宗杰、姚源源:《周道对大运河的启示:本土遗产话语的道统源流》,《浙江大学学报》(人文社会科学版),2014年第5期。

③ 李沛、苏小燕:《话语分析视角下中国文化遗产的国际地位提升路径研究》,《河南社会科》,2019年第9期。

④ 刘朝晖:《"被再造的"中国大运河:遗产话语背景下的地方历史、文化符号与国家权力》,《文化遗产》,2016年第6期。

⑤ 吴宗杰:《话语与文化遗产的本土意义建构》,《浙江大学学报》(人文社会科学版),2012年第5期。

⑥ J. Pendlebury, Conservation Values, the Authorized Heritage Discourse and the Conservation-planning Assemblage, International Journal of Heritage Studies, 2013, Vol. 19, No. 7, pp. 709 – 727.

⑦ 彭兆荣:《遗产政治学:现代语境中的表述与被表述关系》,《云南民族大学学报》(哲学社会科学版),2008年第2期。

如，关于民族宗教仪式、文学艺术、传统节日、口头传说等非物质文化遗产的文化资本化研究成果批量化地涌现出来。当地人及其社区如何参与非物质文化遗产的文化资本化，以及如何抑制政府在文化资本化过程中的强权以保护文化资本持有者的利益，成为一个重要研究问题。① 有研究者提出，非物质文化遗产开发利用的最终目的理应首先是为了当地人的发展，因此申报和保护文化遗产，都必须以提高文化持有者生活水准为前提。②

进而，这也就牵涉到了文化遗产产业化究竟包括哪些内容，以及如何产业化方能兼顾各方利益的问题。

普拉特提出，文化产业是以文化形式出现的生产性活动，内容则涵盖了文化创意、文化生产以及文化产品交易等。③ 思罗斯比主张，文化产业是指包含文化创造和知识产权，以及传递象征意义的知识产品或服务。④ 章建刚⑤、胡惠林⑥等人提出，文化产业是一种向消费者提供知识或精神产品、服务的产业，包括生产、储存和分配文化产品或服务等内容。花建认为，文化产业是指市场主体提供的、以满足消费者精神文化需求为目的的文化产品与服务活动。⑦ 田卫东、张建等人则主张，文化产业是一种以文化产品和服务为形式的产业新类型，文化要素中的"观念系统"商品化为其实质内容。⑧ 相比之下，我国学界对文化产业的理解显然更偏重于经济和产业内容，而对其中的创意、人文价值、知识产权重视不足。

至于如何保护文化持有者的利益，波特认为，关键在提升文化产业的竞争力。他的文化产业竞争"钻石模型"指出，文化产业如同国民经济中的任何其他产业一样，其竞争优势在于国内市场需求条件、生产要素、相关产业与支持产业的活力、企业的策略和管理，外加政府行为和偶然事件

---

① 李秉文、赵利生：《文化资本与民族地区城乡一体化》，《云南社会科学》，2011年第4期。
② 马翀炜、陈庆德：《民族文化资本化》，北京：人民出版社2004年版，第5页。
③ Andy C. Pratt and Paul Jeffcutt, eds., Creativity, Innovation and the Cultural Economy, London: Routledge, 2009, p. 15.
④ ［澳］戴维·思罗斯比：《经济学与文化》，王志标、张峥嵘译，北京：中国传媒大学出版社2011年版，第5-6页。
⑤ 章建刚：《中国改革与文化产业的发展》，《文艺理论与批评》，2003年第3期。
⑥ 胡惠林、李炎主编《中国文化产业评论》，上海：上海人民出版社2003年版，第21-39页。
⑦ 花建：《中国文化产业投资战略的思考》，《上海社会科学院学术季刊》，2002年第2期。
⑧ 田卫东、张健：《文化产业的时代语境及实践诉求》，《齐鲁学刊》，2010第3期。

两个辅助因素。① 然而，政府只是跟偶然因素一样的辅助性因素吗？至少巴尼、布克尼、曹东顺等人不这么认为。例如，巴尼认为波特此论属于典型的内生视角，强调且仅强调了市场主体内部的资源、能力、模仿性及组织化，而实际上政府也很重要。② 布克尼、曹东顺、普雷特等人也强调，包括政府在内的多种因素应该得到重视，而不宜仅仅将政府笼统地处理为非经济变量并忽视它。③ 楚龙巴特尔等还指出，不能简单将经济要素集群看作文化产业发展的原因，社会资本等因素也尤为值得重视。④

既然政府和社会资本也是文化产业发展和增强文化持有者竞争力的重要因素，循着这一逻辑推展，政府通过公共政策引导、扶持与调控文化产业发展，也就变成了情理之中的事情。⑤ 弗瑞斯提出，政府引导和扶持文化产业发展本身可视作一种"文化民主"。⑥ 孔莉莉通过对英国文化产业的政策分析指出，政治和意识形态在当代文化政策的形成和实践中，其实扮演着非常重要的角色。⑦ 祁述裕在借鉴"钻石理论模型"分析我国文化产业竞争机制时，也将政府的角色作为一个重要因素纳入分析。⑧ 赵彦云等人按照"生产者＋人力资源＋文化资源和设施→文化产品和服务的生产→商业和公共文化消费市场"这一文化产业链条，分析了其中的商业、艺术和公共文

---

① ［美］迈克尔·波特：《国家竞争优势》，李明轩译，北京：华夏出版社2002年版，第68页。
② ［美］杰恩·巴尼：《获得与保持竞争优势》，王俊杰译，北京：清华大学出版社2003年版，第12－14页。
③ 参见 Peter J. Buckley, The Multinational Enterprise, London: Macmillan, 1990, p. 5; Cho Dongsungand Moon Hwy-Chang, From Adam Smith to Michael Porter: Evolution of Competitiveness Theory, World-Scientific Books, 2000, Vol. 2, No. 5, pp. 135－159.
④ Enkhbold Chuluunbaatar, Ottavia Ding-Bang Luh, Shiann-Far Kung, The Role of Cluster and Social Capital in Cultural and Creative Industies Development, Procedia-Social and Behavioral Sciences, 2014, Vol. 109, No. 8, pp. 552－557.
⑤ 胡惠林、单世联：《文化产业学概论》，太原：书海出版社2006年版，第308页。
⑥ S. Frith, Knowing One's Place: The Culture of Cultural Industries, Cultural Studies from Birmingham, 1991, Vol. 11, No. 1, pp. 135－155.
⑦ Lily Kong, Introduction: Cultural, Economy, Policy: Trends and Developments, Geoforum, 2000, Vol. 31, No. 4, pp. 385－390.
⑧ 祁述裕、殷国俊：《中国文化产业国际竞争力评价和若干建议》，《国家行政学院学报》，2005年第2期。

化结合机制。① 蔡尚伟②、胡惠林③等人考察了我国文化产业政策演变的过程，以市场机制为基础，建构了规划、引导和干预文化产业形成和发展的文化主张体系。

由于本书的田野点铜官镇正在尝试利用文化遗产资源做旅游开发，由此与文化产业相关的旅游研究，也对本书的研究有一定的参考意义。这种以文物、古迹之类的文化遗存作为旅游资源的产业发展方式，在业内通常被称为"文化遗产旅游"。由此，张建忠和孙根年④、曾国军⑤等人类似于非物质文化遗产的研究，也提出了如何平衡文化"原真性"和商业化利益关系的问题。不过，更多研究者感兴趣的是如何将文化遗产旅游发展得更好。在这方面，有研究者提出了"文化创意旅游"，也即让旅游者参与当地文化艺术、传统习俗体验，并将之与当地文化创意联结起来，成为文化创意的一部分。⑥ 此外，博物馆旅游、影视旅游等形式也得到研究者的重视。⑦ 不过，在当下旅游产业发展越来越依赖于经济资本投入的情况下，包括文化遗产、当地社会资本在内的各生产要素如何组合，并根据相应的贡献获得收益⑧，仍是亟待进一步深入研究的问题。

若从社会运作机理的角度看，文化遗产产业化实际上涉及的是文化资源的开发问题。这其中包括与之相关的各种主体利用自己的身份、社会关系网络，转化为经济资本，从而将文化遗产潜在的经济价值实现最大化。由此，本书的研究也就涉及如何从理论上梳理清楚社会资本利用以及文

---

① 赵彦云、余毅、马文涛：《中国文化产业竞争力评价和分析》，《中国人民大学学报》，2006年第4期。

② 蔡尚伟、刘锐：《论新中国文化经济及文化产业政策的演变》，《思想战线》，2010年第1期。

③ 胡惠林：《文化产业发展与国家文化安全》，广州：广东人民出版社2005年版，第124页。

④ 张建忠、孙根年：《遗址公园：文化遗产体验旅游开发的新业态》，《人文地理》，2012年第1期。

⑤ 曾国军：《跨地方饮食文化生产中的原真性重塑》，《地理学报》，2014年第12期。

⑥ 参见 UNESCO, Towards Sustainable Strategies for Creative Tourism: Discussion Report of the Planning Meeting for 2008 International Conference on Creative Tourism, Santa Fe. New Mexico, USA, 2006, pp. 25 - 27; Kole S. K. Dance, Representation, and Politics of Bodies. Journal of Tourism and Cultural Change, 2010. Vol. 8, No. 3. pp. 183 - 205.

⑦ J. Connell, Film Tourism-Evolution, Progress and Prospects, Tourism Management, 2012, Vol. 33, No5, pp. 1007 - 1029.

⑧ 左冰：《中国旅游经济增长因素及其贡献度分析》，《商业经济与管理》，2011年第10期。

资本化的发生机理。

言及文化资源及各类社会主体的社会资源和经济资源之间的转化,不得不提及布尔迪厄关于资本类型的划分及其相关研究。布尔迪厄指出,资本其实是一种劳动积累,可以表现为经济资本、文化资本和社会资本等形式。其中,经济资本以金钱为象征、以物质财产为主要内容;文化资本以学历、学位、学衔等为象征,以知识技能为主要内容;社会资本以社会身份、声望及社会关系网作为象征,社会地位是其实质,三种资本形式在一定条件下可以互相转化。① 他还认为,文化可以成为区分社会等级的象征。可能正因为如此,在布尔迪厄的理论指引下,有人将文化资本视作"一种标志行动者的社会身份的,被视为正统的文化趣味、消费方式、文化能力和教育资历等的价值形式"②。也就是说,在一定的条件下,文化资源可能成为一个人在社会中晋升的阶梯,也能转化成经济利益。

那么,这些条件究竟是什么呢?布尔迪厄认为,这得结合文化资本及其持有者所在的"场域"才能说得清楚。在其理论中,"场域"指的是"位置之间的客观关系的网络(network)或构型(configuration)。"在布尔迪厄的理论中,所有场域都必然充满竞争,因此都充满了各种资本的较量。同时,每个场域还有自己的社会文化规则,也即在场域的形成和发展过程中,各种资本沉淀下来,转变成某种有个性特征的精神气质、主观观念。他将之称为"惯习"。但是,"惯习"连同"场域"的结构本身都并非一成不变的坚固之物,而是会在一定条件下发生变化的。由此,布尔迪厄又凭借这一点对结构与行动者的关系进行了辩证处理,区分了两种结构:一是"structured structure",即已经结构化了的、相对稳定的结构;二是"structuring structure",即有了一定的结构雏形、但仍在变化和结构化过程中的结构。③ 与文化资本相连的社会结构,实际上是作为主体的人的身心与社会结构相结合的产物,并非一成不变,而是常常处在不断更新和变化当中的

---

① [法]皮埃尔·布尔迪厄:《文化资本与社会炼金术》,包亚明译,上海:上海人民出版社1997年版,第190页。
② J. Webb, T. Schirato, G. Danaher, Understanding Bouedieu, London and New Delhi: Sage Publications, 2002, p.10.
③ [法]皮埃尔·布尔迪厄:《实践理论大纲》,高振华、李思宇译,北京:中国人民大学出版社2017年版,第213页。

"深层结构"。换句话说，文化资本所依赖的社会结构，常是结构化过程中的结构。这种动态的结构分析视角，对于我们理解文化遗产向文化产业转变过程中的经济、社会和文化资本运作机制，有很大的启发意义。

新世纪以来，我国也有不少学者用"文化资本"理论分析社会文化问题。例如，马翀炜、陈庆德将之运用于经济人类学和民族文化分析，形成了关于我国民族文化资本化的讨论。其中，马翀炜指出，民族经济不可能脱离民族文化独立存在，而民族文化也必须以民族经济为依托，处于边缘位置的人群只能运用社会文化资源（包括经济资本、社会资本和文化资本等）为发展提供动力。① 他还对民族文化资本化的社会结构、人力资源、地方知识、文化权利保护和文化变迁、经济社会发展等问题之间的关联展开过探讨，认为民族文化资本化对于文化持有者实现经济发展有其必要性，同时它也有增强文化持有者生存空间竞争力的意义。② 孙远太从家庭的社会地位与子女的教育成就关联分析入手，研究了地位优势传递的机制，揭示了家庭社会地位和文化资本的优势对教育不平等有很深的影响。③ 龙坚则援用文化资本理论框架，以在新加坡的华裔商人的文化资本为例，分析了文化资本的动态积累过程，以及其在特定场域中与社会资本、经济资本相互转换的机制。④ 孙九霞则从文化资本化的视角分析了当代市场经济条件下非物质文化遗产的表述与重构过程，及其不同资本之间的转化机制。⑤

此外，还有不少学者试图将文化资本理论应用于市场经济领域中文化产品开发、文化产业经营等实务性活动的理论指导。这方面的代表性作品如李富强的《让文化成为资本》、李沛新的《文化资本运营理论与实务》、王雪野的《国际文化资本运营》、皇甫晓涛的《文化资本论》等，都有较大的社会影响。

以上关于景观的文化、权力研究，以及关于文化遗产产业化的研究，无疑已经为我们分析历史生活景观变为文化遗产，再变为文化产业，提供

---

① 马翀炜：《民族文化的资本化运用》，《民族研究》，2001 年第 1 期。
② 马翀炜：《民族文化资本论纲》，《云南大学学报》（社会科学版），2004 年第 1 期。
③ 孙远太：《文化资本与教育不平等》，北京：知识产权出版社 2013 年版。
④ 龙坚：《新加坡华商之文化资本的积累与转换》，厦门：厦门大学出版社 2013 年版。
⑤ 孙九霞：《文化资本化视角下"非遗"的表述与重构》，《思想战线》，2018 年第 3 期。

了基本的理论参照体系，尤其是已有关于文化遗产及其景观化过程中权力因素、经济动力的分析，对本书分析长沙铜官窑陶瓷技艺历史文化遗产的种种变化过程，很有启发意义。不过，已有研究虽常谈到历史遗产，却对其在历史上作为生活景观的经验似乎有些重视不够，对其在转向现时代过程中受到政治制度更迭、社会变迁以及经济运行逻辑变化的影响的分析也有所不足，往往是一笔带过，而直接分析其当代传承与保护的居多。同时，对于历史文化遗产在当代转向产业化的过程，已有研究运用辩证唯物主义还有不够充分的地方，常有只强调历史文化遗产传承与保护而过于偏激地抨击其产业化的现象，或是反过来高度聚焦其开发利用而对如何传承与保护的问题含糊其辞。

由此，要准确理解长沙铜官窑陶瓷技艺之类的历史遗产在地方情境中的复杂关联因素和真实意涵，平衡好传承、保护与开发利用的关系，就有必要详细考察它们作为历史上的生活景观如何逐步变成文化遗产，尤其是政治制度更迭、社会变迁以及经济运行逻辑变化在其中扮演的具体角色。同时，充分运用辩证唯物主义审视它们作为历史文化遗产的传承、保护与开发利用的关系，也极其重要。此二者正是本书拟将展开长沙铜官窑陶瓷技艺历史遗产的景观再造过程研究的基本路径和视角。

第三节　田野简况与研究思路

在高校从事艺术设计教学与研究的我，对民族民间影像信息记录颇为关注。2014年，我参与了长沙市非物质文化遗产保护中心组织的"非遗"影像拍摄录制工作，对省内各市、州、区、县的文化资源有了更为详尽的了解，这也为之后的田野调查积累了丰富的资源。2016年暑假，当我到达铜官准备开始人类学田野工作的时候，"影像记录者""艺术专业教师"这些身份带给我多重便利。值得一提的有两点：一是通过影像记录，我可以更好地回馈受访者，他们乐意配合我的访谈，同时还为我提供了很多的田野线索；二是因为我所在的单位是省内办学最早的美术学府，学院的书画家、雕塑艺术家在业界颇有名气，当地的制陶者希望通过我的引荐，与艺术家们面对面交流或是邀请他们来到作坊画陶。

"铜官窑"是对生产于湖南省长沙市望城区铜官街道境内的具备"釉下多彩""一次性拉坯成型""模印贴花"三大工艺特征的陶器制作技艺及陶瓷制品的概括性总称。2011年长沙窑铜官陶瓷烧制技艺被批准为中国第三批国家级非物质文化遗产。"铜官窑"这一名称本就争议不断,古窑遗址于1956年被发现于长沙西北的铜官,铜官属长沙县治,因此学界称其为"长沙窑"。但是,在距离遗址核心区以北的铜官镇也一直有着薪火未断的陶瓷业,如今位于铜官核心片区①的铜官陶瓷总公司则是铜官窑文化传承与延续的代表之一,当地政府和当地人更乐意称其为"铜官窑"。当然,也有一些其他对命名的主张(本书将在后续章节展开叙述)。不过,不论名称如何界定,广义的"铜官窑"更多趋同的是一个地域的概念,而狭义的"铜官窑"则是指唐代创烧,止于五代的特殊工艺和陶器类型。本研究采用"铜官窑"这个名称,原因有三:其一,立足田野点,当地人都称其为"铜官窑",只有这个名称,才能让他们深感以手艺为荣,仿若技艺沿袭千年,生生不息;其二,站在调研者的角度,"铜官窑"是一个被泛化的概念,它被视为一种规范化的符号在地区政治经济文化重组的过程中,成为独有的"景观";其三,这个带有争议的名称被学界、当地人、官方以及商界采用,其建构的过程本身就值得研究。

目前对铜官窑的研究,主要集中在国内,已出版的文献并不少。但是,尚未有关于不同主体所持的文化资源、权力和资本的互动机制以及景观的社会再造规律的研究。已有研究一部分是20世纪集中于考古学的成果,一部分是进入21世纪以来更为综合的研究成果。综观其研究成果,主要有如下几类:

其一,从文物考古切入,在冯先铭、李辉柄等第二代中国古陶瓷专家的带领下,对铜官窑的装饰技法、烧造年代等问题指明了方向。

其二,以周世荣等为代表的国内学者在文物调查和配合基建所做发掘

---

① 近年来,在望城区委、区政府的高度重视下,确立了以铜官窑遗址文物古迹为"一魂",铜官唐瓷旅游度假区、铜官古镇及生活小镇为"双核"的铜官核心片区。该片区按照"一村一寨一条街,亦瓷亦艺亦世界"的发展理念,着力建设铜官国际陶艺村产业项目。通过该项目的建设,以期带动湘江沿线、书堂山、太丰垸、郭亮纪念园等"多点"的整体发展。

的过程中，较为系统地展开了对铜官窑器物类型学的分析与梳理，由此初步得出铜官窑的演变历程，极大地推动了铜官窑的研究。

其三，20世纪50—70年代，以三上次男等学者组成的日本"出光中东文化调查团"在中东地区进行了广泛的考古调查和发掘，在中东地区的许多地点都发现了来自中国的铜官窑瓷，这是铜官窑引起国际古陶瓷界重视的开端。

其四，随着遗址考古资料的不断丰富和公布，越来越多不同领域的学者加入长沙铜官窑研究的队伍中。研究者或从历史角度对铜官窑在陶瓷史、经济史、对外文化交往史上的地位进行了客观评估，或从书画艺术角度对铜官窑器物的诗文、书法、绘画等进行诠释，或从工艺技法角度对铜官窑陶瓷的器物造型、手工拉坯以及模印贴花、釉下多彩等装饰手法和烧成技术进行研究。此类研究在工艺方面介绍颇多，偏重于图录；而对从事铜官窑陶瓷工艺制作的匠人，除了一些简单的生平介绍外，系统的研究比较少。近些年还涌现了关于铜官窑陶瓷产业复兴和陶瓷技艺创新的讨论，但相对比较零散。

从2016年7月进入铜官镇开展调研，到2019年底，我大体完成了本书的田野调查（文中所用材料，除特殊注明外，均为我通过田野调查所得）。以下为进入田野的过程和田野工作方法。

我在艺术设计专业学习和工作多年，从图案设计到媒体交流，都需要不断注入新鲜的创意。创意从何而来？设计又能解决哪些问题？热衷探索一些本土文化的我，始终关注着当代人们生活方式的转变以及新技术带来的观念互动，并尝试运用新媒体、新语言来激活传统文化，创造新的产品和审美体验。然而，从业多年，我似乎一直在围绕"物"的表象"打转"，如何从功能与形式的创新延伸到生活方式和文化体验的创新，并更为系统地进行创作，这对我而言，确实需要不同的学科背景来支撑。在设计实践中，前期调查当然是必不可少的环节，以往我通常采用问卷的方式进行，但这种静态式的调查方法常常会出现纰漏，无法从深层次真实了解到用户的行为习惯、文化需求和价值观。文化人类学惯常重视的"参与观察"深深地吸引了我。我希望自己天马行空的创意，可以走进真实的日常生活，更希望可以从学理的高度探究文化何为。

一次偶然的机会，我受邀为湖南省博物馆做文创设计，其中一件唐代青釉褐绿彩狮座诗文瓷枕成为我的设计对象。为了深入了解这件珍贵的器物，我请教了时任博物馆副馆长的李建毛老师。李老师是长沙铜官窑研究的专家，历史学背景，在他的办公室，我翻阅了很多有关铜官窑的书籍，更有幸聆听他对铜官窑瓷器所蕴含的茶文化、酒文化、香文化以及广告艺术的分析。这让我顿时产生了兴趣，牢牢记住了"铜官窑"这个名字。在之后的设计工作中，我将铜官窑纳入自己的研究目标，从民俗文化保护到跨媒体设计，试图打造独特的地方文化品牌，将地方文化转化为更有传播价值的"文化载体"。为此，我曾到达铜官调研，还走访过国内几个不同的窑口，就这样开始与陶"结缘"。

2016年7月，我再次来到铜官，采用"走马观花"式的考察方式，习惯性地对市场先做了解。以遗址文物古迹为中心的长沙铜官窑国家考古遗址公园依旧是彩唐桥、谭家坡1号龙窑遗址等景点的展示，园区内除了一些陶艺体验作坊和新增的两三家民宿，还有一栋铜红色建筑没有完工，公园外西南角的一大片土地①正在施工。而铜官陶瓷生产销售的聚集地却在十里之外的铜官老街，老街位于铜官镇南端，据说早在唐代就已形成。目前，街上的商户大多以作坊式工作室的模式进行生产和销售，也有部分是进货经营。陶器产品的种类可以概括为工艺美术陶瓷、日用陶瓷、陈设装饰陶瓷、高技术陶瓷和建筑陶瓷。实际上，老街及其周边兴起的工作室或商铺也只是近些年的景况，大部分开店的都是镇区原铜官陶瓷厂的老陶工，这个陶瓷产区因衰退时间太长，产业链基本上断裂了，没法跟景德镇、德化的陶瓷产区相比。通过走访调研，我发现铜官窑只是一个形，或者说是一种新的陶瓷工艺附着在铜官古老文化上面的点缀而已。现在用气窑、电窑烧出来的产品还有多少是铜官窑"真正"的东西呢？但一个非常有趣的现象是，这些陶瓷都被冠以"铜官窑"的名字，即便有些并非完全仿制，或没有完全承袭历史。鉴于这种情况，我把最初对器物的观察扩展到对人的观察，毕竟铜官窑是人来创作的。

---

① 这片土地实为"铜官唐瓷国际文化旅游度假区"，是湖南省首个投资超百亿的文化旅游项目。

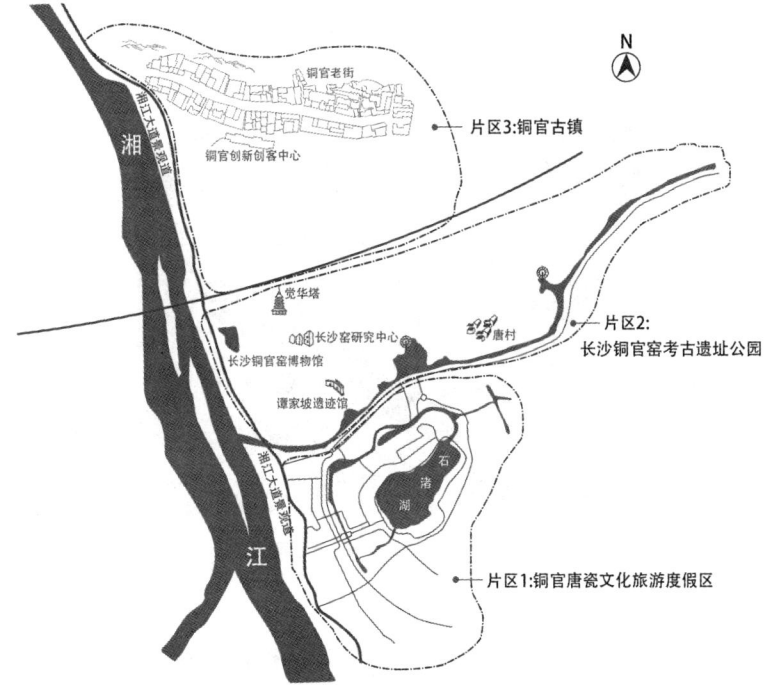

图 1-1 铜官片区重点地段分布图

资料来源：笔者依调查于 2016 年 10 月绘制。

初次的摸索用了一周时间，为了更快进入他者的圈子，我借助了自己工作的人脉基础，联系上当地国家级非物质文化遗产代表性传承人刘坤庭先生。按以往拍摄记录的习惯，我整理了一份较为详细的访谈提纲，大致都是围绕着技艺的传承、造物的文化观念、作坊的生产销售与管理等方面的内容展开的。第一次与刘先生见面，是在誓港①的作坊，我带着影像团队和拍摄器材，按照设计好的脚本进行。刘先生知道我的到来，依然衣着朴实地迎接，土黄色的宽大文化衫，一双带有泥土的黑色布鞋，不加修饰的他直接带领我们一行人来到一组尚未完成的雕塑泥稿前。眼前这组泥塑像是儿童嬉戏的场景，五个小朋友正聚集在一起捉迷藏，其中一个戴上用陶泥捏成的迷藏布，试图去抓住周围的同伴；几个同伴或撒开双手向前奔跑；或不经意间摔倒在地，开怀大笑；抑或偷偷藏在捉迷藏伙伴的身后；五个孩童的发型都施以红釉，更显热情与活力。小小的身体与大幅度的动作，

---

① 誓港是铜官古镇内的地名，刘坤庭的制陶作坊设立于此。

在对比之间体现出童趣，孩童脸上全都洋溢着真诚的笑容，让观看者深受感染。

图 1-2　刘坤庭作坊的泥稿

资料来源：笔者拍摄于 2016 年 8 月。

接下来，我如愿地完成了访谈，正在收拾拍摄器材的时候，进来了一批人。只听见刘先生一句"书记好"，这才知道原来是街道的书记带了长沙市文创产业办公室的领导前来参观。经刘先生介绍，我有幸在作坊认识了铜官街道的周书记。书记看着我们相机里面的视频，开心地说："铜官窑需要你们的参与和传播呀！"这次的巧遇，也为我后续进入基层政府做了铺垫。

照稿访谈这种方式，其实只适合偶尔前去拜访，并不能融入制陶工匠、艺术家、商人、官员等人物的生活中，因为这种方式带有主观随意性的色彩，得到的答案往往容易流于表面化。为了更好地参与观察，我采用不做提纲、日常闲聊的方式走进他者。或许是因为我对设计造型有关的经验乐于分享，或许是我能客观地评价他们的作品，更或许是我记录的影像可以作为回馈的礼物，很快，我与这里的制陶群体、基层政府建立了密切的关系。

我总共采访了 35 户制陶作坊中的 103 人，通过与他们非正式的交谈，了解到当地陶瓷生产经销的基本情况。市场里真正做生产的大概半数，其他的就是依靠进货。对于这种情势，基层政府也是默许的，毕竟铜官片区坚持"产业引领、文旅融合"的发展思路是与上一级政府共同制定的。

2016年，长沙市委常委为贯彻落实湖南省委、省政府《关于建设旅游强省的决定》文件精神，深入推进湘江古镇群①保护与开发，为做大做强长沙文化旅游产业，特制订了三年（2016—2018）行动计划。依据计划，为加快推进铜官窑申报世界文化遗产，将打造一批核心景点景区，尤其对铜官唐瓷国际文化旅游度假区、长沙铜官窑考古遗址公园等旅游项目进行深度开发和加快建设。

这一举动让我的受访者们颇为兴奋，他们普遍认为，在政府和大企业的共同努力下，铜官窑的发展定会迅速得以推进，而当地的交通便捷度和舒适度也会有所改善。尤其是，为了加快铜官陶瓷产业复兴，政府拿出三千万的扶持资金，鼓励作坊式经营模式，并积极组织当地企业参与各类展会和竞赛，意在将铜官窑推向全国。一时间，老街的商户们都开始忙于增设店铺，有些还在原本就拥挤的铺面空间搭建小型气窑或电窑。铜官本土很多居民闻讯，也"不甘落后"，纷纷注册公司。截至2016年底，铜官小微型制陶企业就多达140余家。与此同时，铜官唐瓷国际文化旅游度假区预售商铺的信息传递过来，很多商户们为了拓展生意，急切地交付了10万元商铺预定金，商业活动在"铜官唐瓷"和铜官老街频繁开展起来。

与"铜官唐瓷"毗邻的长沙铜官窑博物馆此刻依然较为"孤傲"。在田野，每每经过那栋铜红色建筑，都想进去"一睹芳容"，然迟迟不能揭开"面纱"。直到2018年，我的受访者来电告知，两块"工地"②几乎就在同一时间呈现出崭新的光景。

从地方/区域的角度看中国各地各具特色的社会经济发展过程，常常可以发现一个共同的现象：文化搭台、经贸唱戏。在政府主导的格局下，一个区域在努力发展经济的时候，会（功利地）利用一切可能的资源，包括历史文化资源。为了利用当地的文化资源促进地方经济的发展，政府常常对当地的历史文化资源进行选择性的重拾与再造。然而，也并非所有的文化都是"戏子"，如果"文化"本身出了问题，那么经济的"戏"是无法独自"唱"出来的。这里的重点并不是经济使用了什么样的文化策略，并

---

① 湘江古镇群是由市区两级共建的项目，地理位置在长沙湘江北段的望城境内，包括靖港、乔口、新康、铜官、书堂等古镇，各镇相距均在10公里以内，统称为湘江古镇群。

② 指铜官唐瓷古镇和长沙铜官窑博物馆。

进行了怎样的文化包装，问题在于"唱戏"本身。以文化为舞台的中国新兴城市的发展，并不能完全用理性的"经济人"假设来予以概括，经济的"戏"是表演的一部分，而不是经济目的本身。以文化为舞台，实际上预设了一种互动的、多维度的意义建构过程。

我们正是在这一过程中去考察"铜官窑"的问题，或者说铜官窑是一个什么样的问题。"铜官窑"的特殊性在于，作为出土文物，它本身是物质文化遗产；而作为一种"手艺"，铜官窑也是非物质文化遗产。当然，在官方的话语叙事中，铜官窑总是以"遗产"的面貌出现，但物质遗产与非物质遗产本身之间是存在张力的。这种张力首先来自于物质遗产的原真性与非物质文化遗产的创造性，非物质文化遗产在某种程度上需要脱离物质本身的限制，而物质遗产又需要一种脱离现实生产的历史特殊性。物质与非物质在遗产表现上的统一背后，实际包含着对遗产诠释的多重意义生产过程。本书讨论的正是这些意义的生成过程，以及它们相互之间的关系问题。

就遗产意义的生成来说，铜官这一概念既非描述物质遗产，也不是描述非物质遗产，而是描述遗产生成的本身何以存在。正是围绕"铜官"这一平台，遗产的多重价值才会不断出现并相互纠葛。从这一视角来看，以"铜官窑"之名表达的并不是一种遗产，进而也就不能回答遗产是什么的问题。它表达的是"铜官窑"如何变成历史遗产的问题，进而我们要追问的就是成为遗产的方式，而不是遗产本身。在这样一个框架下，作为一种"景观"的"铜官"就具有了重要意义。从景观出发，我们发现无论是从物质文化遗产出发而来的"真假"艺术，还是从非物质文化遗产出发而来的"多系"传承，都变成了一个可以理解的事情。正是在一方"文化搭台、经贸唱戏"的舞台上，不同的人都参与到了诠释铜官窑的过程中。

以这种视角来看，作为历史遗产的铜官窑实际上进入了"历史化"的过程中，即一种当代权力关系的历史性修辞推动其变成遗产的过程，而这又离不开中国改革开放后地方城市发展本身的过程。城市本身吸纳了其中的诸多张力，而随着自身发展的矛盾一起融入了历史遗产的景观再造之中。进而，理解文化遗产就不仅仅是理解人与物，或是理解具体遗产产生的社区，还需要了解一个更大范围空间的活动，了解整个铜官窑的景观化过程和其中人们的生活实践。

我将采取以下方式来探究上述问题。

首先，包含了地方政府意图而规划建设的景观，隐含了地方政府、国家与社会群体的动态建构关系。遗址公园、博物馆的建设能直观生动地将遗产转化为可视化的场所，为传统文化提供了一种历史性的经验，当然，这种经验与当权者讲述的过去和现在的故事内容有关。因此，遗产的内容被持续不断地重新阐释、声明、协商也就不足为奇了。① 而这种历史景观不仅承载着地方社会的秩序伦理，也为地方社会的延续提供了养分源泉，在精英群体和地方力量的认同、宣传及表达下，呈现出一定的价值：不仅弘扬了中国的传统文化，也提升了中国在国际舞台上的影响力。

其次，当地围绕陶瓷手作传承与创新的生产景观，实际上是一个包含艺术品、工业产品和生活用品在内的"和而不同"的物质集群。陶瓷器的生产与空间的生产同步完成，即在这个过程中，器物的历史叙事与空间保持着紧密的联系。这样的空间景观，既受到地方社会关系网络的影响，同时也受到了大的国家历史背景的左右。铜官陶瓷产业在当代的复兴，其实与地方政府对这个特殊产业和市场的规划、支持有密不可分的关系。铜官陶瓷业的重建，最开始并非地方政府的第一选择。对于当地政府来说，将原陶瓷产区的工厂或其他资产直接开发成商品房，是最快、最见效益的选择。但是，这片"遗留"的工业厂区属于省管企业财产，地方政府很难做出一种抉择，因此，才选择了在尽量不破坏原有结构面貌的前提下，对它进行重新盘活。在盘活的过程中，陶瓷业面临的初期状况也是市场发育不充分（原有市场已经彻底倒闭），而此时也是地方政府直接介入了重建工作。例如，将原铜官陶瓷八厂改建为长沙铜官窑国际陶艺村，重新修建基础设施，邀请企业家进驻，将原来流失到外地的本地技术人员邀请回来，等等。但在这一过程中，本地网络仍然发挥了极大的作用，政府不仅在资本市场中寻找投资者，也在地方身份，如非物质文化遗产、文化品牌等方面，寻找"合作伙伴"。这种双线合作带来了复杂的博弈与互动过程，尤其是在"铜官"本身没有深层的社区历史的基础上。地方政府在经营土地和支持当地产业发展的过程中，与企业家、手艺人、当地一般居民形成了复杂的互动关系。这既是影响产业发展，也是影响企业发展，甚至还是推动

---

① Helaine Silverman, Tami Blumenfield, *Cultural Heritage Politics in China*, New York: Springer, 2013, p.4.

艺人个人命运变化的重要因素。

最后,这种政治、资本与地方社会参与的复杂过程,又通过极为统一的形式来展现。作为一种器物,铜官窑成了可见的对象,并被逐渐打造为公共景观、社区景观、旅游景观。人们一方面通过社会网络进行着错综复杂的利益博弈,包括不同空间的占有与景观的价值生产;另一方面又在"铜官窑"的名义下组成了外界看似统一的景观含义。这种微妙的平衡正是社会主义市场经济高速发展数十年后,地方社区、政府与资本市场达成的基本共识,也是铜官窑作为一种新时代"景观"能在不同传统下急速扩展的原因所在。通过观察在"铜官窑"名义下的不同空间,我们可以发现其中既矛盾又相互关联的历史过程。通过以"铜官"之名而展开的不同空间中的景观博弈与景观的不断生成过程,我们可以更为深刻地理解,高速城市化背景下,社会主义乡村或地方社区振兴的真正矛盾交锋与身份困境。

第二章 从考古遗址回溯历史生活景观

本书聚焦的长沙铜官窑景观再造，源自考古学界在长沙铜官发现的唐代陶瓷烧制遗址。由此，我们首先有必要结合考古材料及相关的历史记载，对铜官窑在历史上的基本概貌做一个梳理，以便为后文考察其当代景观再造，厘定一个可供比较的参照系。当然，正因为此目的，本章要做的并不是详细描述考古发现的文物特点，及其在考古学上的价值，而是考察围绕长沙铜官窑而形成的历史生活景观。

学界对铜官窑的认定，其实是基于中晚唐到五代这个时期。从窑炉作坊的空间组成，到自产泥为始的制作工序，都是窑的认定范围。这个被历史的沉土覆盖着的窑址于20世纪50年代被发现。随后，无论是具有实用功能的日常器物，还是作为以艺术品、收藏品出现的铜官陶瓷，其生产制作场地都进行了新的迁徙，迁徙的目的地则被表述为"铜官古镇"。虽然这些产品跟出土文物并无太大关联，但人们总会把它们联系起来，形成了一个集生产、技术与生活为一体的场所。与此同时，逐渐发展起来的唐窑文化也成为大资本构建自身文化象征的奠基石，继而出现的"新"古镇便与古窑遗址、铜官古镇共筑了当代铜官的生态景观。

第一节 考古遗址及其空间史

一、考古地理空间再叙事

依据现有考古发掘对遗址范围的圈定，长沙铜官窑遗址位于今长沙市望城区①铜官街道彩陶源村与石渚湖村境内,是中晚唐至五代时期一处以石渚湖为中心的大规模窑场。自 20 世纪 50 年代被文物部门发现以来,它先后经历了多次抢救性和主动性的考古发掘,其文化内涵与价值得以逐步揭示,重要性得到了普遍认同,并于 1988 年 1 月被确定为全国重点文物保护单位。进入新世纪以来,国家日益重视文化遗产的保护与利用。2006 年,长沙铜官窑遗址被确定为"十一五"期间全国 100 个重要大遗址保护项目之一。2010 年,长沙铜官窑遗址被列入第一批国家考古遗址公园立项名单并正式启动建设。

2016 年 7 月,我驾车从长沙城区沿湘江路往北一直行驶,新修建的柏油路可以直达长沙铜官窑国家考古遗址公园。沿途草木葱葱,农田茅舍掩映其中。入公园前要先过一道桥,名为彩唐桥。桥头是公园的大门,仿龙窑背造型,粗犷原始,如断壁颓垣。而此时,遗址公园内道路两侧装饰古朴的陶艺作坊胜似这千年窑业的延续。走进其中一家,空旷的场地一字排列着五台拉坯机,墙壁的木架上零散摆放着一些还未上釉的瓷泥雕塑,类似小麻雀、小乌龟的小件较多,另外还有一些烧制好的瓷碟瓷碗。这时,从里屋走出来一位中年妇女,热情道:"玩陶吧,我这里只要五十元。"我表明自己是来参观遗址的,她也很随意地说:"那你再往前走个二百米,看完之后,再过来吧,我这里还可以吃饭的。"离开这户作坊,继续前行,不一会儿,便到了谭家坡遗迹馆。途中的自然风光甚是美丽:绿植、河流、池塘、水田,视线通透而清澈,好一幅田园景观。来此之前,为了弄清楚铜官窑的地理位置和窑址分布,我查阅了一番资料,也在互联网上做过一些"功课"。

从长沙往北顺湘江而下,行约 27 公里,就可以到达铜官镇。20 世纪 50 年代,古窑址被发现时属铜官镇书堂乡的瓦渣坪村,后因被当作彩瓷的发源地,而更名为彩陶源村,1961 年因行政区划变更,铜官窑属丁字镇辖。直到 2015 年,铜官窑又被纳入铜官街道的管辖范围。这处唐代窑址是 1956 年湖南省文物管理委员会在文物普查时发现的,之后又经过四次考古发掘。2016 年,长沙市文物考古研究所、长沙铜官窑遗址管理处、望城县文物管理所联合组成长沙铜官窑遗址调查勘探队。经调查,共发现 46 处龙窑遗址,

---

① 2011 年 6 月,望城县改为望城区,成为长沙市第六个城区。

大多分布于小山坡上，窑头建于坡底，依山势向上延伸，窑尾往往延至坡顶，长30~40米，宽2.6~4.2米不等，两侧为窑砖垒砌的窑壁，底部为6~12厘米厚的红烧板结层。窑砖形制较大，长度一般为32厘米，宽18~26厘米，厚9~12厘米。另外，发现挖泥洞遗址19处，作坊遗迹5处，同时还发现有生活区、市场交易区、码头区、墓葬区遗迹。①

这些来自考古调查的数据和形态，对于在田野中的我来说，似乎难以全寻。除了水田耕作的农业风光，呈现在眼前的就是适宜生长的绿植空间。唯有遗址公园中的谭家坡遗迹馆，可以让我联想到此地唐代制瓷的盛况。

从铜官镇区至石渚湖区，丘陵起伏，环境优美，属亚热带季风湿润气候，四季分明。春季冷空气频繁，气候由寒转暖；雨季开始，入夏气温偏高；伏秋燥热少雨，深秋凉爽；冬季气温下降，间有严寒和冰冻。年平均温度16.9℃左右。冬春季节强劲气流来临时，有明显的大风、冰冻。年平均降水量约1410.8毫米，年际差异大，全年降水变化有一个最高峰、两个次峰。4月降水最多，4~6月为全年降水集中期。9月到次年12月降水量偏少。每年雨季从三四月开始，7月上旬雨季基本结束。②

这些气候和地理条件特点使得铜官窑的考古区域呈现了一种空间关联。铜官窑紧邻湘江东岸，古代运输主要以水运为主，铜官窑的产品经洞庭、下长江，沿运河既可南下至江淮，又可北上至中原，内销外运均极为便利，这无疑也是长沙铜官窑得以发展的重要条件之一。③ 然而，这片土地如今已成为农业耕地。随着古陶瓷的重新出土，学界对区域空间的重新认定使得空间具有了一种意义生产的张力，一种农业与手工业、草地与河运的想象张力。

在长沙市文化局文物组整理的关于长沙铜官窑遗址调查报告④中，将唐代窑业遗存分为两个窑区，即铜官镇窑区和石渚湖窑区，其中石渚湖窑区的南北岸又分别分布着不同特点的古瓷窑址。

---

① 湖南省文物考古所编：《长沙铜官窑遗址近年来的考古工作（2006—2012）》，内部刊印2013年8月，第5页。
② 长沙铜官窑遗址管理处：《长沙铜官窑遗址保护总体规划资料汇编》，内部刊印2010年9月，第1页。
③ 长沙铜官窑遗址管理处：《长沙铜官窑遗址保护总体规划资料汇编》，内部刊印2010年9月，第1页。
④ 长沙市文化局文物组：《唐代长沙铜官窑址调查》，《考古学报》，1980年第1期，第68页。

铜官镇窑区的唐代窑址是在1975年发现的，位于铜官镇的北部，从湖南陶瓷公司六厂往北至誓港，在沿江千余米的厂房民舍的空隙之间，尚保存着四处烧窑遗存，即蔡家囟、沙湾寺、外兴窑和兴窑坡。这几处都不同程度地存有瓷片和匣钵等遗物堆积，但由于地处集镇，破坏较为严重，仅外兴窑还有一面貌较原始的小山包，遗物堆积最厚处约三米，堆积中的遗物目前所知的仅有青釉碗、盘瓷片和匣钵，却未见有彩釉瓷器。[1] 在镇区调研时，曾任铜官陶瓷公司办公室主任的刘老告诉我，六厂那条外兴窑出土过唐代的陶器，当地曾正伯老人在建房时曾挖出来一个双唇坛，经省里专家鉴定，确实是初唐时期的文物。正因如此，在铜官镇区，人们一致认定外兴窑始于唐代，制陶者们都坚称他们是长沙铜官窑的传人。

石渚湖窑区位于铜官镇往南5公里处，现地属铜官街道彩陶源村（原为古城村，合村时更名）。这里古窑遗址较为密集，窑区面积约20万平方米，分布在石渚湖的南北两岸。北岸有觉华山、陈家坪、兰岸咀、长坡、王田坪5个片区，南岸则是石渚片区。如今，在石渚湖北岸主要窑区设立了长沙铜官窑国家考古遗址公园，以及为其配套服务的长沙铜官窑遗址管理处、长沙窑研究中心等机构。南岸的整片区域几乎为农田，现已被纳入铜官唐瓷集团文化旅游度假区的建设开发之中。

随着遗产叙事的确立与景观化的进一步发展，当地人的生活经验开始脱离农业生产，而重新进入"发明传统"的过程中。在这种张力中，空间的具象化与空间的认知方式互为表里，故而历史阐释与景观可见性被统一了起来。这里，具象化是一种裹挟了文化认知的生活经验，进而此区域在遗址空间的形塑中具有了新的历史维度，并在这种维度中诞生了一种新的生活经验。

无论铜官窑的地理空间如何，其必须首先具备一定的类型特征，并且这种类型特征还要与其他窑口具有可比较的地位。由此，对陶瓷器物的考究与书写，成为理解铜官窑景观化过程的必要条件。

二、考古发现的器物特征

我们知道，在陶瓷史上，初唐时已有"九秋风露越窑开，夺得千峰翠

---

[1] 长沙窑课题组编：《长沙窑》，紫禁城出版社1996年版，第8-9页。

色来"的越窑青瓷，有着"君家白碗胜霜雪，急送茅斋也可怜"的邢窑白瓷，却不知在湘江河畔，石渚河岸呈现出"古岸陶为器，高林尽一焚"的盛观。在地方政府的宣传材料中，后者被认为是"铜官窑的窑工们向世人宣告它存在的讯号"。20世纪中后期，故宫博物院冯先铭和李辉柄先生相继得到铜官窑的信息，后经多次窑址复查，并结合文献资料，认定铜官窑的装饰手法超出了当时的一般规律，突破了传统的单色釉工艺，广泛采用了釉下多彩的装饰技法。这种技艺开创了中国瓷器的彩瓷时代，当然也就奠定了现今铜官窑的地位。在考古和陶瓷史领域，铜官窑保护了一系列的"专业要素"。择其要者如下：

铜官窑的类别划分与考古发掘相关。这其中，出土文物实际上包含两个部分，一个是传统的地上考古，另一个则是海上考古。

1956年，湖南省文物管理局委员会在窑区内的瓦渣坪一带调查时发现了烧制釉下彩瓷的窑址。1978年，长沙市文物局为配合石渚湖整修堤垸，对窑区进行了调查和试掘，发现陶瓷器1928件。① 1983年，湖南省博物馆与长沙市文物工作队联合对窑区内的蓝岸嘴、谭家坡、廖家坡、尖子山、都司坡等地进行发掘，揭露面积共40平方米，发现陶瓷器7211件。② 1999年，长沙市文物考古研究所经国家文物局批准，在窑区内的蓝岸嘴再次进行了考古挖掘，出土了铜官窑瓷器共1587件。③

除考古队对铜官窑的实地考察发掘外，还有海上考古发掘。1998年，在印度尼西亚苏门答腊岛和婆罗洲之间的勿里洞岛的丹戎潘丹港北部海域海底发现大量陶瓷和一些木船构件。沉船中的八卦四神铜镜和长沙铜官窑阿拉伯文碗，为沉船年代提供了证据。在八卦四神铜镜镜背的外侧一周，铸有文字"唐乾元元年戊戌十一月二十九日于扬州扬子江心百炼造成"；长沙铜官窑阿拉伯文碗的外侧下腹部刻有"□□□□宝历二年七月十六日"等字样。乾元元年即公元758年，宝历二年即公元826年。考虑到铜官窑作为一座以外销为主的瓷窑，时效性尤为重要，其装船应该距烧成时间不远。因此该船装货的时间可以推断为公元9世纪前期，即唐代中晚期。在沉船

---

① 黄朴华：《湖南望城县长沙窑1999年发掘简报》，《考古》，2003年第5期。
② 长沙窑课题组：《长沙窑》，北京：紫禁城出版社1996年版，第8页。
③ 黄朴华：《湖南望城县长沙窑1999年发掘简报》，《考古》，2003年第5期。

中，打捞出来的文物超过 60000 件，其中瓷器占绝大部分。长沙铜官窑瓷器为最大宗，有 55000 余件。其中大部分是碗，另有各类壶约 700 件，越窑青瓷约 250 件，白瓷约 300 件，绿彩瓷器约 200 件以及其他瓷器约 500 件。①

1. 器物的种类与造型特征

路上考古和海上考古的丰硕成果，为铜官窑的器物鉴定打下了基础。正是在这一系列出土文物的发掘、鉴定与研究的基础上，才有了对铜官窑类型学的进一步考察。下面是具体对铜官窑的类型学分类：

（1）器物的种类

在已出土的器物中，壶、罐、瓶是长沙铜官窑的大宗产品，器物数量占重比例较大，形式也多样。在 1996 年长沙窑课题组编写的《长沙窑》②中，记录的形制可辨的陶瓷器共计 7211 件，70 种器形；2003 年长沙市文物考古研究所编制的《湖南望城县长沙窑 1999 年发掘简报》③ 记录的形制可辨的陶瓷器共计 1692 件。

按器物种类划分其出土数量具体统计如下，壶 2468 件、碗 1657 件、罐 777 件、盒 507 件、洗 504 件、瓶 329 件、盘碟 239 件、灯与烛台 233 件、水注 218 件、盂 200 件、杯盏 166 件、器盖 109 件、盆 97 件、炉 82 件、笔添 69 件、系纽鸟 68 件、纺轮 61 件、碾轮与碾槽 59 件、哨 56 件、镇纸 50 件、枕 48 件、盏托 36 件、睡盂 32 件、擂头 30 件、系纽龟 24 件、鼎 20 件、系纽兽 17 件、铃与铃形器 16 件、网坠 14 件、玩具式水注 11 件、碾臼 11 件、器座 10 件、荡箍 10 件、瓦 7 件、枕 7 件、钵 7 件、儿童俑 6 件、人物残俑 5 件、骑马俑 5 件、男人头 4 件、狮 3 件、系纽鱼 3 件、圆饼形器 3 件以及骆驼、象、棋形方块、筒形器、葫芦形器、轴顶帽、坝、瓦当各 2 件，砚台、笛、马、兽头、女人头、妇婴俑、戴俑、釜、漏斗、尊形器、圆饼、喇叭形器、圆形陶片、贝状器、龙形鳌手、勺形器、环状器、瓦当、瓦、印模、锁空器、方形器、形器、球形器各 1 件。④

---

① 陈克伦：《印尼"黑石号"沉船及其文物综合研究》，《文物保护与考古科学》，2019 年第 4 期。

② 长沙窑课题组：《长沙窑》，北京：紫禁城出版社 1996 年版，第 29 页。

③ 黄朴华：《湖南望城县长沙窑 1999 年发掘简报》，《考古》2003 年第 5 期。

④ 数据来源：长沙窑课题组：《长沙窑》，北京：紫禁城出版社 1996 年版；黄朴华：《湖南望城县长沙窑 1999 年发掘简报》，《考古》，2003 年第 5 期，第 433 - 446 页。

（2）器物的造型特征

第一，壶类。

壶类器物的部件由口、肩、颈、腹、底、銎、系、流组成，其中"美人肩"壶、大喇叭口壶、瓜棱壶、盘口壶可作为铜官窑的代表性壶类器形。以美人肩壶为例，其颈部修长，肩部往下斜挎，犹如美人修长的肩颈。图2-1所示的素胎红彩砚滴（现藏于长沙市博物馆），其特点是口部向外敞开，口沿处形似嘴唇呈圆状，颈部向里收缩占据壶身二分之一，在肩部有短流，从肩至腹部有銎可作提携之用，呈半圆状。在壶的腹部有红色砚滴装饰整个壶身，呈现出古朴自然、敦厚的特点，极具地方特色。

大喇叭壶（图2-2），壶如其名，形似大喇叭，口沿处呈圆形而向外敞开，颈部细长，从肩部开始呈直线向上至口，向外张开，流部呈现细长之态略低于口，銎部从颈部连接到腹部先上后下几经周转，腹部圆润饱满，到底部呈收拢之态。平底，壶身以几何线条作为装饰，展示线条的灵动之美，缠绕于壶身之上。

瓜棱壶造型独特，具备唐代铜官窑的全部元素，是这个窑口最为代表性的器形。在图2-3中，可以明显看到壶腹部的变化，不似其他器物的腹部般圆润平滑，而是左到右凹凸连绵不断，由上到下呈圆弧形包含腹部，就如同南瓜的外形。

图2-1　美人肩壶　　　　图2-2　大喇叭壶　　　　图2-3　瓜棱壶

资料来源：图2-1，萧湘著：《中华彩瓷第一窑——唐代长沙铜官窑实录》，长沙：岳麓书社2011年版，第68页。图2-2，李效伟、吴跃坚主编：《南青北白长沙彩（作品卷）》，长沙：湖南美术出版社2012年版，第119页。图2-3，周世荣：《唐风妙彩——长沙窑精品与研究》，长沙：湖南美术出版社2008年版，第11页。笔者翻拍于2019年1月。

第二，瓶类。

过去对铜官窑瓷器中的壶和瓶往往不加区分，直到1990年，专家们把发掘的器物中的壶与瓶分开，单独命名为"瓶"类，其数量不如壶和罐多，由口、颈、腹、流、錾、肩、系、底组成。

图2-4中的白釉褐绿彩写意纹瓶由口、颈、肩、腹、底组成，器物口部稍微向外敞开，肩部呈现溜肩状，腹部圆润饱满，向里收至底部，瓶底部还有足作支撑，呈现平置的圆圈状。图2-5的青釉瓶和图2-6的净瓶也很特别，拿青釉瓶来说，其底部、腹部、肩部与其他瓶类别无二致，但是它的颈部、口部可就不一样了，颈部较长，口部就如一小碟放置于颈上。而净瓶则更是奇葩，不仅是颈部细长，在颈部中间还有分段，而流部又犹如平口的葫芦，尤为有趣。

图2-4　写意纹瓶　　　图2-5　青釉瓶　　　图2-6　绿釉净瓶

资料来源：图2-4，李效伟、吴跃坚编：《南青北白长沙彩（论文卷）》，长沙：湖南美术出版社2012年版，第77页。图2-5，长沙窑编辑委员会：《长沙窑（作品卷壹）》，长沙：湖南美术出版社2004年版，第45页。图2-6，周世荣编：《唐风妙彩——长沙窑精品与研究》，长沙：湖南美术出版社2008年版，第283页。笔者翻拍于2019年1月。

第三，罐类。

罐类的数量较壶类少一些，构成的部件有口、腹、颈、底、系。

铜官窑出土的罐，主要用来贮水、装油。在造型方面通常可分为素纽、印花两类。① 素纽罐大部分为短直颈，罐口外卷，腹部以圆形为主，也有呈

---

① 吴小平：《百问长沙窑：全2册》，广州：广东经济出版社2016年版，第112页。

瓜棱形、蛋形、扁圆形的。

在图2-7中，罐子口沿向外，肩部丰满，有双系立于肩上，腹部向外鼓起，外表圆润，釉面光滑，造型大气。这样的罐子，储存量极大。图2-8的酱釉瓜棱壶在口部与颈部的外形特征上，与大部分罐的口部和颈部没有太大区别，但在腹部的造型上变化较大，采用瓜棱结构，从肩部至下延伸，整体造型丰满厚重。

印花类的罐子，使用模印贴花技术作为装饰，流及两系下分别贴三块模印褐斑，视为铜官窑经典造型。此罐分为三式：一为尖唇，器腹扁圆、圈足、方形、竖纽、叶纹状，纽处图案有扇状褐斑彩；二是腹部柿圆、喇叭状、高圈足、竖耳方圆、模印叶状纹，腹部模印贴花叶状纹组合图案；三是口微外卷，圆肩收腹、平底、模印贴花竖耳。①

在图2-9的青釉褐斑同心结花蓝纹模印贴花罐中，其器型规整周正，敞口短颈，肩上立有双系，外部有模印贴花花纹装饰其外形，纹样丰富，造型优美。

图2-7　青釉双耳罐　　**图2-8　酱釉瓜棱壶**　　**图2-9　青釉褐斑同心结花蓝纹模印贴花罐**

资料来源：图2-7，周世荣编：《唐风妙彩——长沙窑精品与研究》，长沙：湖南美术出版社2008年版，第168页。图2-8，周世荣编：《唐风妙彩——长沙窑精品与研究》，长沙：湖南美术出版社2008年版，第171页。图2-9，李效伟编：《长沙窑模印贴花——大唐陶瓷装饰艺术之奇葩》，长沙：湖南美术出版社2008年版，第164页。笔者翻拍于2019年1月。

第四，碗、盘（碟）。

碗的外形可分葵花口碗、莲花口碗、圆口碗。葵花口形碗（图2-10），

---

① 吴小平：《百问长沙窑：全2册》，广州：广东经济出版社2016年版，第112页。

口沿向外敞开，整个器物施白色釉，并有绿彩、褐彩条纹作装饰。莲花口碗（图2-11），口沿部分外卷，施绿彩作装饰。圆口碗造型简单实用，与平常使用的碗碟并无差异。在图2-12中，青釉为底的褐彩云气纹上方以酱釉在口沿作装饰，形成四块褐斑，碗中心以云气纹随意勾勒。

碟可分葵花形（图2-13）、莲花形（图2-14），均是在圆口碟的基础上进行切削，进一步加工而成。其造型整体呈现出碟心坦圆，唇沿外倾之态。

 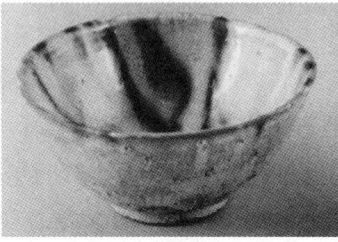 

图2-10　葵花口形碗　　　　图2-11　莲花口碗　　　　图2-12　圆口碗

资料来源：图2-10，周世荣编：《唐风妙彩——长沙窑精品与研究》，长沙：湖南美术出版社2008年版，第191页。图2-11，长沙窑编辑委员会：《长沙窑（作品卷贰）》，长沙：湖南美术出版社2004年版，第197页。图2-12，周世荣编：《唐风妙彩——长沙窑精品与研究》，长沙：湖南美术出版社2008年版，第197页。笔者翻拍于2019年1月。

 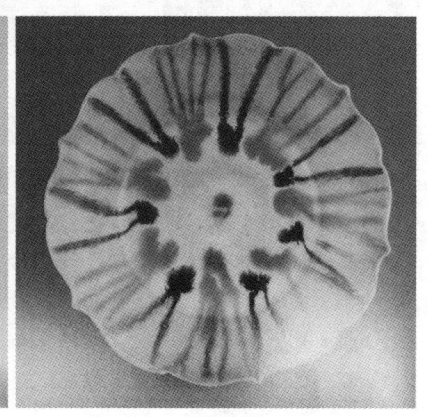

图2-13　葵花形　　　　　　　　　　图2-14　莲花形

资料来源：图2-13，李效伟、吴跃坚编：《南青北白长沙彩》，长沙：湖南美术出版社2012年版，第276页。图2-14，周世荣编：《唐风妙彩——长沙窑精品与研究》，长沙：湖南美术出版社2008年版，第216页。笔者翻拍于2019年1月。

第五，摆件、玩具、捏塑等。

除壶、瓶、罐、碗、碟之外，铜官窑出土的摆件、玩具、捏（雕）塑、生活用具的造型也是极具特色的。

比如，铜官窑的儿童玩具的主要外形有人物类、动物类，通常以模压和捏塑成型，如龙、凤、象、狮、牛、羊、马、猪、鸡、鹅、鸟、雁。① 如图 2-15 的青釉褐彩坐狮，狮子呈现站立状态，四肢伏地，昂首向前张望，眼神坚定，口部作咆哮状态，颌下装饰有三撮胡须，颈上挂有铃铛，整体雕工精细、细腻，造型特征明显，威猛大气，观赏性极强。除此之外，铜官窑出土的生活用具有：水盂、水注、水洗、枕、灯、烛台、扑满、盒、炉等，其身形饱满、釉色透亮。在外形的装饰上，有的用釉色覆盖其身，有的用线描丰富其身，还有的用捏塑捻捏其身。

每一件出土之物外形都造型优美、釉彩雅丽、奇特生动。比如图 2-16 的青釉飞凤形烛台，其器身呈现蒙古包式，器物顶部雕有展翅飞凤，蒙古包头部刻有莲花纹，腹部镂空，假圈足，大平底。图 2-17 的绿釉三足鼎，口部折边向外延伸，腹部深口，双耳呈现"山"字，三足细长，接于腹部，整个造型高贵典雅、给人一种庄严肃穆的感受。

图 2-15　青釉褐彩坐狮　图 2-16　青釉飞凤形烛台　图 2-17　绿釉三足鼎

资料来源：图 2-15，周世荣编：《唐风妙彩——长沙窑精品与研究》，长沙：湖南美术出版社 2008 年版，第 288 页。图 2-16，周世荣编：《唐风妙彩——长沙窑精品与研究》，长沙：湖南美术出版社 2008 年版，第 264 页。图 2-17，周世荣编：《唐风妙彩——长沙窑精品与研究》，长沙：湖南美术出版社 2008 年版，第 281 页。笔者翻拍于 2019 年 1 月。

---

① 吴小平：《百问长沙窑：全 2 册》，广州：广东经济出版社 2016 年版，第 106 页。

2. 釉色的分类与纹样装饰

除了造型方面的特点，铜官窑的另一个特色就是其装饰的纹样，从绘制题材、釉料颜色到工艺手法，这些特点都融入整体的铜官窑景观中，成为景观化的重要组成部分，也为之后铜官窑的艺术文化属性的提炼做出了贡献。

（1）釉色分类

深藏于泥土的秘密，在一次次挖掘调查后，一幕幕展现于世人的眼前。千年前的陶工灵活成熟地运用多种彩釉，历经高温的洗礼，瓷器变得鲜艳夺目，异彩纷呈，改变了数百年来单色釉瓷的一统局面。铜官窑产品的釉色种类丰富多样，有青釉、褐釉、酱釉、绿釉、黑釉、白釉、红釉、窑变釉等，其中铜红釉为铜官窑首创。釉与彩不同，釉既可做瓷器表面的保护层，也可做装饰层。铜官窑使用的釉，俗称"草灰乳浊釉"，是使用本地一种蕨草为主要原料制作的。[①] 蕨草夏天砍割、晒干后，与部分生石灰粉一同焚烧，研磨成颗粒较小的碳化物，倒入缸内水洗、过滤变成配釉的原料草木灰。之后，将黄泥浆、草木灰水、石灰水按照一定的比例配制出草灰釉浆，使其自然陈腐。现如今，当地的制陶者依然对制釉怀有敬意，在他们看来，每个窑口产品特征的不同更多体现在釉色上。而对于铜官窑彩釉的由来，他们也有着自己的诠释。

铜官窑早期烧制以青釉为主的单色瓷，"安史之乱"引发大批窑工南迁，南北技术的融合丰富和提升了这个窑口的技术储备，使得原本生产青瓷的铜官窑的面貌发生变化。铜红釉（俗称"鸡血红"）是窑工们在烧制瓷器中凭借经验所获，这也改变了"南青北白"的陶瓷局面。在图2-18中，壶身在窑变下产生铜红釉，颈、肩局部点染几笔黄绿彩，红釉晶莹，娇艳典雅。

另还有一些代表性的釉色。如酱釉，在图2-19中，壶灰胎，通体施酱釉，釉色佳润。如绿釉，在图2-20中，壶身通体施绿釉，釉厚处绿中泛蓝。如青釉，在图2-21中，壶身上的青釉泛黄，釉面光润。

[①] 吴小平：《百问长沙窑：全2册》，广州：广东经济出版社2016年版，第3页。

图 2-18 窑变铜红釉壶

图 2-19 酱釉壶

图 2-20 绿釉壶

图 2-21 青釉壶

资料来源：图 2-18，李效伟、吴跃坚：《南青北白长沙彩》，长沙：湖南美术出版社 2012 年版，第 61 页。图 2-19 至图 2-21，长沙窑编辑委员会：《长沙窑（作品卷壹）》，长沙：湖南美术出版社 2004 年版，第 20 页、第 16 页、第 2 页。笔者翻拍于 2019 年 1 月。

在已出土的器物中，釉下彩绘最多是釉下褐彩，其次是釉下酱彩、釉下绿彩、釉下红彩、釉下白彩和釉下蓝彩。[①] 其中釉下褐彩施彩的技法有

---

① 萧湘：《中华彩瓷第一窑——唐代长沙铜官窑实录》，长沙：岳麓书社 2011 年版，第 46 页。

点、线、涂、蘸、笔描等，与绿、红、蓝、酱釉结合构图，表现力极为丰富。

（2）装饰题材

人靠衣装，陶靠纹装，可以说，每件铜官窑陶瓷器的纹样都是无法复制的。因为它的形成不但与坯泥相关，更与烧制过程中气温及火候的把控有关。就装饰纹样的题材来看，大致可分为人物、走兽、鸟类、花草、风景、抽象几何图形等种类。另外，诗歌题记类陶瓷更是开了以诗文书法来装饰陶器的先河。

第一，人物画。

人物画自古以来就备受重视，从仰韶文化的跳舞人图到春秋战国时期的《人物御龙图》《人物龙凤帛画》，再到西汉时期的画幡，其中的绘画主体都是人物。唐朝初期也不例外。据裴孝源在唐贞观十三年（639）八月所写的《贞观公私画史》记载，当时宫廷和民间所藏唐代名画298卷，绝大部分都是人物画。但到了唐朝会昌年间，朱景玄记载唐朝画家各自专长，善画人物者仅寥寥数人，甚至"国朝亲王三人"，都只擅长鞍马、鹰鹊、雉兔、竹鸡、蜂蝉、燕雀、驴子、水牛等，这对当时的绘画风气影响很大，人物题材的绘画作品自然少了许多。铜官窑的兴盛期正是在中晚唐，由于瓷器上的人物画特别稀少，因此也弥足珍贵。①

人物画中最具代表性的有"异国情侣图"与"仕女纹局部"。异国情侣图（图2-22）绘于圜底盆状残器内右侧，虽是残片，但是上方的异国男子画像和唐代女子形象仍栩栩如生，异国男子头戴纱帽，浓眉大眼、鹰钩鼻、卷须、络腮胡，女子身材丰盈，头戴花饰，面部妆容浓烈可爱，特别是两颊腮红更为妆容锦上添花。

在图2-23中，女子卷发圆脸，头缀宝珠，樱桃小口，秀眼圆睁，手似执一花锄背于肩上。该画线条清晰，用笔不多，却十分传神。

---

① 周世荣编：《唐风妙彩——长沙窑精品与研究》，长沙：湖南美术出版社2008年版，第64页。

图 2-22　异国情侣图

图 2-23　仕女纹局部

资料来源：长沙铜官窑遗址管理处供稿，笔者于 2018 年 10 月翻拍。

第二，走兽类。

出土器物的装饰纹样中，走兽类型有狮、鹿、獐、羊和象征性的龙等。图 2-24 中，装饰纹样是奔跑的小鹿，小鹿双后足蹬腾于花间，神态可爱，笔力流畅。图 2-25 中的奔龙为绿彩所绘，身披龙鳞，昂首张嘴，口似吐祥云，双足立蹬前行，长尾用力卷扬其上，画意简洁生动。

图 2-24　鹿纹

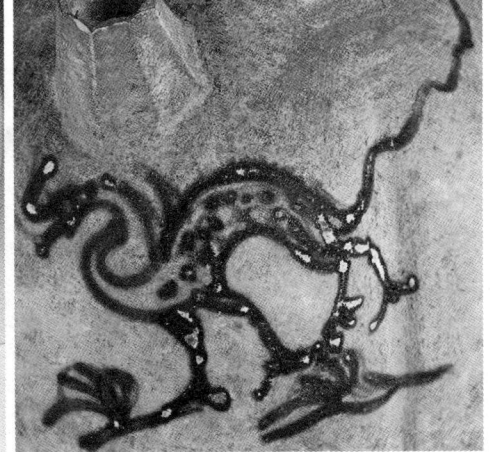

图 2-25　龙纹

资料来源：长沙铜官窑遗址管理处供稿，笔者于 2018 年 10 月翻拍。

在图 2-26 中，山羊为褐彩所绘，四足呈奔跑状，褐须胡子与羊角栩栩如生。图 2-27，以褐彩线条描绘一雄狮伏卧于地，双目注视前方，眼神坚定，是一幅典型的唐代白描画。

图 2-26　青釉褐彩山羊纹壶　　图 2-27　青釉褐彩卧狮纹壶

资料来源：长沙窑编辑委员会：《长沙窑（作品卷壹）》，长沙：湖南美术出版社 2004 年版，第 314 页，第 316 页。笔者翻拍于 2019 年 1 月。

第三，鸟类。

鸟类纹样以雀鸟为最多，凤、雁、鹤、长尾鸟次之。雀鸟的特点是头大颈粗尾短，大多穿梭于草丛中，呈孩儿般上下跃状，甚是可爱，其他则呈飞翔状，如翱翔于天际。

凤鸟类，如图 2-28，这是一只用褐、绿彩所绘的凤鸟，振翅飞翔，极具动感。整幅画面构图简洁生动，用笔精准，描绘出凤鸟"皎皎鸾凤姿，飘飘神仙气"的优美体态。

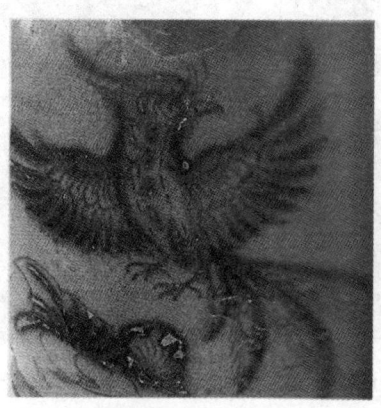

图 2-28　凤纹

资料来源：长沙铜官窑遗址管理处供稿，笔者于 2018 年 10 月翻拍。

雁类装饰纹样大部分是将其绘于花草间，在姿态上，有些雀做展翅高飞状，有些呈现跳跃之态，还有的呈现从空中向草地俯冲之势。鹭类纹样，与雀类的纹样相似，各类身姿状态都不同，但都有花草作为陪衬之物；鹤的动态与雁、鹭、雀相似，只是在外形上稍作改变。

长尾鸟作为装饰纹样，以褐色釉彩描绘居多，用粗壮线条描绘外形后，再用细线条描绘，使之呈圆形装饰、半弧形装饰或以填彩的方式描绘。如图2-29中，碗中分别绘有孔雀饮水展示美丽羽毛，小鸟或展翅向上，或向前飞时回头望，用笔或细腻，或简洁，或粗狂，各具匠心。又如图2-30，大雁飞行在山之上，用低矮群山映衬出大雁飞行的高度，采用飞行大雁的平行视角进行绘画。图2-31中，长尾鸟处于飞行状态，下面有两丛灌木或花草，飞鸟矫健，笔法简洁。

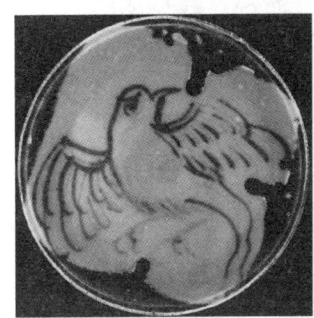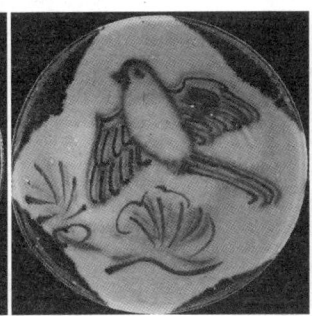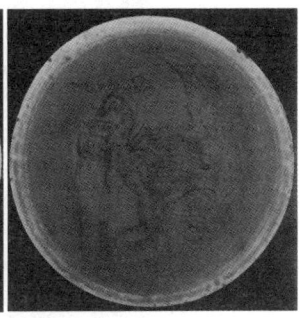

图2-29 青釉褐彩飞鸟孔雀纹碗一组

图2-30 青釉褐彩釉里红绘大雁纹壶　　图2-31 青釉褐绿彩绘花鸟纹壶

资料来源：图2-29，长沙窑编辑委员会：《长沙窑（作品卷贰）》，长沙：湖南美术出版社2004年版，第289页。图2-30、图2-31，周世荣编：《唐风妙彩——长沙窑精品卷》，长沙：湖南美术出版社2008年版，第94页、第88页。笔者翻拍于2019年1月。

第四，花草类。

在装饰上比较常见的传统花草类纹样有菊花、宝相花、紫槿、慈姑、兰草等，还有外来纹样菠萝、椰枣树和一些不知名的野花、水草。

莲花纹是佛教艺术中常用的符号，随着西域佛教文化的融入而渗透到华夏民族，莲花符号不仅是器物上的植物装饰，也是多重文化意象的升华。在图2－32中，莲花纹用褐绿彩描绘，形态生动，极具生命力。

此外，最为常见是椰枣纹，绘有这种纹样的瓷器应该是根据西亚商人的要求而定制。如图2－33，该壶褐釉斑块下置椰枣纹饰。

图2－32　青釉褐绿彩莲花纹壶　　图2－33　青黄釉褐斑模印贴椰枣纹壶

资料来源：图2－32，长沙窑编辑委员会：《长沙窑（作品卷壹）》，长沙：湖南美术出版社2004年版，第182页。图2－33，周世荣编：《唐风妙彩——长沙窑精品卷》，长沙：湖南美术出版社2008年版，第139页。笔者翻拍于2019年1月。

第五，抽象几何图形。

抽象几何图形大多以点彩的方式出现在壶、罐、碗、碟、洗等器物上，有的以点直接出现，有的以点为单位连接成圆形、棱形、方形或直线。

连珠纹是常见的装饰纹样，可组合成多种几何图形。其一，连珠纹组合成环带状（图2－34），一般一行、二行不等，多饰于罐、壶的肩部或碗的口沿。其二，连珠纹组成三角形图案（图2－35）。其三，呈梅花点状（图2－36），一般饰于罐腹或钵心。其四，组成菱形格子（图2－37），然后在菱格内装饰梅花点，常见于罐上。其五，排列成方格形（图2－38），见于钵和罐。①

---

① 周世荣：《罕见的五代定窑釉下褐彩白瓷碟》，《南方文物》，1994年第3期。

图 2-34　联珠纹　　　　　图 2-35　三角形图案

图 2-36　梅花点状　　图 2-37　菱形格子　　图 2-38　方格形排列

资料来源：长沙铜官窑遗址管理处供稿，笔者于 2018 年 10 月翻拍。

第六，风景画。

在出土的唐代陶瓷器物中，除单个题材作为装饰纹样外，组合的形式也是多见的。有些以故事性的画面构成，比如"竹林七贤"罐（图 2-39）；或是以场景画面构成，如图 2-40 中，整幅山水画场景意境深远，山水相间，绿釉褐彩点缀其中。

除此之外，还有一种令人难以捉摸的组合方式，那就是"写意图形"，它没有固定的形式，没有固定的题材，没有固定图形，完全凭借窑工的自由创作，有些状如行云流水，有些状如彩带飞舞，有些类似草叶、云纹或阿拉伯文。[1]

---

[1] 李效伟、吴跃坚：《南青北白长沙彩》，长沙：湖南美术出版社 2012 年版，第 296-302 页。

图 2-39　竹林七贤诗文罐　　　　　图 2-40　白釉褐绿彩山水纹壶

资料来源：图 2-39，长沙窑编辑委员会：《长沙窑（作品卷壹）》，长沙：湖南美术出版社 2004 年版，第 338 页。图 2-40，李效伟、吴跃坚：《南青北白长沙彩》，长沙：湖南美术出版社 2012 年版，第 104 页。笔者翻拍于 2019 年 1 月。

第七，寓意纹样。

寓意纹样外形多变，由陶工艺人们想象作画，代表性器物有彩绘"龙飞"纹壶、彩绘"凤舞"纹壶、彩绘摩羯纹壶。龙和凤是华夏民族远古图腾，逐步演变成为一种艺术形象，成为我国传统文化图像中的民族象征与标志，具有特定的文化涵义。龙是华夏民族的"保护神"，凤是华夏中土的吉祥鸟，"龙凤呈祥""龙凤和鸣"，展现了民间对吉祥的崇尚与寄托。①

摩羯纹饰（图 2-41）是铜官窑与佛教文化密切相关的一种图像。公元前 3 世纪到公元 12 世纪，摩羯纹在印度很流行，多见于佛教寺院塔门上，是典型的印度佛教图像文化。公元 4 世纪，通过佛教经典、印度与中亚的工艺品以及天文学上黄道十二宫的摩羯宫等渠道，摩羯纹饰传入我国，其形状似鱼形，两目为鱼眼，长鼻或后转，常作张口吞食状。②

除了摩羯纹，还有其他的纹样也蕴含着寓意，在图 2-42 中，酱釉碟上印有如意纹，有吉祥如意的美好寓意。

---

① 萧湘：《中华彩瓷第一窑——唐代长沙铜官窑实录》，长沙：岳麓书社 2011 年版，第 216 页。
② 萧湘：《中华彩瓷第一窑——唐代长沙铜官窑实录》，长沙：岳麓书社 2011 年版，第 236 页。

图 2 – 41　摩羯纹饰　　　　　　**图 2 – 42　酱釉如意印纹碟**

资料来源：图 2 – 41，长沙铜官窑遗址管理处供稿，笔者翻拍于 2018 年 10 月。图 2 – 42，长沙窑编辑委员会：《长沙窑（作品卷贰）》，长沙：湖南美术出版社 2004 版，第 171 页，笔者翻拍于 2019 年 1 月。

第八，诗歌题记。

以诗歌题记作为装饰（图 2 – 43），也是铜官窑的一大特色。由于铜官窑陶瓷生产服务的是平民百姓，属于民窑，从器物上的诗歌题记中也能够读到当时百姓的生活状态和思想情感，其文风多隽永、直白，深刻地反映了当时的某些社会问题。从出土器物上看，其文字内容包含酒文化、茶文化、孝文化、灯文化等理念，还有一批反映商品经济生活的诗文以及阿拉伯文等外文装饰。①

图 2 – 43　诗歌题记

资料来源：长沙铜官窑遗址管理处供稿，笔者翻拍于 2018 年 10 月。

---

① 李效伟、吴跃坚：《南青北白长沙彩》，长沙：湖南美术出版社 2012 年版，第 302 页。

(3) 装饰特点

第一，彩绘。

铜官窑的彩瓷绘制在出土文物中是最为常见的一种装饰技艺，是在陶坯制作完成晾干后，直接用笔把釉色绘制于陶坯之上而成。

考古专家冯先铭先生在《从两次调查长沙铜官窑所得到的几点收获》中介绍了铜官窑釉下彩绘与同时期其他窑口装饰的不同之处。一是釉下褐色斑点，共有大斑点与小斑点两种装饰，大斑点多出现在壶罐的口部或肩部，小斑点则在壶罐的器身上，用连串的斑点组成菱形、斜十字形或正方形等纹饰。铜官窑所烧制的青釉褐斑在釉下，先点褐斑再施青釉。二是釉下褐绿色斑点，斑点的排列方法为褐绿相间连串在一起，组成斜方、四方、六方、环状等图案。三是釉下绿彩，此类标本共两种，一类为白釉，一类为青黄釉。白釉绿彩装饰方法有两种，一种为任意几笔，似云霞或水波花纹；一种为小圆斑点组成的菱形、圆形的图案或花纹。此类白釉色调极柔和，绿彩色调淡雅，为铜所烧制。青黄釉绿彩也有两种装饰方法，一种为简单几笔的图案绘制，此种釉下绿彩采用钴原料所制，可以看成青花瓷的鼻祖，另一种是较为复杂的图案，绘有象征性的花草纹。四是釉下褐绿彩绘。这是铜官窑装饰中最复杂的一种，制法有两种：一种为褐绿彩在胎上平绘花鸟纹，这种绘面题材运用在瓷器上是铜官窑首创，另一种是在胎上刻画花鸟轮廓，再到轮廓线内添褐绿彩，最后施青釉。①

第二，模印贴花。

模印贴花则是铜官窑瓷胎装饰工艺的另一大特色和亮点，其模印纹饰涉及人物、动物、植物、花卉，装饰在壶、罐、碗、洗、碾等几乎所有器物上。这些争奇斗艳、各具形态的模印贴花装饰，是铜官窑将审美与实用完美结合的展现，也是铜官窑先进工艺技术的最好见证。②

以青釉褐斑模印贴花壶（图2-44）的工艺流程为例。预先准备好瓷泥、母模、专门的雕刻工具、牛角刮刀、釉料、素胎壶与模印工具，将瓷

---

① 冯先铭：《从两次调查长沙铜官窑所得到的几点收获》，《文物》，1960年第3期。
② 李效伟：《长沙窑模印贴花——大唐陶瓷装饰艺术之奇葩》，长沙：湖南美术出版社2008年版，第3页。

泥反复揉搓至其软硬适中，将揉搓好的瓷泥放入母模中用手按压，使其完全吻合；然后用牛角刮刀将瓷泥刮平，等到模具里的瓷泥本身有一定的强度时，小心将贴花取出，黏附在素胎壶上，并用专用刀具将黏合部位修平，用手指抵抹；先给素胎壶上两遍青釉，再用毛笔或笔刷蘸酱釉在贴花部位施酱釉进行修饰；晾干后送入窑口烧制即可。①

图 2-44　青釉褐斑模印贴花壶

资料来源：李效伟：《长沙窑模印贴花——大唐陶瓷装饰艺术之奇葩》，长沙：湖南美术出版社2008年版，第88页。笔者翻拍于2019年1月。

第三，捏（雕）塑成形。

捏塑是利用泥料的可塑性，借助简单工具，徒手塑造器物形状的方法。捏塑工艺最大的优点是简便易行，不需要任何复杂工具，只要有一块揉好的泥料就可以开始塑形了。铜官窑出土的产品中，有不少的捏（雕）塑类制品，造型有人物、飞禽、走兽、鱼鳖等，这些不规则的小型物件充满着不确定性和随意性，正是这种非公式化的捏塑成就了铜官窑泥塑的生动、灵巧。如图 2-45 中，捏塑的小狮子嘴唇张开，微微仰头注视上方，形态可爱灵动。在图 2-46 中，捏塑的大象四肢直立于长方形托板上，挺胸昂首，卷鼻高昂，目视前方，背负着神态相似的小象，活泼有趣。在图 2-47 中，

---

① 李效伟：《长沙窑模印贴花——大唐陶瓷装饰艺术之奇葩》，长沙：湖南美术出版社2008年版，第61页。

一对彩俑形态生动,左边彩俑头戴瓜皮帽,面部丰满,手握棒槌;右边彩俑神态和蔼,露出微笑。

图2-45 青釉绿彩狮形水注

图2-46 青釉褐绿彩象形镇纸

图2-47 青釉褐绿彩俑一对

资料来源:图2-45、图2-46,长沙窑编辑委员会:《长沙窑(作品卷贰)》,长沙:湖南美术出版社2004版,第206页、第219页。图2-47,周世荣编:《唐风妙彩——长沙窑精品卷》,长沙:湖南美术出版社2008年版,第298页。笔者翻拍于2019年1月。

第二节 窑炉周边的历史场景

一、制陶区的市场和贸易

长沙铜官窑兴于中唐，盛于晚唐，衰于唐末五代。① 铜官窑渐趋衰微，一方面受晚唐以来政局动荡的时代大背景的影响，另一方面也与自身所处的地理环境及资源条件有关。自安史之乱后，唐王朝的中央权力逐渐削弱，藩镇割据，宦官擅权，社会矛盾日趋尖锐，最终导致席卷全国的黄巢大起义。唐僖宗广明元年（880），黄巢义军大举入湘，很快攻陷各州，并有各地民众纷起响应。自此至唐朝灭亡的近30年间，"唐王朝则基本上失去了对湖南的控制，湖南政局处于群龙无首的群雄混战状况，变幻莫测"。② 而铜官又正好毗临政局动荡的中心——潭州城，各藩镇节度使南征北伐，兵戈纷扰，使得社会经济发展遭到很大破坏，也影响到铜官各窑口正常的陶瓷生产与外销。五代十国时期，马殷占据了以湖南为中心的大片地域，建立楚国，史称"马楚政权"，数十年间境内相对安宁，铜官窑生产获得恢复，并一度有所发展，然亦只是赓续其余绪，不复盛唐景况。同时，马楚与东邻吴国、南唐及南边的南汉诸政权时有摩擦，铜官窑在盛唐时即以外销为主，但此时其赖以出口外销的水陆交通线被切断，所产瓷器商品无法扬帆溯长江直下扬州、逾南岭而达广州，继而再转销海外，于是出口量锐减，市场大为萎缩，最终只局限在境内售卖，日渐滞销。有文献称，"五代以后，出口瓷产地逐渐东移至景德镇和沿海地区"③，铜官窑从此失去国际市场，生产逐渐衰退。此外，还有一个不应忽视的自然环境因素是，唐五代铜官窑的窑址中心在石渚（今瓦渣坪一带），其地势低洼，滨湖临江，河

---

① 对于长沙窑的兴起时间，学界有隋至初唐说、盛唐说、中唐说三种。其中，持中唐说者较多，这里采此论。参见李建毛：《湖湘陶瓷㈠（长沙窑卷）》，长沙：湖南美术出版社2008年版，第19页。
② 伍新福主编：《湖南通史》（古代卷），长沙：湖南出版社1995年版，第292—293页。
③ 湖南省望城县志编纂委员会编：《望城县志》，上海：三联书店1995年版，第387页。

道淤塞，转运交通不便，又因近地原料枯竭，釉下彩褐绿彩绘瓷生产趋向衰落。① 当铜官窑逐渐衰落之际，代之而起的是湘江中游的衡阳窑、东江窑和湘江窑，它们均属湖南的青瓷窑口。② 这些青瓷窑口的崛起，在一定区域内又与铜官窑形成业内竞争，对釉下彩瓷的产销构成很大冲击，进一步加速了铜官窑走向衰落。

北宋社会稳定，手工业较为发达，在陶瓷业方面，尤以汝窑、钧窑、官窑、哥窑、定窑最为有名，即所谓"五大名窑"，标志着制瓷技术达到了较高水平。五大名窑所产青瓷、白瓷多为贡品，大抵属于官窑性质。而铜官窑自唐以来即为民窑，鲜有朝贡，而专注于出口外贸瓷器；同时，在经历数百年的鼎盛发展之后，其生产釉下彩所必需的原料渐趋枯竭，加之因长期战乱陶工避难离散、手艺流失等资源、人员与技术诸多方面原因，在北宋以后铜官窑便转产制陶。③ 南宋以后，南方陶瓷产地扩大，江西景德镇异军突出，成为全国陶瓷生产中心。湖南陶瓷业以民窑为主，也受到邻近的窑系如龙泉、景德镇等制瓷工艺的辐射，瓷窑逐渐增多与扩大，尤以衡山窑、岳阳窑、益阳窑最具代表。④ 然而，铜官窑却并不见起色，釉下彩瓷在宋元以后就日趋黯淡，渐渐湮没在历史烟云中，只有低档的民间生活日用陶器在持续生产。据称，明洪武年间，距离铜官五华里的觉华山，有窑五、六处。⑤

铜官窑复兴于何时，现存文献阙载，目前亦很难考证。其实，在铜官窑的出土文物尚未考古发掘之前，即便是民国时期，人们对铜官窑陶业的源流演变也是语焉不详。例如，1942年湖南省银行经济研究室张人价、邱人镐等在实地考察后编撰《湘东各县手工艺品调查》，其第四编"长沙铜官之陶器"即称："铜官制陶，始于何时，鲜有知者。惟据老窑户收藏之管业契约，有康熙、乾隆之年代，则铜官陶业之创始，必在三百年以前。相传明末有渔人某，远至广东捕鱼，于海滨（想必南海石湾）学得制陶之法，

---

① 湖南省望城县志编纂委员会编：《望城县志》，上海：三联书店1995年版，第387页。
② 伍新福主编：《湖南通史》（古代卷），长沙：湖南出版社1995年版，第333－334页。
③ 湖南省望城县志编纂委员会编：《望城县志》，上海：三联书店1995年版，第387页。
④ 伍新福主编：《湖南通史》（古代卷），长沙：湖南出版社1995年版，第430页。
⑤ 湖南省望城县志编纂委员会编：《望城县志》，上海：三联书店1995年版，第387页。

归而传授他人，于是窑厂林立，陶工麇集，铜官之陶遐迩闻名矣。"[1] 若从后来出土文物反观之，这份手工艺调查报告显然不够准确，它并不知晓铜官窑在那段曾经焰红湘浦、缥彩唐宋的辉煌历史[2]，但从中亦可看出清前期康雍乾年间铜官确有窑户存在，陶业生产已渐趋复苏。

据史册记载，康熙中后期，清政府推行"减官窑、兴民窑"的手工业政策，湘东的醴陵瓷业生产正是在雍正年间发展起来的，这也刺激着素有烧窑传统的铜官重振昔日雄风，复兴陶业生产。约在道光年间，地势较高、原料丰富的铜官山及周边地带成为新的窑址中心。历经咸同之际太平天国战火兵燹后，至同治末期，铜官又重新聚集起大量窑户，且颇具规模。如同治十年（1871）刊印的《长沙县志》所载："铜官山，县北六十里临湘都，土性宜陶。土细腻洁白如粉，非紫色也。陶家千余户，沿河而居。"[3] 对于铜官窑迁址开展生产的情形，民国年间的调查报告也可佐证："但最初设窑制陶之处，原系石渚，石渚在铜官山上游十里，有地名瓦砾坪者，土内尚遗留陶器破片不少。然因何而衰，因何产品下移，不复可考。据编者臆断，或为水灾所迫，或为原料吸引，因石渚地势低洼，常遭水淹，且附近二三里地区，并无陶泥之发现，而铜官则遍地皆是也。"[4] 可见，晚清以降，铜官山一带优越的地理条件及资源环境是铜官窑再度兴起的关键。这一时期，铜官窑既生产日用陶，又烧制琉璃瓦。[5] 铜官连绵起伏的山峦，大小窑炉毗邻相连，烟囱突起，陶工熙攘，至清末民初，又渐渐有了"十里陶城"的气象。

19世纪末，随着实业救国思潮的兴起，以及清末新政的推行，清政府出台了一系列奖劝实业的举措，举办各种劝业会、赛会（博览会），大力提倡国货，为陶瓷业的改良生产注入了一股时代新风。尤其是实业救国思潮延续10余年，至辛亥革命后仍有影响，而新成立的中华民国也颁行了鼓励民族资本主义发展的法令政策，这对陶瓷业在内的传统工艺而言无疑是一

---

[1] 湖南省银行经济研究室：《湘东各县手工艺品调查》，1942年刊印，第109页。
[2] 湖南省文物考古研究所编：《湖南考古漫步》，长沙：湖南美术出版社1999年版，第83页。
[3] 刘采邦纂修：《长沙县志》（卷四），见《中国地方志集成·湖南府县志辑》（第3册），南京：江苏古籍出版社2000年版，第42页。
[4] 湖南省银行经济研究室：《湘东各县手工艺品调查》，1942年刊印，第111页。
[5] 望城县轻工业局编：《望城县轻工业志（1805—1987年）》，1991年内部刊印，第26页。

大利好。在此社会背景与时代条件下,民国初年,湖南省内醴陵、衡阳、长沙各窑陶瓷生产发展较快,而铜官陶器销场亦甚旺,陶工增至近万人。①民国时期的报刊对此多有报道和记载,湖南省银行经济研究室编辑出版的经济丛刊《湘东各县工艺品调查》中专列一编对铜官陶器予以介绍。该编写道:"铜官陶器,在民国三年时,窑场甚旺,大有供不应求之势,其时陶工多至九千余人,窑座多至一百五六十所,产值多至三百余万元,窑户无不获利甚丰,是为铜官陶业之黄金时代。"② 1922年9月,长沙《大公报》连载《铜官陶业调查记》,称"铜官陶器,在湖南当然要算一大宗出产"。③后来出版的《湖南各县调查笔记》在长沙县"物产类·工艺品"中亦有叙述:"至各镇乡工艺上之特产,则由临湘镇铜官之陶器,土质细腻,工作精美,久已驰名。陶业达数千户,工人达万余。"④ 由上而见,清末民初之际,铜官迎来了数百年未有的发展良机,陶瓷生产复兴,窑厂林立,绵亘十里,陶工众多,市场销售也很畅旺,称其为"铜官陶业之黄金时代",或许并非夸大其词。

然而,好景不长。袁世凯窃国暴亡后,中国陷入军阀混战、四分五裂的割据局面。湖南为南北军阀争夺之重要省份,长沙又是湖南省会、南北通衢要道,自1916年以后即沦为各军阀角逐之战场,护国战争、护法战争、北伐战争轮番而至。在长沙城北的铜官,并非世外桃源,自然也不能幸免,此后,陶业生产几经兴衰。有调查报告称:"洎北伐军兴,举国陷入战争纷乱中,陶之销场顿尽失,陶工生活不安,出产大受影响,当时致有'厂倒窑崩、出外当兵'之谣。盖多数窑工迫于生计,皆罢陶从军也。"⑤ 而在此前后,又处在第一次国内革命战争时期,工农运动蓬勃兴起,郭亮受党组织派遣,深入铜官传播革命火种,成立了铜官陶业工会,开展反压迫、反剥削的民主革命斗争。一些陶工接受革命道理灌输,走上革命道路。及至1927年南京国民政府建立后,长沙发生"马日事变",铜官陶业工会遭到破

---

① 湖南省地方志编纂委员会编:《湖南省志》(第九卷),长沙:湖南人民出版社1989年版,第65-66页。
② 湖南省银行经济研究室:《湘东各县手工艺品调查》,1942年刊印,第109-110页。
③ 德邻:《铜官陶业调查记》,《大公报》,1922年9月24日第9版。
④ 曾继梧编:《湖南各县物产调查笔记》(下册),长沙合济印刷公司1931年版,第16页。
⑤ 湖南省银行经济研究室:《湘东各县手工艺品调查》,1942年刊印,第110页。

坏。① 继而国民党加强专制统治，推行"训政"，健全乡政机构，工人运动转入低潮，国内秩序趋于稳定，铜官制陶产业也渐复旧观，陶工陆续返里。至30年代中期，"一般陶业情形，又颇有欣欣向荣气象。"② 但在1937年"七七事变"后，陶业又复不振。

七七事变发生后，仅仅一年多时间，1938年10月武汉沦陷，铜官窑的外销市场也随之丧失，"陶之下游销场，悉被敌人毁灭，已有岌岌可危之势。"③ 随后7年间，湖南成为抗日战争的最前线和主战场，日军相继发动了4次长沙会战，长沙及周边的铜官等乡镇也多次遭遇兵灾战乱。武汉失守后，1938年11月，日军发起第一次长沙会战，湘北紧张，国民党守军惊慌失措，以致发生长沙"文夕大火"，"濒水市镇，居民多受惊疏散，铜官雄踞湘水东岸，尤当冲要，故陶民窑户搬徙者更多，陶业遂乃完全陷入停顿状况，为时之久，几及三月。"④ 到1940年，铜官陶窑仅存70条，为556户窑户所共有，陶工1859人，当年每口窑的产值少者4000元，多至27000元，全体陶业产值共约94.9万元。⑤⑥ 1944年日军发动豫湘桂战役，长沙为其攻伐的军事重镇，地处北郊的铜官亦很快沦陷，陶业生产几乎停滞，直到抗战胜利后才陆续复工。由此，铜官一带流传着这样一首民谣：

说日本，道日本，
说起日本真可恨。
记得那年侵犯长沙城，
铜官、靖港都扎了兵。
杀人放火不眨眼，
奸淫掳抢丧良心。
街上商人都吓跑，
家家户户都关了门。

---

① 湖南省望城县志编纂委员会编：《望城县志》，上海：三联书店1995年版，第213页。
② 湖南省银行经济研究室：《湘东各县手工艺品调查》，1942年刊印，第110页。
③ 湖南省银行经济研究室：《湘东各县手工艺品调查》，1942年刊印，第110页。
④ 湖南省银行经济研究室：《湘东各县手工艺品调查》，1942年刊印，第110页。
⑤ 参见湖南省银行经济研究室：《湘东各县手工艺品调查》，1942年刊印，第118页。
⑥ 《望城县地方志丛书·轻工业志》，1991年内部刊印，第26-27页。

> 河里不见船行走,
> 路上有得人过身。
> 吃喝要把人打望,
> 睡觉不敢点油灯。
> 东躲西藏受惊吓,
> 南来北往要小心。
> ……①

这首民谣生动形象地描述了抗战后期铜官窑民众生活困窘的真实状况,也反映了窑场破产倒闭、陶业市场凋敝的凄苦境遇。

抗战胜利后,铜官陶业有所恢复。但不久,连年遭遇水旱灾害,内战又起,加之国民政府横征暴敛,捐税繁重,国统区出现通货膨胀、物价飞涨的情形,以致市场萧条,铜官陶业生产也一落千丈。② 据1949年12月长沙县人民政府工商科初步调查,中华人民共和国成立前夕,"铜官陶业有2410户、从业3761人,但正常开业者只有700余户,总产值合人民币约100万元"③。

如上,简要概述了自唐末五代至民国时期长沙铜官窑陶瓷业的宏观发展演变脉络,勾勒出其几度兴衰的大致轨迹,从中亦可略窥见市场与贸易的沧桑变迁。千百年来,铜官历经兴衰交替,变革创新,代有更易,在漫漫历史长河中洗尽铅华,也留下了诸多古老的遗迹。

在铜官镇的中段,有一条保存完好、依坡而建的义兴窑。考古工作者对窑址及其中堆积的残碎陶片进行考察,认为这条古窑建于清代前中期,迄今有300多年的历史。该窑坐落在铜官陶瓷总公司七厂区内的明函湾山岭上,窑头朝南,窑尾朝北。窑长63.5米,东侧设有5个窑门,西侧设有4个窑门,窑背两旁分别有烧窑投柴的窑眼78对,窑内高度1.35米,底宽1.3~1.75米。夯土紧裹的窑身是用拱砖堆砌而成的,筑造十分严实。④ 由于这座古窑地理位置便利,滨临湘江,同时又保存较完整,颇具视觉冲击

---

① 刘铁柱:《铜官古韵》,长沙:湖南人民出版社2014年版,第95-96页。
② 《望城县地方志丛书·轻工业志》,1991年内部刊印,第27页。
③ 湖南省望城县志编纂委员会编:《望城县志》,上海:三联书店1995年版,第387页。
④ 刘铁柱:《铜官古韵》,长沙:湖南人民出版社2014年版,第12页。

力和艺术感染力,还被列为省级重点文物保护单位,近年前来驻足参观和拍照留影的游客不少。当地人告诉我,像这样的古龙窑在镇区还有10余条,如外兴窑、贡兴窑、仁兴窑等,有些窑历经沧桑风雨后,窑身与窑基骨架尚存,但烟囱等构件或有残缺。这些古窑大抵依山而建,沿坡而上,窑炉结构简单,七八家共建,筑造费用相对低廉。

图 2-48 义兴窑

资料来源:笔者拍摄于 2018 年 6 月。

窑址、窑炉的变迁自然会导致陶瓷产品的变化。据考古发掘调查资料显示,在今铜官镇区内的古窑址群中,除晚唐五代釉下彩外,"宋有粉底彩绘瓷,明清有粗陶"。清至民国,铜官窑继续烧制以日用为主的陶器,其主要产品有缸、钵、坛、罐、海子、管子、瓦、杂类等八大类,各类均按容量或规格大小区分品名,总共有百余个品种。据民国时期的经济调查《长沙铜官之陶器》载录:"铜官所产陶器,概分为八大类:一曰缸,乃贮水、藏糖、制酱之器;二曰广钵,为贮米装饭之具;三曰坛;四曰罐,或作酒器,或贮食品亦颇合用;五曰海子,亦为贮酒之器;六曰管子,即屋檐滴管;七曰瓦,乃琉璃瓦也;八曰杂类,香炉、面盆、痰盂、玩具类也"。[①]该经济调查还将各类陶器的品名按容量或尺码及其价格详细列出,从中也可略见当时铜官窑业生产之规模。比如,仅缸类就有黄釉大缸、黑釉苏缸、

[①] 湖南省银行经济研究室:《湘东各县手工艺品调查》,1942 年刊印,第 111 页。

长套缸、油缸皮子、黑釉白缸、绿釉花缸、绿釉片糖缸、黑釉片糖缸、大水缸、中水缸、绿釉酱缸等 11 种。此前,长沙《大公报》刊载的一篇调查也表明,民国时期铜官陶器的种类、品名还是比较丰富、齐全的。该调查写道:

> 出产的种类:有黄釉大缸、黑釉大缸、套缸、黄釉缸、连半缸、钵子、炉子、罐子、碗、罩子、桶炉、钵缸、茶壶盖子、花钵、栋缸子、花缸子、套炉、屋花、各种模型、罐子、屋瓦,等等。①

铜官陶器生产在清末及民国年间保持着相对的稳定性,其间虽几经兴衰起落,时至解放前夕基本上仍延续着传统的工艺特征,产品种类以民间日用为主。据铜官的老陶工、老艺人回忆介绍,解放前该地陶瓷传统产品有日用陶、建筑陶、艺术陶,品种约 200 余个。具体是:

> 日用陶约 150 个品种,包括:大老五套缸、小老四套缸、皮子三套缸、五码子、七码子、又码子、桶缸、葫芦缸、印子钵、黄钵、顶钵、筷筒、便壶、平口、饭菜钵、花罐、土罐、包壶、油壶、酒壶、酒坛、菜坛等。建筑陶约 30 个品种,包括大小水管、筒瓦、底瓦、盖瓦等。艺术陶约 20 个品种,包括花、草、屋脊(扁草脊、荷花脊、茶花脊)、龙、狮、人物等。②

通过上面征引的三种文献的比较,可以看出,民国时期铜官陶瓷的类别、品种并不是一成不变,而是有所继承,也有所革新。这些品种的出现应与当时的市场、原料、生产技艺等有着紧密的联系。

中晚唐时期,长沙铜官窑场渐成规模,兴旺一时,瓷器贸易亦日趋兴起,带动了当地经济的繁荣,新兴的市场类型——草市在窑区也随之出现。③印尼海域黑石号沉船出水的一件碗就刻有"湖南道草市石渚盂子有明

---

① 德邻:《铜官陶业调查记》,《大公报》,1922 年 9 月 24 日第 9 版。
② 湖南省铜官陶瓷总公司老龄工作委员会编:《铜官陶瓷史》,2007 年刊印,第 2—3 页。
③ 李建毛:《湖湘陶瓷㈢(长沙窑卷)》,长沙:湖南美术出版社 2008 年版,第 28 页。

樊家记",这实物表明长沙窑所在的石渚已形成草市,而唐代许多草市是因当地某种特产而兴起的交易市场。铜官(石渚)临江滨河,亦为交通要津,陶瓷贸易繁华,作为专业市镇可谓历史久远。虽然铜官窑在五代以后就衰落,宋元之际名声不显,但自清中叶复兴后,铜官作为重要的陶瓷生产基地,在窑场附近也形成了专门的陶业市镇。如同明清时期的周庄、角直、盛泽、朱家角等诸多江南市镇一样,铜官镇作为手工业和商业中心,具有商品生产与流通的功能,具有和乡村联系密切的市场功能,陶瓷业市镇的活力正体现于此。它首先是陶瓷器及其相关商品的生产者、交易者的集聚中心,其经济结构与经营方式也带有强烈的商品色彩、市场色彩,牙行、商铺、窑场构成其三大支柱。清末至民国年间,铜官镇作为一个专业集镇,其业务就是制陶与卖陶,且颇具规模。在调研期间,当地一个老人很自豪地告诉我:"20 世纪 50 年代之前,湖南有三大镇:洪江、津市、铜官。"洪江在湘西的黔阳县,津市在湘西北的澧县,分别为民国时期湖南省内最大的桐油、米谷市场,而铜官,不言而喻,在老人眼里就是省内最大的陶瓷市镇,尽管其时醴陵瓷业与之不相上下。新中国成立后,洪江、津市都已从原来的县域行政区划出来,由镇升格为县级市。铜官却因地近省会长沙,在析置望城县后,只能一直保留着乡镇的层级,无法作为行政中心的县城或市。回溯历史,这应与民国时期长沙县各乡镇的市场结构有关。

  人类学家施坚雅曾指出,传统中国农村基层市场分布广泛,"基层市场为这个市场下属区域内生产的商品提供了交易场所,但更为重要的是,它是农产品和手工业品向上流动进入市场体系中较高范围的起点"。[①] 铜官镇即处在农村与中心地(长沙)市场结构之间的一个节点。在这个区域性市场结构中,长沙县北部也有数个相邻的集镇,在湘江东岸,除铜官外,还有丁字湾、霞凝港、桥头驿、杨桥;在西岸,自南向北沿江分布着新康、靖港、乔口,与铜官隔河遥望。它们大都是在清代及民国初年形成的自然集市。[②] 施坚雅认为,作为空间体系和经济体系上的市场结构,较为理想的

---

  ① [美]施坚雅:《中国农村的市场和社会结构》,史建云、徐秀丽译,北京:中国社会科学出版社 1998 年版,第 5-6 页。
  ② 参见湖南省望城县志编纂委员会编:《望城县志》,上海:三联书店 1995 年版,第 451-454、458-459 页。

基层市场区域是离散的、六边形的，内部等距离的村庄星罗棋布。① 而这种六边形的市场区域只是理想模型，它受到地形地貌的影响。在长沙县的市场区域中，它并不是规整的，铜官与丁字湾、新康、靖港、乔口等集市贸易联系紧密，"在这基层市场和中间市场或与之有直接联系的更高层次集镇之间，存在着商品和行商的有规律的运动"，"基层市场依赖于两个或三个较高层次的集镇而不只依赖一个"。② 由此，铜官作为专业的陶瓷市镇甚有活力。由于铜官窑自清中期以来制陶以日用为主，这恰是广大乡民所需求的，各地农村市场遂成为铜官窑的主要市场之一，铜官镇自然而然便成了各窑口外销各式各样陶器的集散地。在采访中，刘铁柱多次说起，居住在镇上的人没有田地，生计就靠在窑上烧窑。③ "铜官窑上"一直是窑业者和客商们对这个地理空间的描述，这样的描述来自一种感觉，就是当地"窑多""密集"的状态。"铜官窑上"指代的其实就是铜官镇。

　　如前所述，唐代中后期是铜官窑最辉煌、鼎盛的时期。近30年的考古发掘表明：这时期，长沙铜官窑瓷遍销大江南北，辐射海内外，市场销路十分广阔，贸易历史甚为久远。就其贸易线路而言，在国内，有东线、北线、西线和南线。东线即走湘江，过洞庭，顺长江而下，直抵江浙，并以扬州为长沙窑的重要集散地和中转站，或向东则转销苏杭、宁波等地，或沿运河北上，销往黄河沿岸各州；北线经荆襄古道销往中原；西线逆长江而上，经三峡入巴蜀，或经澧水及沅水支流酉水而入川；南线溯湘江上行，经衡州至永州，再沿湘水经灵渠再顺漓江而下，或沿潇水及潇贺古道至贺州，均达广州，亦有走陆路经郴州逾南岭而至广州。④ 外销线路，以扬州、宁波、广州为出港口，销往东亚的朝鲜半岛和日本群岛，或东南亚诸国、南亚、西亚及东非地区。⑤ 长沙铜官窑瓷一度成为晚唐"海上丝绸之路"的重要外贸商品。如今，在亚非大陆20多个国家和地区都曾出土长沙窑瓷，分布范围之广让人惊叹，亦可见其市场畅销之旺。

---

　　① ［美］施坚雅：《中国农村的市场和社会结构》，史建云、徐秀丽译，北京：中国社会科学出版社1998年版，第21－23页。
　　② ［美］施坚雅：《中国农村的市场和社会结构》，史建云、徐秀丽译，北京：中国社会科学出版社1998年版，第26页。
　　③ 受访人：刘铁柱；访谈地点：刘铁柱家中；访谈时间：2017年8月。
　　④ 李建毛：《湖湘陶瓷㊁（长沙窑卷）》，长沙：湖南美术出版社2008年版，第32－39页。
　　⑤ 李建毛：《湖湘陶瓷㊁（长沙窑卷）》，长沙：湖南美术出版社2008年版，第39－44页。

然而，时过境迁，五代以后铜官窑就渐渐失去昔日耀眼的光环，其陶瓷市场亦日渐萎缩。宋元明时期，随着龙泉、景德镇等南方新兴窑场的崛起，铜官窑一度湮没于历史的尘埃中，直到清中后期才再度复兴，于清末民国年间方显元气，呈现出所谓"黄金时代"的景象。诚如20世纪30年代初国民政府实业部在湘进行全面实业调查后所纂述的那样："湖南各县陶器之出产不多，故销路亦以本县及邻近一带为主，惟长沙临湘镇铜官之出品，则销行于长沙流域各埠"；"自逊清中叶以来，铜官执陶业之牛耳，垂一百五十年"，在清末民初步入黄金时代，也即"当二十年前，铜官窑业盛时，各省陶器商至铜官定货者云集，为长江流域陶业之冠"。① 但30年后，一方面受世界经济危机蔓延的影响，另一方面因原料缺乏，成本昂贵，加之外国货的倾销竞争，铜官窑产品的销路已大不如前，仅行销湘鄂两省。② 此后，铜官窑陶瓷贸易又几经起伏。1940年，铜官有李锡庭经营的1家陶业公司和杨复盛、惠丰长、曾复顺、谭正泰、谈复兴、李三宜堂等6家窑货店。③ 这些陶器公司或窑货店，俗称"窑院子"，系专门经营陶器的商店，它们多于销售淡月低价买入，当销售旺月高价卖出，因而都会获利甚多。这7家陶器店，每家资本约五六千元，1939年、1940年各家经营额最多者达一万六七千元。④

除了固定的窑货店及陶业公司外，还有些临时的陶器售卖摊点。听铜官镇上的老人讲，民国年间，铜官潭、峡口子、袁家湖、沙湾寺、誓港都是主要码头，尤其铜官潭，它是一处水域广阔的深水港湾，外埠船只云集于此。云母寺的麻石阶梯把铜官街与水上船只连成一条商贸通道，码头上人来人往。到了冬季，河水退减，河滩显露，不少商家沿河搭建简陋的货棚销售陶瓷。这些窑货店、码头及街道，犹如一个经济体系的动脉和静脉，在一定程度上成为集镇市场的中心。恰如施坚雅所言："本地生产的小手工业品沿着主要街道各有自己习惯的交易地段。尽管任何一个基层市场上的

---

① 朱羲农、朱保训编纂：《湖南实业志》（二），长沙：湖南人民出版社2008年版，第982页。
② 朱羲农、朱保训编纂：《湖南实业志》（二），长沙：湖南人民出版社2008年版，第982页。
③ 湖南省银行经济研究室：《湘东各县手工艺品调查》，1942年刊印，第128页。
④ 湖南省银行经济研究室：《湘东各县手工艺品调查》，1942年刊印，第121、128页。

大多数卖者都可能是流动的，基层集镇上通常还是有一些永久性的起码设施。一个基层集镇上也可能建有几个加工本地产品的原始的工场。"① 老人们还说：产品主要沿河道销往省内滨湖各县、湘南，以及湖北、江西、河南、四川等地。当时有句谚语："千猪百羊万担米，顶不到汉口一早起。"外地来的，如湘、鄂、赣三省都到这里买产品，特别是汉口销得很多。② 这则访谈资料也印证了前引文献史料，铜官窑产品行销湘鄂两省，而汉口码头大，商人多，销量也大。

民国时，陶器交易多用现款，票据仅占少数，均由双方在交易时议定。订货则须先付定洋，或货价之一部，但大批交易有时采用分期付款方法，亦有先交货物而后付价者。"惟长沙铜官市之窑业，因交易较巨，故定货用单折，交货用脚簿，出货付款均有定期，以单据为交易，凭信有月比、年比、半（年）比等例。"③

在铜官田野调查中，当地老人的回忆与介绍也证实了这一点。订单客商一般是上门看货，窑户即使偶尔没有接到订单，他们也会预期烧制好产品，并堆放在自家的作坊里，等待客商或一些零售商来购买，这样的商业贸易一般在作坊中完成。当然，每到秋冬生产旺季，窑户们也会在河边摆摊设店，客户雇船来此成交。"天气好时，湘江水退，大家都会临时组织起来跑去岸滩争个好位置卖窑货。还有窑贩子雇船装货或挑担走乡串户零售。"④ 铜官是多户合作建窑，从而出现业主联合组织运往外地推销的经营方式；也有的是自产自销，客户上门购买；另外还有本地经销商收购，或低价预购期货（俗称"拿推货"）。在铜官土生土长、已年逾八旬的老人刘铁柱，从新中国成立初期就一直在铜官瓷器总公司工作，直至退休，对民国后期铜官各窑口的生产经营掌故耳能详熟，他说：

---

① ［美］施坚雅：《中国农村的市场和社会结构》，史建云、徐秀丽译，北京：中国社会科学出版社1998年版，第24-25页。

② 受访人：王建华等，原铜官陶瓷总公司的退休老员工；访谈地点：铜官老街；访谈时间：2017年5月。

③ 朱羲农、朱保训编纂：《湖南实业志》（二），长沙：湖南人民出版社2008年版，第983页。

④ 受访人：王建华等，原铜官陶瓷总公司的退休老员工；访谈地点：铜官老街；访谈时间：2017年5月。

那时候，杨复盛家里的资本很大，他们自己既生产又拿推货，经常来个十条船从他家运货。杨复盛在销售过程中，发现建筑陶是一个市场广阔的产品，他令儿子在湖北地方市场深入调查后，回家就开始生产琉璃瓦，创造了一个"铜官牌琉璃瓦"新品牌。现在的岳阳楼、黄鹤楼等江南名楼的琉璃瓦都是从他这里采购的。产业的发展不能墨守成规，他的孙子后来还建立了"古建琉璃瓦厂"。①

可见，杨复盛的经营能力还是很强的，能根据市场需求迅速做出回应，及时调整生产品种。各窑口的经营方式也灵活多样，有自产自销、商贩经销和预约供货。这和艾约博（Jacob Eyferth）关于四川夹江纸业的调查研究有些相似，市场结构在一定程度上是其生产结构的镜像，而销售市场也掌握在本地人而不是外来商户手中，他们常常单独或合伙设立店铺进行收购与销售。②

铜官陶瓷市场之广，贸易之盛，与其产品的种类及定位也有关系。大体而言，民国时期铜官基本上是单家独户的民窑，家庭作坊式的窑炉生产，尽管数家烧制陶器时也会共用一窑，其产品多为中低端的生活日用陶，稍晚才涉足建筑陶、艺术陶。又如前所述，抗战时期，沿海沿江各港口城市相继沦陷，受战乱影响，铜官陶瓷出口更难，因此产品转为内销。铜官地处洞庭湖平原，农民浸种、酿酒、盛水对大缸的需求为陶瓷销售提供了广阔的市场。这种大件产品对原料占有量大，烧成设备龙窑占有量多，水上运输资源要求发达，只有铜官具备这样充分的条件，这些都是促成产品转变、销路转变的主要因素。

铜官窑的产品一般按件售卖，价格从几分到数元不等。铜官陶器的产量及产值，从民国时期的一份调查可见一斑，见下表：

表 2-1 铜官陶器的产量及产值简表（约 20 世纪 30 年代）

出品	每年产量（件）	单位价格	总值（元）

---

① 受访人：刘铁柱；访谈地点：刘铁柱家中；访谈时间：2017 年 8 月。
② ［德］艾约博：《以竹为生：一个四川手工业造纸村的 20 世纪社会史》，韩巍译，南京：江苏人民出版社 2016 年版，第 89 页。

大小瓦缸	500000	每只二元	1000000
坛	500000	一角	50000
罐	3000000	二分	60000
钵	5000000	二分	100000
蒸钵	500000	六分二厘	31000
水壶	300000	五分	15000
火炉	3000000	三分	90000
痰盂	140000	二角	28000
鼓子	140000	二角	28000
其他	500000		200000

资料来源：朱羲农、朱保训编纂：《湖南实业志（二）》，长沙：湖南人民出版社 2008 年版，第 979 页。

此外，20 世纪 40 年代的另一份调查对铜官陶器各品名及其价格有更详尽的载录①，亦可窥见其产业发展的一个方面。总而言之，铜官作为晚清至民国时期湖南的主要制陶区，其市场与贸易在湖南的陶瓷业中占有重要一席。

二、行业分工与作坊生产

铜官的陶瓷生产历史悠久，从产业初步形成至 20 世纪 50 年代社会主义工商业改造前的漫长岁月中，一直是家庭作坊式的生产经营模式，即以一家一户作为个体，从制陶到烧制、出窑完成的整个生产工艺，甚至陶器销售环节，也主要由个体独自进行。但这种作坊生产，并不意味着不需要行业分工。实际上，陶器的制作流程，从原料采置到上窑烧陶、出窑等多个环节，也要行业分工与协作，需要雇佣窑工或窑主间劳务交换与互助。

1. 龙窑、作坊与窑户

民国时期，铜官陶业的生产区域主要分布在以铜官集市为中心的周边 3 平方公里内，上至高岭上的大坡，下至沿湘江边至誓港、泗洲寺。据有关文献记载，民国后期（1946—1949 年），铜官还存有龙窑 72 座。其中，高岭上附近区域内有国兴窑、自兴窑、兆兴窑、尚兴窑、利兴窑、美兴窑、

---

① 湖南省银行经济研究室：《湘东各县手工艺品调查》，1942 年刊印，第 112 – 117 页。

友兴窑、保兴窑、福兴窑、祥兴窑、寿兴窑、正兴窑；观音堂附近区域内有顶兴窑、宏兴窑、顺兴窑、总兴窑、同兴窑、长兴窑、太兴窑、怡兴窑、全兴窑；杉竹岭附近区域内有和兴窑、月兴窑、万兴窑、润兴窑、立兴窑、再兴窑、中兴窑、华兴窑、齐兴窑、明兴窑、胜兴窑、发兴窑；南岸泗洲寺附近区域内有德兴窑、贵兴窑、凯兴窑、内兴窑、范兴窑、福兴窑、尚兴窑、汉兴窑、仁兴窑、转兴窑；袁家湖附近区域内有佑兴窑、茂兴窑、中兴窑、外兴窑、里兴窑、太兴窑；此外，沙湾寺、谢家塘、峡口子区域附近也有旺兴窑、贡兴窑、铁兴窑、富兴窑等多座窑灶。① 这些窑灶的名称大多含有"兴"字，并与另一个褒义的字眼组成，寓有"兴旺发达""兴盛""吉祥"之义，且各区域间的窑名有些重名。这主要是历史形成的，大概是由不同时期的窑主取名的缘故，除少量始建于明代以前，绝大多数为清代和民国年间。②

这些龙窑大都以山坡而建，故而，"坡"是当时划分地域空间的名称，不同的"坡"一般都住着十来户人家，这些人家都是家庭窑户作坊。其因由是，烧成的窑炉因投资过大，一般单家独户难以承受，需要合作建造。一个"坡"大概有多条龙窑，每条窑都有数户业主，每个业主负责修筑一坎（段）窑。这样的家庭作坊"麻雀虽小，肝胆俱全"，实际上也是一个浓缩了的工厂。配方、制泥、成型、施釉这些制陶前期的工艺程序，在作坊中都能体现出来。如，20 世纪 30 年代中期，民国实业志就载称："湖南陶器业以长沙最发达，当其盛时，临湘镇属铜官窑厂林立，绵亘十里，……今虽中落，然大窑尚存一百五十条"，"往往数户或数家合置一窑。"③ 到抗战爆发后，铜官陶业更显衰落，然仍可看出各窑户的分工、协作情形。1940 年，铜官有陶窑 70 座，"每窑所属窑户少自三四户，多至十六户。全体陶窑共属陶户五百五十六户，每窑工作人数，少自九人，多至六十余人。全体陶窑工人数，共计一千八百五十九人"。④ 一般来说，每窑户数以 6 到 10 户居多，每窑窑工数以二三十人居多。此种情形在湖南省银行经济调查丛

---

① 湖南省铜官陶瓷总公司老龄工作委员会编：《铜官陶瓷史》，2007 年刊印，第 2 页。
② 刘铁柱：《铜官古韵》，长沙：湖南人民出版社 2014 年版，第 14－15 页。
③ 朱羲农、朱保训编纂：《湖南实业志》（二），长沙：湖南人民出版社 2008 年版，第 962 页。
④ 湖南省银行经济研究室：《湘东各县手工艺品调查》，1942 年刊印，第 118 页。

刊中有更详的载录，见下面两表：

表 2-2 长沙铜官陶窑户数分配表

每窑所属户数（户）	窑户数	
	户数（户）	百分数（%）
1~5	32	5.75
6~10	461	86.52
11~15	11	1.98
16~30	32	5.75
总计	556	100.00

资料来源：湖南省银行经济研究室：《湘东各县手工艺品调查》，1942年刊印，第118页。

表 2-3 长沙铜官陶窑窑工分配表

每窑工作人数（人）	工作人数	
	人数（人）	百分数（%）
1~10	78	4.19
11~20	67	3.60
21~30	1201	64.61
31~40	391	21.04
41人以上	122	6.56
总计	1859	100.00

资料来源：湖南省银行经济研究室：《湘东各县手工艺品调查》，1942年刊印，第119页。

从以上两表来看，铜官窑户鲜有独门独户烧陶的，也少有只靠家庭成员来做陶，他们往往会以合资、合伙等合作方式建窑做陶烧陶。我在访谈中得知，建窑不分家族或者姓氏，不同坎（段）的修筑由"抓阄"来决定，窑业主们并无异议。烧窑的时候，窑业主都要"对柴火"到炉头泡①，待预热完成，就从坎一（第一段）开始，各坎轮流来烧。一条窑最短也需要烧三四天，大家共烧一窑，相互都很信任，因为自己的利益都在里面。

铜官陶器种类繁多，由不同的窑炉烧制。依据地势的不同，有些坡段建的窑适合烧制小货，比如钵、罐、壶、坛之类的，就被叫做"小货窑"；有些则适合烧制大货，比如，缸，叫做"大货窑"。这些小货窑、大货窑都

---

① 炉头泡：龙窑烧柴、点火、预热的位置。

是铜官人祖祖辈辈的基业，也是公有制时期铜官陶瓷公司各大工厂的前身。这些田野调查访谈笔录，在民国时期的报刊中也得到印证。据长沙《大公报》载：

> 各种出产的区别：各种货物，都出自窑中，然每种货，必以一种窑盛烧之，并各种货，有各种区别。如黄釉大缸、套缸、黄釉缸等，出自黄釉窑中，此种窑必以最强火力烧之，然后出货可精良；如黑釉大缸、连半缸、钵子、钵缸、花缸（此种或出于黄釉窑）、罐子、屋瓦等，皆出自黑釉窑中，此种窑宜最强火力烧之，方出货精致。楝缸子、花缸子、罐子、碗、茶壶盖子、壶等，出自小货窑中，此种窑宜以适中的火力烧之，方出货精致。桶炉、套炉、炉子、罩子、各种模型，都出自各种窑之末尾，故须火力最小，方出货精良。屋花等，都出自花货窑中，此种窑火力亦宜大，但不及黄、黑各种釉窑。①

在铜官陶器行业中，早已经形成了较为完备的分工体系，打窑的被称为"砌墙"师傅；烧窑的被称为"煅烧"师傅；挖土的被称为"下井"师傅；"车上"师傅，就是那些做手艺活的人；"挂上"师傅，指修坯的人；"底下"师傅，是做杂事的人。

窑业主集所有技能于一身，除家人外，他们也雇请工人或学徒制作坯件，请煅烧师傅负责烧窑。被请来的师傅同样精通所有的工艺流程。有一段窑的家户，肯定就有一个作坊。这样的作坊筑墙一般用"干打垒"，即用本地黄泥加上石灰料约10%，用长木匣（规格大小一般是长1.5米，宽0.4米，高0.5米）来回夯筑而成，筑墙干透后，十分坚牢。为了不使雨水浸漏，屋面倾斜度要大于35°。作坊面积一般为80～120平方米，由于墙体与屋面的隔热保温性能良好，室内冬暖夏凉。此外，作坊前方开有厂门，大都是用木板拼成一块约3平方米的吊门，打开时用钩挂悬起，简便易行。②昔日，家境不很宽裕的陶工，没有另外的住房，有的就在作坊的一角，间出一块住房，三五口人也能住下，使生产、生活融为一体。这种格局，到

---

① 德邻：《铜官陶业调查记》，《大公报》，1922年9月24日第9版。
② 刘铁柱：《铜官古韵》，长沙：湖南人民出版社2014年版，第17页。

了生产旺季，还有利于提高效率。王建华回忆说：

> 作坊都是在自家附近，当时，我家里有五个劳动力，爷爷、父亲和我，还有两个徒弟。当老板的，要制得坯、装得窑、烧得窑、出得窑，都要能做。当伙计的，也要全部流程都会，老板才会请他。当学徒的，吃饭就在老板家里，老板家如果有多的房子，也就可以住在老板家里。①

条件好的家庭，在忙的时候会雇工，分"长工""短工"，按月给酬薪，酬薪为粮食，或银元，最高的可以给到一担米（约为140~150斤），银元则是4~10块不等。有钱作坊的老板雇工，就是在这个密集的居住区被雇来做事的，要么是亲戚，要么是熟人。对聘请来的陶工，给予计酬的办法则是将烧成后的产品与他们分成，即业主提供原料、釉料，工人负责制作和装烧出窑。烧制出来的成品，运泥、制泥、挑柴、扒窑②的工人分产品的10%，业主和制作工人各分45%。工人分得的产品可以委托业主销售，也可自行销售，或由陶器经销商收购。③

调研中，经朋友介绍，我认识了年逾九十的刘业华老人家。当年，他就在凤凰坡一窑户家当"伙计"。因为没有钱买土买柴，就只能在业主那里卖劳动力，业主卖的产品就分给他百分之几十。据刘老回忆，当时一条窑的利润大概是30%~40%，但有时候也要看销售，每户人家的产品都不一样，即使是同类产品，每家的价格也不同。售价的高低完全取决于客商和窑户之间的沟通。

铜官制陶业的工序环节总体上可以分为：坯料、成型、烧成。陶器烧成之前的工序都是在作坊中完成。作坊外，有一块与室内面积基本等同的坪地，用来晒坯，晒坪有直径约2米的配制原料的圆形浸土池，"并配有锄头、筶箕、土撬、切子，与室内的土凳、土墩、泥水缸、刮板、母布、板盘、牵绳、眼手、椰头等组成了原料、成型两道工序的基本工具"④。运回

---

① 受访人：王建华；访谈地点：铜官老街；访谈时间：2017年5月。
② 扒窑指出窑后，窑里有垫产品的沙子、窑砖、窑瓦，需清理出来。
③ 湖南省铜官陶瓷总公司老龄工作委员会编：《铜官陶瓷史》，2007年刊印，第3页。
④ 刘铁柱：《铜官古韵》，长沙：湖南人民出版社2014年版，第18页。

的陶土存放在土池旁，配料时将成块的陶土铲碎，浸泡水池中软化，然后按比例掺入"无名土"，人工用脚在池中将原料和匀，用土撬取上来后，运至作坊内成型。

龙窑、作坊是窑户生产必备的基础设施，拥有这些硬件，就可采制原料开工、制作烧制陶器了。

2. 原料的采掘和炼制

铜官三面环山，丘陵地貌，地下蕴藏着丰厚的陶土。20世纪50年代前，陶瓷业所用之原料均在本地附近农村山林中由人工掘坑采取，如实业志所载，"湖南制陶业惟少数之配合颜料，则采购舶来品。原料取给既便，运费随之减省，故业陶瓷者多就原料出产之区，设窑烧瓷"①。陶土种类甚多，如白土、黏土、料土等，因制品之粗细而异。原料采掘一部分是专业矿主常年开采，一部分是农民临时组合，利用秋冬季农闲时开采。另据铜官陶瓷总公司编撰的《铜官窑业录》称，昔日采土工人都是"望山取土"，没有人会去阻拦。采挖者用一种短柄二齿铁锄挖开地表杂泥，向纵深掘进，将陶土取出。为了安全，掘开的洞穴用木架支撑，形成一条巷道。另外，也可以露天开采，只是矿洞里面的泥土品质要好一些。这种看似简单的采泥方式，需要专门的技术，比如，泥土有多厚，在哪里开采，其中有很多的技术环节。人工采泥的最大优势在于，泥巴不会混合杂质，也就省去了人工再选。当时，周边农村很多挖矿的，有些祖祖辈辈都做这个。至今在万家垅、三仙庙、太丰村一带还保留了近十处古老的矿洞。采挖的陶土通过独轮车运出来，直接出售给窑户。当时的路不平，都是泥巴路，这种独轮车是最合适的运输工具。当地人叫它"万能车"，说是"上得了山，下得了海"。每户窑老板都有一个打土师傅，打土师傅每打一车土，老板就出一车钱。一车土大约是1.08元，当时货币不抵钱，很多人用米和谷物来作为货币交换。

陶器制作多直接采用原泥，因此产品较瓷器也会粗劣些。在铜官，制陶坯料按不同品种，一般用两种以上黏土配合，配料全凭经验，其制法简易。先取土晒干，人工捶碎，或用板锄将湿泥块铲成薄片，入池加水浸泡，

---

① 朱羲农、朱保训编纂：《湖南实业志》（二），长沙：湖南人民出版社2008年版，第976页。

后用脚踩,取出置于土凳上,用手搓揉,制成泥团待用。同时,不同的陶器产品所用原料也不尽相同。在民国时期的陶业调查记中,对此也有报道:

> 各种货之原料制造:各货无一不是黏土制造,但土有种种,然后制出种种货物。如黄釉窑中之货,多以最纯白之黏土,此土虽贵,但出地甚多,不致贵达极点。此窑中的货,必涂以釉,但多用黄釉,故有黄釉窑之称。……黑釉窑亦以此种土制之,但不完全纯粹,必以较次之土做内面;钵子则完全用此种较次之土制之,因他种土不能用。此种较次之土,因出地过少,价值甚高。小货窑与钵子用料同。罩子等则用最下之土,即田泥、砂土、黄土和之而成。此种货不敷釉。小货窑之货,有各种釉可敷,如蓝釉、黑釉、白釉、红釉、黄釉等。①

至于陶器制作所需原料即各色泥土,一般以本地出产居多,需求量各有异。民国时期的实业调查曾有载录(详见下表):

表2-4 长沙陶器原料需要情形表

原料	来源	年需量(担)	总值(元)
田泥	本地	7000	140
白土	本地	60000	5000
沙土	本地	60000	5000
廪土	本地	5000	1000
黏土、色土、潮土	本地、湖滨	73000	37800

资料来源:朱羲农、朱保训编纂:《湖南实业志(二)》,长沙:湖南人民出版社2008年版,第976页。

此外,燃料用的薪柴也是重要的原料之一,像松块柴、松枝和芦苇,大部分是本地农村供应,少部分是湘西大山区和洞庭湖区供应。不同品种陶器的烧制对燃料也有不同要求。民国时有人将薪柴分为内地柴(本地柴)、外地柴,"内地的柴,多松树和块柴。外地来的柴,多芦柴和垛柴。内地柴火力足,外地柴火力差。故黄釉黑釉各窑,均用内地柴,但内地柴

---

① 德邻:《铜官陶业调查记》(续),《大公报》,1922年9月26日第9版。

少,亦须以外地柴补助。外地柴宜于各种窑之发炉,以外均用块柴"①。

3. 陶器成型和装饰手法

铜官窑炉作坊个体生产的产品,自明清以来均是满足民间蒸煮、盛洗所需的缸、坛、罐、钵。

缸类产品用手夯、手捏成型后再用棒槌打紧。制作时,先按缸类的不同规格做好缸底,称为"底心"。底心干到一定程度,用一根直径5~8公分的、长40~50公分的泥条挽在右手臂上,两手合压,右手捏泥条在内侧,左手掌压泥条在外侧,从左向右,一步一步后移,按逆时针方向将压扁的泥条均匀向上堆接,直至缸体形成为止。熟练的陶工捏成的坯体,直径高矮基本符合规格,不用尺量,只需要用手肘和手指长度一摆,凭经验就能定下尺寸,叫"一肘搭三指"或"一挟搭四指",做出成批的缸都能是一个尺寸。② 这种成型方法至今仍在使用。

土罐、包壶、蒸钵这样的小货,使用手工拉坯成型。拉坯是自唐代流传至今的技法,在一个旋转的转盘中心,放上一团柔软的泥土,用一个竹篾织的转盘装在一个有公母拴的木套上,再用一根棍搅动转盘,使之快速旋转,利用惯性用手从内外捏泥上提,按照个人意愿可随意拉出各种圆形的器物。拉成的坯件厚薄均匀,大小高矮一致。③ 这种拉坯技术通常需要从小开始学习训练,才能达到炉火纯青的境地。

花罐、花钵通常是用印模印制。在一个陶质印模内,填入泥团,用坯泥在印模内压制,再分片合成,一般是两块对合。印模是用优质陶泥制成的,一般几十副交替使用,大的作坊可达百千余副。这些印模在龙窑尾部600℃左右的温度下烧结而成,具有一定吸水率。坯件印制后,泥中水分迅速吸收,容易脱模,便于操作。④ 在作坊里,这一工作主要是由家里的女性来完成的,工作量不是很大。这种成型与装饰相统一的独特工艺,也为产品增添了艺术性。而像管瓦之类的产品,则用竹制圆筒包布印制。

晚清民国时期,铜官陶瓷的装饰手法主要有贴花、印花、刮花、堆花、镂空雕花等。花缸是当时销路不错的一种产品,缸面上一般绘有八仙、三

---

① 德邻:《铜官陶业调查记》(续),《大公报》,1922年9月27日第9版。
② 刘铁柱:《铜官古韵》,长沙:湖南人民出版社2014年版,第144-145页。
③ 刘铁柱:《铜官古韵》,长沙:湖南人民出版社2014年版,第144页。
④ 刘铁柱:《铜官古韵》,长沙:湖南人民出版社2014年版,第145页。

星、花鸟、梅兰竹菊等装饰图形。制作者采用刮花的手法，先将陶坯上糊上一层化妆土，然后用一片竹篾按照花纹的图案，刮掉化妆土的某部分，显露的底色就呈现出装饰图形，这些图形需要一定的绘画功底才能得心应手。当时的艺术陶，像建筑屋脊的花草栏杆，就会使用堆花、镂空雕花的手法。堆花，即用泥土向坯体上堆砌花纹；镂空雕花，一般用于二龙戏珠的"珠"，狮子戏球的"球"，都要用泥刀雕刻成空体花球，屋脊上的花窗雕刻成内空外秀。① 这些都要求制作者要有一定的艺术设计能力。

以上访谈所得知的陶器制成要领和装饰手法，其实是明清时期甚至更久远年代以来就传承的传统工艺，至民国时并没有太大变化。民国年间，就有人介绍过铜官陶器的一般技艺：

> 制货必经之手续：小货窑之所成货，均以模型成之，以外皆以手成之。未制之先，必将土完全纯熟，纯熟之后，再把他［它］放土地上，然后车的车，做的做。做成之后，如钵子等半干后即修整，全干后便敷釉。罐子等，以模型成之后，使干即敷釉，以外如敷釉者，手续较杂，以手成之后，半干时，即以各种花样成之，使有花样，再修理之，使干。既干之后，再以水湿其边，于日光中晒干之。②

可见，铜官的制陶技艺早已为外人所知，是公开的，但技艺的跨地区移植绝不容易。诚如一位研究四川夹江造纸业的学者所揭示的那样："技艺是包含在社会语境里的，一旦脱离特定的社会语境，就很难实现再生产"；"技能的合适位置在于整体性的'关联场域'（field of relations），每当一个技能在身的人进入一个结构性环境当中，技能的'关联场域'就会被重组"。③ 这一场域包括手工业者及其工具、作坊等，也包括人为和自然的环境；这一场域还"包括那些能让人们一起工作、让他们的技能得到再生产

---

① 刘铁柱：《铜官古韵》，长沙：湖南人民出版社 2014 年版，第 148 页。
② 德邻：《铜官陶业调查记》（续），《大公报》，1922 年 9 月 26 日第 9 版。
③ ［德］艾约博：《以竹为生：一个四川手工业造纸村的 20 世纪社会史》，韩巍译，南京：江苏人民出版社 2016 年版，第 47—49 页。

的社会性制度安排和理念"①。制陶的技艺或技能亦如此,需要一个井然有序的环境来施展,它嵌入在自然与人为的环境中的同时,也通过家族或师徒传承将之嵌入在社会关系中。

4. 制釉和烧成

在民国时期的铜官制陶业中,像配土、炼泥、陈腐、试泥、成型、干燥、装饰、施釉、装窑、烧成、出窑这些基本工艺,是从业者都知道的。而且,个体作坊之间的互帮互助,在某种程度上也是维持陶业良性运转最好的办法。在田野访谈中,老人们也常常提到支撑着制陶区生活和工作的那张交换与义务的关系网:

> 一段窑中,排放的产品种类和数量是需要预先计划好的。每次烧窑的时候,都要提前备好坯量。如果碰到雨季,你家中的坯没有干,就可以去别人家买、租或借,再把窑装满,一起烧。如果接的单因量大做不出,也可以转一些给别家去做,接单的老板在中间收点提成就好了。②

在制陶业能算得到上秘方的应该是釉料的调制了。像和泥、拉坯、制模这样的技艺全靠经验积累,很难说出个所以然来,但釉料的调配则不同,它需要一定的"民间化学知识",而这些"民间化学知识"却是窑户们特别看重的。"出卖配方就等于出卖祖宗",毕竟,配方也是各个作坊的私人财产。况且,当时的陶瓷釉色品种相对较少,以黄釉、蓝釉、黑釉、红釉为主。然而,民国时期,随着现代科学的普及,这些"民间化学知识"也逐渐为外界所洞悉,成为公开的化学知识,成为陶业生产技艺改进的基础。如长沙《大公报》曾连载《铜官陶业调查记》,其文就披露:

> 黄釉之制造,以玻璃磨碎如粉,以染布之所用余渣滓,和极小之泥水和之,然后以铜末调之。……蓝釉之制法,原料来自日本,价目

---

① [德]艾约博:《以竹为生:一个四川手工业造纸村的 20 世纪社会史》,韩巍译,南京:江苏人民出版社 2016 年版,第 49 页。

② 受访人:刘业华,铜官陶瓷厂老陶工;访谈地点:刘业华家中;访谈时间:2017 年 8 月。

较各釉最贵，一百元仅可买三两余，黑釉以黄釉之原料加田泥，白釉去田泥和末，多加蓝色玻璃即成。红釉以田泥和染布所余之渣滓。……

敷釉之法：有内外均敷的，有仅敷外面的二种。大者以带向上敷之；小者，仅于釉中敷之。①

诚然，这只是釉料配方的基本原料，而要试制成功其实还需知悉各料所占比例，这才是真正的秘诀所在。而陶瓷釉料的调制，在后来的文献中也多有载录："黑釉是用滨湖中黑色潮泥配以柴灰；黄釉是以黄泥、柴灰、石灰配制；绿釉和红釉，分别是白色玻璃末加铜粉，杂色玻璃末加铁末，再用米汤汁配制。"② 釉料来源虽已公开化，却非人人就可制陶烧陶成功，或成为陶艺大师。对于手工技艺而言，"在最为根本的层面上，技能储存在践行者的四肢和感官当中"③。故而，长沙《大公报》在前述调查记的末尾也强调："但有数处需注意：火力需适当，不可忽足忽差；货入窑时，须特别留意，故此种人，非手艺特别精良者不可以；敷釉须厚薄适宜；调釉之原料，须多少适宜。"④ 可见，除调釉、敷釉外，入窑、烧窑也极为关键。

铜官有句古话，"生在燃料关，死在烧成关"。陶瓷的烧成包括装窑、烧窑两个环节。窑炉是陶瓷坯胎高温烧成陶器的重要设施，在陶瓷业中至关重要。这些龙窑伴山头而建，倾斜度约为15°～20°。装烧大货产品的窑，总长约为60～80米，每次烧柴200余担。罐子窑约30～40米，每次烧柴40担左右。下端建有炉头，窑身一般8～10段，每段窑背两边各有10个小眼，窑尾有约2米高的烟囱。陶器半成品装窑后，将窑门窑背小眼封闭，炉头处开始点火，由小火、中火、大火逐步升温。温度达到一定程度后，接着往上烧，从窑背两边小眼处添柴，凭经验看火色，一般温度估计在1000～1200℃。从炉头点火起约烧48小时，保温到冷却约24小时，最后出成品。⑤ 烧窑全过程的人工劳动强度极大。昔日没有仪器仪表，没有火锤，温

---

① 德邻：《铜官陶业调查记》（续），《大公报》，1922年9月26日第9版。
② 湖南省铜官陶瓷总公司老龄工作委员会编：《铜官陶瓷史》，2007年刊印，第3页。
③ ［德］艾约博：《以竹为生：一个四川手工业造纸村的20世纪社会史》，韩巍译，南京：江苏人民出版社2016年版，第49页。
④ 德邻：《铜官陶业调查记》（续），《大公报》，1922年9月26日第9版。
⑤ 湖南省铜官陶瓷总公司老龄工作委员会编：《铜官陶瓷史》，2007年刊印，第3页。

度控制全凭经验，陶工们定名为"看火"。当窑内温度达到一定火候时，则停止投柴，将一根小柴火棍投入窑膛，立即燃烧，亮光印在炙热的产品上显示出亮度和色度，如果发亮则釉面溶解附在了产品上，色泽泛白，则温度到位，可关闭本窑眼，打开上窑眼，火位上移，继续投柴，直至整条龙窑烧成落灰。① 陶器的烧成是一家窑业成败的关键，如何把握火候，怎样控制炉温到位，是一门技艺。在铜官，窑工们俗称它为"炉中取宝"。

三、技艺传承与拜师学艺

1949年以前和20世纪50年代初期，湖南的陶工学艺一般是通过家族和师徒传承的，相关的技艺训练鲜有正规的教学。铜官当地人就讲，从明清时期开始，铜官陶业"从采掘、制泥、成型、烧成到彩绘、设计、配比，构成了全方位技术群体"，拥有一项或多项技术的工人数甚多，然这些"陶业工人世袭而居，制陶技术代代相传"。② 也就是说，陶业大部分从业人员都是从父辈那里学习技艺。如民国时期著名的陶工艺人刘子振、周和生、雍起林等都是自幼随父学艺。只有当家里没人掌握这项必备技能时，才会送男娃去当学徒。当然，这需要熟人介绍，希望师傅能收自己的孩子为徒。正如费孝通先生所说，在传统中国，"乡土中国的生活是富于地方性的"，它是一个"熟人"社会，也是"礼俗社会"。③ 在铜官，制陶行业内带徒学艺一般为父传子、母传女，其他人要学艺，需要家长托人引荐，经师傅自测后，方表示可否，若肯接纳为徒，就约定日期办进师酒，立投师字。办进师酒时，按习俗要请当地同行业有威望的老板或师傅参加，以作公证人。学徒期一般为3年，由师傅供给食宿，但无工钱。投师字的内容一般如下：

> 立投师字人×××，今将儿子×××拜×××为师，学××手艺，为期三载，自×年×月×日至×年×月×日，中途不得借故另习别业，所抽工日，必补足（每年按360天计算），学徒期间，倘遇寒暑凶灾，各安天命，逃南走北，与师傅无关。恐口无凭，立此投师字，各执一

---

① 刘铁柱：《铜官古韵》，长沙：湖南人民出版社2014年版，第149页。
② 刘铁柱：《铜官古韵》，长沙：湖南人民出版社2014年版，第137页。
③ 费孝通：《乡土中国 生育制度》，北京：北京大学出版社1998年版，第9页。

纸为据。

立投师字人：×××押

介绍人：×××押

同业证明人：×××押

×年×月×日①

当时的师徒，有亲戚关系的，也有邻里关系的，还有双方需要关系的。学徒3年出师，帮师一般1~2年。在师傅那里学习时，做的东西、赚的钱都是给师傅的，出师前师傅要管徒弟吃饭。当然，师傅在收徒弟时，也要进行考验，看他的脾气、性格，愿不愿意学、诚不诚实，还要看有没有发展，有很多师徒都是同命相连的。出师后，自己有了手艺，外面才会有人请。

清末民初，铜官陶工学艺，必须焚香点烛，鸣鞭放炮，除了恭敬跪拜师傅，还得拜一根作为衡量坯件尺寸的竹篾片（折子篾），以示在今后的学艺中，将手艺练得炉火纯青，能用一根竹片定出各种规格的尺寸来。这个习俗在铜官一直延续到建国初期。

清末熊希龄在醴陵创办了磁业学堂，招收永久及速成学生各一班，这是近代湖南陶瓷改良及职业教育之始。进入民国后，因经费问题停办永久班，而改为磁业艺徒学堂，1917年一度停办，不久再改名为湖南窑业试验场。20世纪20年代，长沙也在台田设有磁业讲习所，以造就专门人才、改良土瓷为宗旨。② 尽管如此，作为传统陶业生产区的铜官，似乎并没受到影响，技艺传承的方式仍是家族与师徒授艺。或许，这与各地的陶瓷业生产方式、规模与性质有关。民国初年，醴陵、长沙城区的陶瓷生产与改良已具有近代工厂与企业性质，而铜官仍为家庭个体作坊，故旧有的技艺传承一如既往。

在技艺传承方面，还值得一说的是刘子振"出师又进师"的故事。刘子振，1906年出生于长沙铜官袁家湖刘家大屋。他自幼随父学艺，十四五岁已出师，在铜官小有名气。1919年，一艘外国商船途经铜官时，在"窑状

---

① 望城县轻工业局编：《望城县轻工业志（1805—1987年）》，1991年内部刊印，第181页。

② 朱羲农、朱保训编纂：《湖南实业志（二）》，长沙：湖南人民出版社2008年版，第960－961页。

元"胡树生那里以 1 件产品 5 块光洋的价格买走了一批人物、动物的陶艺雕塑。得知此事后，已经出师的刘子振跟父亲说，他要去"窑状元"胡老板那里当学徒。父亲问其缘由，他说，做日用陶，自己已经出了师，但做陶艺还是门外汉。接着，他还说了一个深刻的道理，同样是一团泥巴，做出来的坛坛罐罐不值钱，可做出来的陶艺可值很多钱。征得父亲的同意，刘子振拜胡树生为师。经过数年的刻苦学艺及帮师，1927 年 8 月，21 岁的刘子振便正式自立门户创办陶艺窑场，开始了陶瓷泥塑的艺术生涯。当时，他曾为民间各地祠堂庙宇设计泥塑神仙菩萨及民间传说动物，并针对民间建筑钻研各种屋脊爪角的造型。很快，他就成为闻名当地的陶瓷手艺人。新中国成立以后，刘子振的民间陶瓷泥塑艺术创作得到进一步提升，被誉为"泥人刘"。① 刘子振在陶艺的格调上自成一体，创造了一种憨厚、朴实而又风趣的"童格"。现在铜官老街的"泥人刘陶艺馆"就珍藏着一批这样的作品。

四、行业信仰仪式与组织

信仰、仪式与地域社会的关系，一直是许多人类学学者关注的焦点。明清以来，信仰、仪式在社会关系日益商业化的背景下发生了由传统向现代的变革，同时也逐渐嵌入地方社会之中，成为伦理教化、治安维护之辅助。刘永华在闽西四堡的礼仪变革与社会转型的研究中就指出："尽管仪式的表演主题和传承主体是仪式专家，但许多仪式面对的主要参与者和观众是普通民众。正是通过普通民众的参与和介入，仪式才有可能对地域社会中的社会关系进行建构、重组、强化和再生产。从这一角度看，仪式不仅可以复制、再生产复杂的社会关系，而且有可能建构社会关系。"② 赵世瑜通过对北京东岳庙及鲁班会的考察，揭示出清至民国初年其作为祭祀组织与行业组织的双重性格，鲁班信仰与行业组织两者高度契合，在行业管理

---

① 从 20 世纪 50 年代初起，刘子振开始了新的陶艺创作。25 年中，相继应聘前往南岳、杭州、北京、天津等地参加修复国家文物艺术品和重塑建筑装饰，曾为中国广州交易会设计创作了 3 米高的绿釉圆座"龙盘花瓶"。由他设计制作的 12 厘米高、形态各异的十八罗汉塑像成批销往港澳台、美国、日本、新加坡等地。这些罗汉分别叫：长眉、长寿、长臂、长眠、哈哈、清耳、降龙、伏虎、筋骨、金蟾、金刚、绝食、布袋、诵经、参佛、戏蝉、达摩、念经。

② 刘永华：《礼仪下乡：明代以降闽西四堡的礼仪变革与社会转型》，上海：三联书店 2019 年版，第 25 页。

与街区社会治理中发挥了积极作用。① 同样，从科大卫有关佛山及其他市镇的研究中也可发现神明信仰与祭祀的重要性，除了会馆公所外，庙宇和祠堂在乡镇也同样重要。② 铜官作为湖南重要的制陶区和陶业市镇，在晚清民国时期也有庙宇、祠堂，以及独特的民俗信仰。

据宣统三年（1911）湖南调查局编印的《湖南商事习惯报告书》的附录部分记载，当时长沙县手工业行会有数十个。各行业公会，一般均供奉某一偶像为祖师，集资置有财产，收取年捐，一年举行一至二次集会，是行业协会性质的组织，享有一定的权利。在铜官，人们信奉舜为陶业的行业神灵。这主要是源自《史记·五帝本纪》所载："舜耕历山，渔雷泽，陶河滨""陶河滨，河滨器皆不苦窳"。传说舜帝在黄河之滨制作陶器，技艺成熟，流传后世，舜则成了制陶业的拓蒙祖师。后来的从业者建庙塑身，予以祭祀，代代相传。铜官的舜帝庙建在誓港，名泗洲庙。在清末和民国年间，人们看到舜帝像系用陶泥塑制而成。据说陶土为身，长留本色，且土能生万物，以祈佑陶工子孙繁衍昌盛。每年的农历六月初六，是舜帝寿辰，也是陶器业工人敬师之日。届时，分椅子湾、袁家湖、沙湾祠、誓港四埠，后扩庆元宫、峡口子两埠，每窑派代表集会，推举首士，轮流负责筹备庆典活动。初六上午，首士等人沐浴更衣，于殿前跪拜毕，将舜帝塑像抬入八人轿中，举期锣鼓伞，灯笼杂耍，绕游铜官一周，从誓港出发，走袁家湖、峡口子至椅子湾、高岭上，然后返回，行程10华里，名曰"出行"，沿途各窑主摆设祭品迎送。归庙后，设宴聚餐，俗称"吃庙酒"，陶工们具资赴宴，一般均不缺席。在此期间，开台演戏，热闹异常。这些迎神活动主要以窑炉为举办或承办单位，但因为舜为铜官陶业祖师，祀神者也是具体的陶工，于是迎神巡游、祭祀等活动也不断维系着铜官市镇各窑场之间的内部联系。通过特定的祭祀活动而建起来的庙宇（泗洲庙），由于包含了特定的地域范围，而成为具有地域性质的祭祀组织、祭祀空间。这也证实了在中国传统社会中，庙宇是市镇社区的中心，就像宗祠是乡村宗族的中心一样，行业神明的祭祀及民间信仰等系统在市镇社区中发挥着重

---

① 参见赵世瑜：《狂欢与日常——明清以来的庙会与民间社会》，上海：三联书店2002年版，第352-408页。

② 参见科大卫：《明清的社会与礼仪》，北京：北京师范大学出版社2016年版，第137-157、229-248页。

大作用。这一点，当地人似乎也有所认识，并表示认同。如访谈中，刘业华老人说道：

> 解放前，铜官寺庙很多，云母寺、东山寺、福湘宫、水铜山、观音庙、土地庙，庙都有庙公，用来拜会和祭神。寺庙也是个聚会的地方，四月八要办会展、六月六要唱戏、正月里会玩龙，"一条窑一套锣鼓"可以形容人们的娱乐生活。这些庙宇、土地是当时的"地域归属"，就像现在的社区。我原来是庙里的首士，首士就是为首的人，参与活动的策划、组织，当指挥官。

铜官陶业在长期的生产过程中，还形成了一些独特的习俗，如"晾网""四月初八烧头窑""拜师要拜折子箴""腊月小年收手"等。所谓"晾网"风俗，即每个窑灶厂房都挂有一张破旧渔网，作为抹揩泥浆之用，传说是在生产淡季时，陶工以捕鱼为业。由于传统工艺陶瓷生产要靠自然干燥，每年春季寒冷潮湿多雨，少见阳光，陶工只能消极等待，以入夏的四月作为开工季节，又以初八为吉利日，开始生产。当日，每窑每段的业主都齐聚窑头，点火烧窑，吉时一到即鞭炮齐鸣，响声震天，陶工们望着熊熊炉火，期盼一年有个好收成。到了农历过小年的时候，陶工都停止生产，不管天气再好也不再动手制作，歇工准备过年，直到来年四月初八，这叫做"收手"。"拜师要拜折子箴"的习俗，前已述及，兹不赘复。

明清以来，许多手工行业、商业成立了行业组织，较早的叫会馆公所、牙行或行帮，清末民初开始有商会及同业公会等组织。这类组织，名义上是各行各业自发组建的社会团体，实际上也是向政府报备成立的半官方性组织。旧时，各手工业大都是自产自销，属于亦工亦商性质，所以一般手工业同业公会会员均系商会会员。民国时期，长沙也大致如此。1926年，长沙县及各市镇已有4个商会及分会、368个同业公会。[①] 稍往后，还有增加。据有关资料显示，至1946年9月，铜官镇商会已成立多时，李叔恒为负责人，还有陶业职业工会，李银海为负责人。[②] 而此前的1923年，即大

[①] 望城县轻工业局编：《望城县轻工业志（1805—1987年）》，1991年内部刊印，第143页。
[②] 望城县轻工业局编：《望城县轻工业志（1805—1987年）》，1991年内部刊印，第144-145页。

革命时期，郭亮就领导组织铜官上千名陶工正式成立了陶业工会，团结工人征收学捐，开办工人夜校，解决陶业工人及其子弟文化学习问题。这些行业组织为陶工争取了权利，成为陶工、窑业主与官府之间进行沟通或斗争的桥梁。

自清代以来，每出窑一次，窑业主就须支付一次窑门费。每张窑门支付一个光洋，一条窑有几张门（一张门即为一段窑）就支付几个光洋。这种捐税当时属长沙县政府管，由同业公会征缴，收钱后就直接交给县政府。自 1923 年陶业工会成立后，陶工、窑业主们在郭亮的领导下进行了抗税斗争，就不再缴窑门费了。可见，捐税问题与陶业的行业组织管理也有密切关系。

概而言之，在晚清民国时期，窑场、窑炉是铜官陶业生产的主要单位，成为联系陶工、窑业主以及市场、乡镇的中心场域，相应的生产关系、社会关系皆由之展开，并衍生出各种民间信仰、风俗、仪式及行业组织等，构成了制陶区生产与实践的原点，也是景观商品市场分化的起始点。

第三节　弹性的历史空间边界

当代对铜官窑的讨论是一个很有意思的过程，铜官窑的概念首先被认为是与历史直接相关，而且这一历史可以且大部分只能追溯到唐代。说它"可以"，是因为铜官窑出土的大量文物都与唐代有关；说它"只能"，是因为自唐代之后铜官窑多次因战乱等原因衰落，这一点在前一节中已经有详细论述。在这种历史的断裂性中，当代铜官窑的发展及其重要的历史表述，就形塑了一个"局内人"与"局外人"的张力中心。这一中心的核心命题是，"历史与政治是密不可分的"。① 进而，如果"历史学家不受空间的局限"②，那么解释铜官窑历史之人就从来不是"历史学家"。这一点毫不忌讳地被表达了出来，并以"没有学术界中的那种功利追求……对客观真实

---

① 柯文：《历史三调——作为事件、经历和神话的义和团》，南京：江苏人民出版社 2000 年版，第 243 页。
② 柯文：《历史三调——作为事件、经历和神话的义和团》，南京：江苏人民出版社 2000 年版，第 253 页。

的追求更加执着"的论说出现。

事实上,当代铜官窑的历史构成已经并非历史叙述本身,它既是人们的经历,也是一种新的政治神话。更重要的是,历史与历史解释本身就是被观看的对象,并卷入一个庞大的众生视界中来。这种被观看的状态不仅以"具身化(embodiment)"的形式容纳了人与物在场景下发生的鲜活的互动,而且也强调了一种戈夫曼式"角色(role)"在其中参与及被观看的过程。阿尔萨亚德用"视结(engazement)"一词来表达这一过程,并展现出一种西方关切的"视线(sight)"、"注视(gaze)"和"交结(engage)"的混合状态。①

在铜官,或者说是围绕着所谓"铜官窑"而起的,是来自生活的对遗产的不断审查。"遗"引出的是传递给谁,"产"引出的是如何"生产",这两者本身是一个过程。对以"铜官窑"的名义聚拢的芸芸众生来说,"遗产"同中国其他城市的生存政治一样,是一个在"过日子"与"打拼"之间游走的过程。也正是在这样一个过程中,微不足道的个体才参与到了一个看似宏大的"历史议程"中来。

一、地理空间具有模糊性

按照现在的行政区划,长沙铜官窑遗址位于湖南省长沙市望城区铜官街道②,距离长沙市中心约27公里。20世纪50年代被发现时,其地属铜官镇书堂乡的瓦渣坪村,时名"铜官窑"。瓦渣坪因地上堆积厚厚的匣钵以及废弃的陶瓷残片而名,村里人也叫"瓦渣坪窑"。后因瓦渣坪村被当作世界釉下彩的发源地,更名为彩陶源村。除瓦渣坪之外,胡家坨、谭家坡、廖家坝、蓝家坡、陈家坪、蓝岸嘴等地都属遗址区,窑具、残片俯拾皆是。经过一千多年的沧桑巨变,窑址已是面目全非。③昔日兴盛的窑区,如今已成农田、菜地、房屋或沟渠。在遗址核心区域的住户早已搬迁,周边的农

---

① Nezar Alsayyad, Consuming Tradition, Manufacturing Heritage Global Norms and Urban Forms in the Age of Tourism. New York: Routledge, 2001, p. 4, 28.
② 2015年11月,铜官镇与书堂山街道合并为铜官街道。
③ 随着社会变迁的加剧,城市化进程的加快,长沙铜官窑面临着被现代工业的快速发展破坏的威胁。因长沙铜官窑为土遗址,其破坏严重且保护难度较大。同时,因其遗址面积大、埋藏浅,加上现代建筑所造成的挤压和居民的耕作、取土行为,遗址原始地面遭到了严重破坏。

户以开设陶艺体验坊的居多，但他们基本都不会烧制陶器。像这样的工坊，通常有4~6台拉坯机，坊主也是请人教授陶艺。除了陶艺体验，他们更多是以农家乐的方式来经营。一日，我在一户农家用午餐，老板娘跟我聊起：

> 以前我们这里是丁字镇，这里可是著名的"中国麻石之乡"。我们这没有做陶瓷的，那些晓得做的，都是以前陶瓷厂的工人。现在是搞旅游开发，这几年村里的人都是靠这个赚点钱。坡上还有几户人家，做了民宿，一般住宿的客人少，也就没搞起来。我就没有做陶瓷体验什么的，又要请人，（游客）有时候来玩一下，吃个饭就回去了。①

1961年，因行政区划的重新调整，长沙铜官窑遗址被纳入丁字镇的管辖范围。丁字镇地处湘江东岸，北接铜官镇，总面积91.2平方公里。与此同时，新的城市空间不断被建立。1985年，袁家湖建了一个陶瓷公司俱乐部，其建筑规格据说是当时整个长沙最高的。2007年，铜官镇成为湖南省第一批历史文化名镇。2012年7月，长沙市设定了5个小城市建设试点，铜官镇又位列其中。2013年，铜官镇获评"湖南省特色旅游名镇"；2014年，被评为全国重点镇。② 2015年，国家住建部、旅游局启动认定了第三批全国特色景观旅游名镇名村，铜官镇下辖的4个行政村、5个社区居委会均位列其中。

2015年11月，铜官镇和书堂山街道合并，归属铜官街道管辖，总面积90.3平方公里，人口5.23万人，管辖9村5社区，分别为铜官街社区、誓港社区、高岭社区、潭州社区、袁家湖社区、花实村、华城村、万星村、彩陶源村、何桥村、郭亮村、书堂山村、中山村、石渚湖村。其中，铜官街社区位于铜官镇西南端，以古老闻名的铜官老街命名。

可见，铜官的地理空间即使在行政区位上来看，也依然处在不断变动中。这使得铜官本身的地理范围就算在某一时期是清晰的，但在较长的历史阶段内却是模糊的。这种模糊性为以"铜官"之名的景观生成提供了更

---

① 受访人，匿名；访谈地点：遗址公园附近的农家餐厅；访谈时间：2016年9月。
② 该称号由国家发展改革委、财政部、国土资源部、农业部、民政部、科技部联合授予。

大的文化阐释空间，铜官进而可以进入城市化的发展战略中，成为城市发展的一种动态表述。

二、"釉上""釉下"有区别

2016年9月28日，我正在铜官老街做访谈，受访人突然接到一个电话，说工地上挖出了一个比较完整的罐子，图案不多见。在受访人的带领下，我们匆匆赶到了现场。这块"工地"正是铜官唐瓷集团在铜官实施的一个文化旅游项目。此刻，工地上的吊车和挖掘机正沿着一圈致密的蓝色网棚频频挥动着。棚内三三两两的人群，有些聚在土坡上，有些在探方内。他们或者在挖掘，或者在挑土，或者在记录。一块插进土里的蓝色告示牌上，有两行醒目的白字"长沙铜官窑国家考古遗址公园配套服务项目·石渚考古发掘工作队"。这清晰地标明了，湖南省文物考古研究所正在此地进行考古调查勘探和发掘工作。

受访人接到的电话就是工地上一个正在挖掘的朋友打来的。他是当地的村民，经常参加这样的挖掘工作，"现在做一天有130（元），以前70～80（元）的时候也有"。此次考古挖掘的领队是张兴国，张队长任职于湖南省文物考古研究所，从事长沙铜官窑的考古研究性发掘工作已有8年。"正在挖掘的这块区域估计以前是处理原料的，还可以看到排水沟等历史遗存，这次挖出来的有动物瓷塑、陶瓷残片和少量铜钱。"张队认真地介绍道。随后，我便跟着张队一行去到了他们的临时工作地：遗址公园附近的一家农舍，农妇们正在清理挖掘出来的陶瓷碎片，四五个大塑料盆里堆满了陶瓷残片。她们拿着小刷子熟练地把泥土清理干净，工作人员再分类依次摆放。考古队在这家农舍租了几间屋子。我走近时，有两位工作人员正在绘制这些出土器物的外形。他们精确地测量，细致地描绘，还要对器物排比分析，并按一定规范填写表格文档。之前在相关书籍中看到的瓷器平面结构图，原来就是这样被绘制出来的。

在与张队聊天中得知，铜官窑的研究即使在考古学内部，也一直存在着争论。其中最为重要的一个就是关于铜官窑究竟是"釉下彩"还是"釉上彩"的问题。当年（1960）冯先铭先生的评价是这样的：

它所采用的装饰方法超出了当时一般规律，突破了传统的单色釉，烧成了青釉带褐绿彩的瓷器，在一件瓷器上面出现三种色彩。一千年以前能够用三种不同金属烧出三种不同色泽的花纹，这一成就应当给以极高的评价。特别是褐绿彩都是釉下彩，尤其难得。

（部分发蓝的绿彩）无论是从原料或是烧制工序说，都可以看成是青花瓷器的鼻祖。①

在"釉下彩"被作为铜官窑的特色出现在各大宣传展览场所时，学界对其"釉下彩"工艺一直颇有争论。早期的一些老样本，经过现在科学的重新检测，发现并没有可靠的釉下彩依据，依然可能是釉上彩工艺。正是在这一特点下，张队长很快加入了关于"釉上"与"釉下"的争论中。他的课题组认为，从最新的考古成果来看，高温釉上彩是长沙窑彩瓷的主流工艺，是否使用釉下彩尚存疑，釉下彩工艺目前还没有可靠的物证和科技支撑。② 还有一些学者提出了同样的疑问。例如，张福康根据褐绿连珠彩断面显微结构示意图判断，褐彩和绿彩都在釉层的上部和中部，有的甚至高出釉面，所以不是釉下彩。③ 周世荣认为，长沙窑釉下彩工艺在高温下，其烧成制品会出现"釉下彩""釉上彩""釉中彩"三种情况。④ 因此，从折中的角度来说，至少并非所有长沙窑彩瓷都属于釉下彩。

这里面一个核心的观点是，很难从既有的成品文物中分清"釉上"和"釉下"之别。那些用褐彩描绘的纹样和书写的诗文，应该是专门的颜料。而那些绿釉的器物，是加入少量铜，用釉的形式来做彩，当温度足够高，彩和釉混合在一起，看起来就有玻璃光彩，分不出釉上还是釉下。生烧的器皿，如果烧制时间不够，彩釉就无法融合。

但无论如何，"釉上"和"釉下"的争论其实已经不仅是一种学界的争论，而是涉及整个铜官窑的定位。实际上，关于"釉下彩"的报道最早并非长沙铜官窑独有，在21世纪初有关"釉下彩"或"釉上彩"的介绍也往往并非针对铜官窑。早期较为常见的把"釉上彩"和"釉下彩"结合起来

---

① 冯先铭：《从两次调查长沙铜官窑所得到的几点收获》，《文物》，1960年第3期。
② 张兴国等：《长沙窑高温釉上彩瓷的检测分析》，《故宫博物院院刊》，2020年第5期。
③ 张福康：《长沙窑彩瓷的研究》，《硅酸盐学报》，1986年第3期。
④ 周世荣：《罕见的五代定窑釉下褐彩白瓷碟》，《南方文物》，1994年第3期。

的提法是"斗彩",比如明代宣德、成化年间等。① 而即便是釉下彩也并非以铜官窑为主,比如在2001年时就报道了关于四川邛窑"釉下彩"的新闻。② 长沙铜官窑釉下彩的工艺特点主要开始于周世荣对长沙窑瓷绘艺术的研究。有关这类研究在21世纪之后逐渐增多,尤其是21世纪第一个10年的后半段开始。伴随着这一研究的兴起,报道上对"釉下彩"的意义逐步扩展。比如2006年《中国文物报》在呼应《长沙窑》出版时就提到,"长沙窑不是我国最早生产釉下彩绘的青瓷窑,但却是以生产釉下彩绘为主,并且是工艺彩绘技术纯熟、普及达到最高成就的青瓷窑场,是长沙窑把中国陶瓷推进到了彩瓷时代"。③ 2014年《湖南日报》对长沙铜官窑的报道,也再次提到了"瓷器釉下彩的发明,是长沙铜官窑"。④ 这些报道固然不是严谨的学术研究,但却是"严谨"的以宣传为目标的大众报道。从这些报道可以看出,"釉下彩"本身的争论,已经超出了学术的范围,而涉及如何为"铜官窑"定性的问题。

当然,也有一些报道涉及了对此质疑的声音,比如2018年,《湖南日报》报道了题为"高温釉上彩是长沙窑彩瓷主流工艺"⑤ 的一则新闻,其重点呈现了湖南省文物考古研究所年轻研究员张兴国的研究成果。张兴国等人认为,釉下彩一说值得商榷。⑥ 但无论这种质疑如何,学界大致还是认可长沙窑"改变了唐代陶瓷业'南青北白'的单调格局"⑦。或者更进一步说,这种定性超出铜官甚至是长沙的范围,而指向一种"中国"的叙事话语,包括大量使用的"唐代""时代""中华"等,都表现出了地方对标"国家"的话语表述方式。

在这个过程中,我们可以更好地理解为什么"釉下彩"争端会在进入21世纪第二个十年后出现转折。当下铜官窑的历史定位,虽然仍然指向大

---

① 耿宝昌:《宣德红釉菱花式洗与成化斗彩高士杯》,《文物》,1980年第2期。
② 参见伍秋鹏:《四川邛窑彩绘瓷与三彩小议》,《收藏界》,2007年第9期。
③ 袁南征:《长沙有瓷 光耀中华:读〈长沙窑〉》,《中国文物报》,2006年4月5日第4版。
④ 熊远帆:《梦回大唐 "窑约" 千年——长沙铜官窑史话》,《湖南日报》,2014年5月7日第15版。
⑤ 龙文泱:《高温釉上彩是长沙窑彩瓷主流工艺》,《湖南日报》,2018年7月2日第6版。
⑥ 张兴国等:《长沙窑高温釉上彩瓷的检测分析》,《故宫博物院院刊》,2020年第5期。
⑦ 《文物鉴定与鉴赏》编辑部:《考古研究成果证实:唐代长沙窑彩瓷主流工艺是高温釉上彩而非釉下彩》,《文物鉴定与鉴赏》,2019年第2期。

唐,并指向一种独特的陶瓷格局,但其政治性话语已经不仅仅停留于通过长沙回应一种中国史的区域范围,其范围首先沿着"海上丝绸之路"而扩展,并开始向包含"路上丝绸之路"在内的整个中国对外贸易与关系史扩展。①

三、窑口的名称多有变化

初入田野时,我就因长沙窑、铜官窑、石渚窑等名称而常感困惑。这个窑口煅烧千年后,由于历史文献完全失阙,所有的了解和认识均来自考古发掘,其定名也是根据窑址所在地,均为后人所取。1956年前后,考古遗址先后被叫过瓦渣坪窑(地名)、石渚窑(地名)、望城窑(县名)、潭州窑(唐代长沙州府地名)、铜官窑(镇名)。后因属长沙市管辖,抑或是便利对外宣传的缘故,外界习惯称为"长沙窑"。

而现在的陶瓷生产制作都集中在铜官镇区,制陶者中的大部分人都是原铜官陶瓷公司各厂的技术员工,他们更习惯称"铜官窑"。传承人周世洪曾谈及名称问题时,发表自己的看法:

> 在我看来,长沙窑也就是铜官窑,最开始我们叫铜官窑,后来因为想要宣传的缘故,改名为长沙窑。"长沙窑"手工拉坯的方法,一直延续至今,其使用的原料,还是本地的陶土,就是在附近山里挖采的。我觉得其实两者是没有差别的,实际上都是一个地方的东西,主要是要把这些文化充分地利用好,结合现代文化更广地宣传,把长沙窑做得更好。②

从目前发布的考古发掘报告来看,唐代生产彩瓷的区域主要集中在石渚湖北岸和南岸,在铜官镇区仅有少量残碎瓷片的发现,且这些瓷片也并非彩瓷。另有《水经注》载:"湘水右岸,铜官浦出焉。湘水又北径铜官山,西临湘水,山土紫色,内含云母,故亦谓之云母山也。"在田野走访

---

① 李梅田:《长沙窑的"胡风"与中古长江中游社会变迁》,《故宫博物院院刊》,2020年第5期。
② 受访人:周世洪;访谈地点:和万月作坊;访谈时间:2018年6月。

时，我曾特意询问过受访者们对"铜官窑"名称的来历和看法。一般，当地陶工称为"铜官窑"，外来制陶者称为"长沙窑"，而有些考古工作者更乐意称为"石渚窑"。

正如有学者在讨论中写道："诚然，流俗观念中长沙一名由来已久并以中国行政区划名称载入史册的时间可上溯至秦，然而其称谓并非一成不变。这是因为自秦以来再经两汉三国之后，及至隋唐五代乃至宋元，这时继西晋及南朝梁时作为被称作'湘州'治所的长沙，则又开始被设定为'潭州治所'并先后'曾属江南道、江南西道'。显然，目前考古发现的'位于湖南长沙北郊30公里的石渚湖至铜官镇一带'的古窑遗址，如果根据当前陶瓷考古遗址发现命名的基本原则，即便不以当时所在地的小地名来称作唐代'铜官窑'，至少也应当称之为'潭窑'或'潭州窑'，一如唐时的名窑'刑窑'和'越窑'分别以刑州和越州这种古地名来命名一样。"①

"瓷窑的命名方式，有以古文献记载的内容命名以及按现今地名命名这两种方式。受通行的考古学文化命名方式的影响，对于不见文献记载的窑址一般以今地名命名，如'长沙瓦渣坪'和'长沙铜官窑'即采用这种方式命名，以大地点（所属县、市）加上小地点（窑址所在的村镇）来命名。1949年以来，调查发掘的大部分窑址均遵循了这一命名原则。但对于文献记载的窑址，仍保留其古老的称谓。"② 瓦渣坪位于湘江东岸，离长沙市约50余里，在铜官镇上游约五六里，原为望城县属，1958年以后仍划为长沙县管辖，是挖泥墈、蓝家坡、廖家屋场、都司坡、长坡垅等地的总称。20世纪50年代，湖南省博物馆在长沙县瓦渣坪第一次发现了精美的唐代彩绘瓷片，它们不同于以往发现的"岳州窑"瓷器，因此发掘者称这一带的窑场为"长沙瓦渣坪窑"。

20世纪50年代，故宫博物院会同湖南省博物馆调查了石渚湖和铜官镇的古代窑址，发现除石渚湖北岸的瓦渣坪外，石渚湖南岸及铜官镇都发现了生产唐代彩绘瓷的窑址。调查者因此称这一大片窑场为"长沙铜官窑"。

20世纪70年代，长沙市文物局对"长沙窑"再次调查，报告指出：唐

---

① 周鼎、杨松柏、王忠、罗湛英：《湘"瓷"还是潭"陶"？——古潭州（长沙）铜官窑多彩釉造物名实新论》，《中国陶瓷》2013年第10期。

② 黄义军：《考古学文化命名原则对古代瓷窑遗址命名方式的启示》，《考古与文物》2012年第1期。

代长沙铜官窑窑址位于长沙市望城县铜官镇至石渚湖一带。南端沿江面湖，北端依山临江，两端相距5公里，它从南距长沙27公里处向北延伸，西滨湘江，东北有大道通湘阴，水路运输条件好，交通方便。这一窑址未见于文献著录，由于原调查的瓦渣坪一带过去属铜官公社，铜官在近代以烧造陶瓷著称，所以这一唐代窑址被称为长沙铜官窑，简称铜官窑，也有称长沙窑的。在这篇调查报告中，调查者分"铜官镇区"和"石渚湖区"两部分进行了报导。这一名称一直沿用到20世纪90年代。据以上叙述可知，陶瓷界约定俗成的"长沙窑"这一名称在发现之初的20世纪50—70年代，已有了瓦渣坪窑、长沙铜官窑、铜官窑和长沙窑多种称谓。

20世纪八九十年代，研究者对"长沙窑"或"铜官窑"的命名提出不同意见，如《石渚长沙窑出土的瓷器及有关问题研究》一文提出，长沙窑应称为"石渚长沙窑"，作者引用9世纪中期湖南澧州诗人李群玉《石潴》诗：古岸陶为器，高林尽一焚。焰红湘浦口，烟烛洞庭云。廻野煤飞乱，遥空爆响声。地形穿凿势，恐到祝融坟。"石潴"即石渚，就是长沙窑的所在地，长沙窑距铜官5公里，距长沙则有25公里，今已属望城县管辖，故称"铜官窑"或"长沙窑"均不够确切。长沙窑应定名为"石潴窑"更为妥当。"石潴窑"的概念明显具有考古学文化命名的意味，可惜并未从考古学文化命名的原则出发，对该命名的合理性做出进一步的阐述。

命名的目的，在于用简单的名称来表示一种特定的含义，使用时大家相互了解，不致引起误解。无论是瓦渣坪，还是铜官镇，它们都不直属长沙，而是望城县所辖。按照考古遗址命名的惯例，应更名为"望城瓦渣坪窑"或"望城铜官窑"，至于直呼长沙窑，则与古人以州命名的方式毫无区别，类似于"邢客与越人，皆能造兹器"之类的模糊描述。但是，同越窑一样，长沙窑这一名称也约定俗成地进入了陶瓷界的术语系统。对于长沙窑的源流及相关窑场的时空界定仍是一个悬而未决的问题，类似的情形在陶瓷考古与研究中具有一定的普遍性。[①]

在《湘"瓷"还是潭"陶"？——古潭州（长沙）铜官窑多彩釉造物名实新论》中，作者认为，"'位于湖南长沙北郊30公里的石渚湖至铜官镇

---

① 黄义军：《考古学文化命名原则对古代瓷窑遗址命名方式的启示》，《考古与文物》，2012年第1期。

一带'的所谓长沙窑实为唐时长沙作为潭州治所辖的古窑之一,然而当前出于某种宣传需要将之统称为'长沙窑'的做法,不仅有违陶瓷考古遗址命名的惯例,而且试图将唐代潭州铜官古窑造物产品硬性划归为'长沙窑瓷器'的做法,也对客观认定唐代铜官窑造物产品起了某种误导乃至遮蔽作用"。①

整体来看,铜官窑命名中存在多重规则:其一,窑址的名称各异;其二,窑名构成中有多重政区层级别;其三,窑址的范围不同。窑址空间范围不明,命名标准不够统一,是以现今地名命名的窑场普遍存在的问题。

小　结

自 20 世纪 50 年代初以来,在铜官镇上大大小小的考古发掘工程取得了大量的成果。对于考古专业研究人员而言,其中所涉及的陶瓷史固然也是重要的,但更重要的是通过这些考古材料,可以重新审视唐代的历史研究。这些考古遗址以及由此重新呈现出铜官镇自唐代以来陶瓷生产的历史,原本是当地人谋生的一个重要手段。不过,陶瓷绝不会是唐代以来当地人谋生的唯一手段,考古遗址周边大片的农业遗产就是最有力的证据。换句话说,至少到近代时期为止,铜官窑的陶瓷业只是当地人日常生活的一部分,与之相关的生产、生活物件本质上也就是一种生活景观,而不是刻意供外人观看的景观。

如此说,当然不是要贬低铜官窑产品在技术、艺术方面的水平。恰恰相反,从已有的考古学证据来看,铜官窑的技艺在某些方面具有非常高的水平。这也是它能够成为一种重要历史积淀,最终成为当代人重视的历史景观之根本原因。但是,由于在历史上与铜官窑相连的生产、生活,是一种生活景观,无论是其称呼还是技艺风格并不是为当代的铜官人将之作为历史资源使用,又抑或为当代外地来的"看客"而专门准备的。复又加之,在历史的长河中,当地人生活变化很大,行政区划也变化多样,不免使得

---

① 周鼎、杨松柏、王忠、罗湛英:《湘"瓷"还是潭"陶"?——古潭州(长沙)铜官窑多彩釉造物名实新论》,《中国陶瓷》2013 年第 10 期。

陶瓷制作的技艺风格、名称也变化多样。对于当代人而言，历史生活景观所包含的变化多样，也就为人们理解、界定其技艺风格、名称带来了可争议、可变动的弹性。

这种历史生活景观的弹性，在历史上或许并不是一件多么重要的事情。但在当代，它却变得格外重要起来。究其缘由，不能说各种争议背后没有不同空间范围内的群体情感认同的问题（尤其是对铜官本地人而言，这在某种程度上无疑象征着文化自豪感、地方认同的历史叙事的一部分），但更为重要的是现实利益考量。如此一来，如何梳理历史上铜官窑的技艺特征、界定其水平，以及在当代如何为其命名，就变成了值得各个群体竞争的事情。如名称仅限于"铜官"，则铜官以外的望城、长沙其他区域无法享有这种历史文化资源；而若扩大范围取名，则对铜官本地人而言，意味着利用资源的潜在竞争者增加了，尽管同时也意味着潜在的投资者增加。而这些事情最终由谁决定、如何定夺，也不仅是一个专业性的学术问题，还包含了权力运作的现实问题。

在这里，我们看到，从现实的考古发现出发，如何对历史生活景观进行再叙事，以及如何对这些景观进行总体性地命名，的确是权力竞争的一部分。[1] 而历史生活景观在时间流逝中的不断变化及其被再叙述的弹性，为当代人围绕它展开权力竞争提供了可能性的空间。这中间可能有身份认同乃至乡愁[2]，有公共利益考虑，但更有各种社会行动主体局部乃至个人的现实利益考虑，他们在既有权力的等级规则下不断尝试加大自己的话语权，并被共同纳入历史生活景观再叙事，乃至景观再造的进程。

---

[1] Donald Mitchell, Cultural Geography: A Critical Introduction, London: Blackwell, 2000, pp. 1 – 34.

[2] Christopher N. Matthews, "Idea of the Site: History, Heritage, and Locality in Community Archaeology," in Ludomir R. Lozny, ed., Landscapes under Pressure: Theory and Practice of Cultural Heritage Research and Preservation, London: Springer, 2006, pp. 76 – 78.

第三章
地方陶瓷技艺集体化与市场化

铜官镇明清时期即以陶瓷蜚声遐迩，与江苏宜兴、河北唐山、广东石湾、山东淄博并称为全国五大陶都。① 那些散落在乡镇村落的片片残陶，湮没在民房私宅下、林间沟壑中的座座古窑，即是铜官千年陶都辉煌历史的最好见证。如今在铜官镇有一个陶城广场，广场的中心是用炻瓷水杯码成的太极八卦阵，西侧有一条用褐彩大陶缸、小陶罐以及陶瓦陶管设计而成的迷宫游道，一对威严肃穆的绿釉陶狮镇守在东面。广场的正北方就是20世纪七八十年代兴盛一时的湖南铜官陶瓷总公司，这是我国重要的陶瓷出口基地之一。

20世纪90年代后，在市场经济洪流的冲击下，铜官陶瓷总公司生产落入低谷，各工厂相继停产，从1994年开始进行管理体制改革，逐步租赁给个人经营。如今，这些厂房车间，有些被花草蜿蜒盘绕，门外随意摆放的陶陶罐罐装饰出一番古朴优雅；有些安置着结实的卷闸门，一副"闲人免入"的气派；还有些已成废墟，沉寂在山坡上，阒然无声，锈迹门窗透着冰冷。曾经飞速转动的机器长满了铁锈，数量繁多的石膏印模捆扎成堆，车间墙壁上肃穆的红色标语还依旧清晰。厂房的围墙被低矮的民房紧紧环抱着。当地人告知我，这些厂址都是"大集体时代"的产物。这样的景观让人有些诧异，也透露出陶瓷生产繁荣与萧条之间的历史感，而其兴起过程首先与铜官窑生产从传统市场被纳入国家计划有关。

---

① 刘铁柱：《铜官古韵》，长沙：湖南人民出版社2014年版，第6页。

第一节　围厂而聚的集体生产

新中国成立后，因社会制度改变，各种经济成分之间及各经济部门内部的关系尚未理顺。由此，恢复与稳定国民经济发展、合理调整全国工商业成为国家规划者的当务之急。随着土地改革、社会主义三大改造、"大跃进"运动、人民公社化运动等一系列政治经济运动的陆续展开，国家通过对生产空间的重新组织，建立起新的城镇乡村结构和权力关系。铜官陶瓷业个体所有制逐步被集体所有制取代，家庭作坊的经营方式因此中断。在此期间，陶瓷生产有衰退，也有兴盛。从国营工厂到集体瓷厂，经营管理始终遵循自上而下的统一模式，从业者以平等的身份参与其中。1976年，铜官陶瓷工业公司试制炻瓷产品成功，并投产出口，逐步开拓出国际市场，厂房、机械设备、原料等生产资料得到优化，铜官陶瓷业发展再现生机与活力，进入一个新的兴旺时期。

一、集体化与制陶业重组

20世纪40年代后期，受天灾、战乱影响，铜官陶业生产日趋萧条，一落千丈。① 据长沙县人民政府工商科初步调查，抗日战争前铜官陶业曾有2400余户、从业者3700多人（含制作陶瓷工人约2000人，制泥和运输工人约700人），然而在1949年末，正常开业者只有700余户，生产设备只有破烂不堪的旧茅棚和小柴窑，总产值约100万元。②③ 换句话说，陶业年产值尚未恢复到抗战爆发前鼎盛期的数值。据称，40年代末陶工中流传着一首民谣："正月穷欢喜，二月冒得米，三月餐搞餐，四月难过关，五月莫奈何，六月扮早禾，七月兑点谷，八月称财富，九月开夜班，十月把债还，十一月捞捞空，十二月脱不得身。"这首民谣正是当时陶工窘困生活的真实写照。

---

① 望城县轻工业局编：《望城县轻工业志（1805—1987年）》，1991年内部刊印，第27页。
② 参见望城县轻工业局编：《望城县轻工业志（1805—1987年）》，1991年内部刊印，第27页。
③ 湖南省望城县志编纂委员会编：《望城县志》，上海：三联书店1995年版，第213页。

铜官地处湘中丘陵地带，属亚热带季风湿润气候，当地陶土资源虽然丰富，但生产季节性极大，每年雨季从三四月开始，7月上旬雨季基本结束，冬季间有严寒和冰冻，一年生产时间不足2/3。故而，季节性的陶业生产一旦遇上动荡岁月或灾荒年景，陶工就会陷入堪忧的处境中。陶工生活极为艰苦，收入低下，而大部分业主资本也并不十分雄厚丰裕，有时也可能出现短缺，只能靠借贷维持生产和生活。新中国成立之初，由于陶业生产经营仍为个体手工业，管理体制未变，陶工们的生产、生活情形，并没有迅速改观。一些老艺人回忆说：

> 当时的生产条件十分简陋，工艺操作非常原始，生产厂房十之八九为破旧茅厂，泥料配制纯靠脚踩手揉，制作陶器全靠手工夯、捏。运输肩挑背负，干燥靠太阳。①

当时，"土改"尚未完成，农业生产不能迅速发展，农村购买力不能很好地提升，而铜官的陶器产品主要是面向广大村镇的日用陶，因而也陷于停产、减产或滞销等困境，客户倒闭歇业、陶器店铺歇店时有出现，以致有些陶工处于失业或半失业状态。面对这些困难，望城县人民政府采取贷款、贷粮，大力组织失业工人生产自救；并采取收购产品、组织运销等措施，积极扶植个体窑户复工。1951年12月，据望城县工商科登记，铜官陶业有龙窑81条，其中大货窑52条，钵子窑11条，罐子窑11条，管瓦炉子窑7条。窑户1261户，其中领有营业证者891户，从业人员2612人，年产值101.57万元。②③ 相比一两年前，铜官的陶业有所恢复，从业人数及年产值都稍有增长，略有起色。鉴于当时朝鲜战争已爆发、抗美援朝与保家卫国运动正在广泛动员、深入开展，国内国民经济恢复正处于关键期，政府致力于恢复发展私营工业和个体手工业颇为费心，而逐步建立和壮大国营、公私合营与集体工业更是其目标所在。譬如，刚从长沙县划出来、新成立的望城县，1951年10月组建了第一个手工业生产合作社；12月又成立了公

---

① 受访人：刘业华；访谈地点：刘业华家中；访谈时间：2017年8月。
② 参见湖南省望城县志编纂委员会编：《望城县志》，上海：三联书店1995年版，第387页；
③ 参见《望城县地方志丛书·轻工业志》，1991年内部刊印，第27页。

私合营麻石工业两合公司。1952 年,已有地方国营企业 5 个,公私合营企业 1 个,合作社营企业 2 个。①

不久,随着土改和镇反取得重大胜利,"三反""五反"运动也渐次展开。望城县先后设立工商科,作为工商管理行政机构,以加强县内私营、集体手工业的业务领导。与此同时,又开始对旧商会及旧同业公会进行清理、整顿与改组,并筹备成立工商联组织,以组织工商业者遵守《共同纲领》和人民政府各项政策法令,指导与管理工商业者在国家计划指导下发展和改善经营。1951 年夏,铜官陶业同业公会成立,不久铜官工商联合会筹备委员会也宣告成立,陈艾生为主任,所属有 27 个同业公会,会员人数 716 人。② 正是在确立新民主主义经济秩序的时代大背景下,至 1952 年年底,铜官各私营窑户业主也面临何去何从的抉择。

1952—1953 年间,铜官开始土地改革。土地改革的进行往往又与阶级成分划分紧密相关。通常,个人的阶级属性可依据他与土地的关系来定义。在农村社会,一般划分为地主、富农、中农、贫农和雇农等五种阶级成分。但这并不能完全涵括处于城市与农村社会之间的市镇地区的情形。因为市镇上还存在有大量的手工业者,他们拥有部分土地,但也依靠手工技艺谋生。他们的阶级属性不能用与土地的关系来界定。素为湖南重要制陶区的铜官亦如此。土地改革开始后,政府的土改指导方针也为这部分人预留了空间,提及三种不同种类的工匠:小手艺生产者、手工业资本家、手工业工人。这些阶级被视为最初的五个阶级框架的非必要补充,并限定范围为集镇所在地。为了调动群众参与土地改革和阶级斗争的热情,铜官等地的土改小组作了充分的动员。依据土地改革法,富农、地主的土地财产是被没收、征收的对象,但对于工商财产——窑户、作坊、制陶工具等,并未没收,而是受保护对象。在实际操作中,还会考虑家庭背景和个人阶级成分。因而,经广泛动员和群众参与后,土地改革最终有了结果。在镇上有些家里条件很好的,就被划为地主、资本家;稍微有点资产的就划为生产户;做伙计的,就是平民。镇上的资本家并不多,每个社最多就 1~2 个,

---

① 湖南省望城县志编纂委员会编:《望城县志》,上海:三联书店 1995 年版,第 379 页。
② 望城县轻工业局编:《望城县轻工业志(1805—1987 年)》,1991 年内部刊印,第 146–147 页。

生产户是最多的。制陶的家庭，劳动力一般是2~5人，最多的也就8~9人。雍正洪老人回忆说：

> 我家里做陶的有爷爷、父亲和我，另外还有两个学徒。当时兄弟多的家庭，劳动力也就多，他们就修两段窑。①

从全国的经验来看，在土地改革的基础上，农村的互助合作运动已初步开展。同时，在国民经济恢复时期，一些地方"除了组织具有社会主义因素的手工业生产小组和半社会主义的手工业合作供销社以外，还试办了一批社会主义性质的手工业生产合作社"。这些手工业生产合作社虽属试办阶段，"但也初步显示了优越性，发展了手工业生产。个体手工业组织起来后，通过合理的安排和组织，即使用原来的生产工具，一般也可以达到较高的产量"②。这样，党和国家的领导人开始重新考虑中国向社会主义过渡的部署。

高层的决策与部署，通过党政部门自上而下的权力运作，也渐渐下达传递至基层组织，并进入实际的操作层面。诚如杜赞奇在考察中国国家政权与乡村社会的互动关系时所指出的那样："所有的中央和地区政权，都企图将国家权力伸入到基层社会，不论其目的如何，他们都相信这些新延伸的政权机构是控制乡村社会的最有效的手段。"③诸如市场、宗族之类的等级组织与非正式的相互关联网，构成了施展权力和权威的基础。于新生的人民政府而言，这也是国家合法性构建的基础。

新中国成立之初，中国手工业规模仍然超过现代工业，而在地区分布上，乡镇手工业又盛于城市手工业。在当时的语境看来，传统手工业意味着"技术落后的生产方式"，其存在表明"国家经济落后"。而工业化作为现代文明国家的标志，刚执政的中国共产党也有这样的强烈诉求，迫切希望建立起社会主义工业化国家，尽快改变这种经济落后的局面。为此，对

---

① 受访人：雍正洪；访谈地点：铜官陶瓷国艺村；访谈时间：2018年7月。
② 汪海波：《新中国工业经济史（1949—1957）》，北京：经济管理出版社1994年版，第237页。
③ [印度] 杜赞奇：《文化、权力与国家：1900—1942年的华北农村》，王福明译，南京：江苏人民出版社2010年版，第3页。

手工业的改造重组成为当务之急，具体的规划即实现专业化、集体化和工艺设备的机械化或半机械化，其途径是建立手工业生产合作社，实现手工业合作化，而这种手工业合作社计划也是整个国民经济计划的重要组成部分。1950—1952 年先后召开的两次全国手工业生产合作会议，即已明确了"先整顿后发展"的方针和推进手工业生产合作社的努力目标，以适应手工业合作化的需要。① 铜官陶业自然不能置身事外，在政府成立之初就较全面地掌握了当地制陶业的最新信息，包括龙窑数量、窑户数量、陶工数量以及从业人员情形等，这为政府起草制订详细的陶业改造规划提供了参考依据。

1953 年 6 月，中共中央开始着手对个体手工业的社会主义改造工作。随即，望城县热火朝天地进行了手工业、工商业的社会主义改造。而在此前后，铜官已经建立起望城县工商联合会铜官分会以及陶器专业分会。于是，在县政府的领导和县工商联铜官分会及陶业专业分会的宣传发动下，铜官陶业也着手准备进行社会主义改造。同年，为畅通销售渠道，搞好陶器销售，促进生产发展，经县政府批准，铜官陶器自产联销处设立，由各陶器生产业主集资入股，每一股以一套大老缸（约合人民币 5 元）作为周转资金，并在湖南衡阳、湖北武汉及江陵县郝穴镇设立 3 个分销处。② 这为后来成立陶器生产互助组、供销合作社积累了经验，有利于拓展销售渠道，打开城乡市场。

为加强手工业合作化的指导，全国合作社联合总社于 1953 年 12 月召开会议，提出对手工业的社会主义改造，"在方针上，应当是积极领导，稳步前进；在组织形式上，应当是由手工业生产小组、手工业供销生产合作社到手工业生产合作社；在方法上，应当是从供销入手，实行生产改造；在步骤上，应当是由小到大，由低级到高级"③。这些经验的总结和推广，对手工业合作化的普遍发展起了有益的作用。各地由此迅速启动了对手工业的社会主义改造。在这种背景下，铜官加快了对个体陶业的改造。

一些个体窑户、陶工政治觉悟较高，在设立互助组后即开始向中级形

---

① 参见汪海波：《新中国工业经济史（1949—1957）》，北京：经济管理出版社 1994 年版，第 229 – 235 页。

② 湖南省铜官陶瓷总公司老龄工作委员会编：《铜官陶瓷史》，2007 年刊印，第 5 页。

③ 汪海波：《新中国工业经济史（1949—1957）》，北京：经济管理出版社 1994 年版，第 374 – 375 页。

式的手工业供销合作社和高级形式的手工业生产合作社过渡。1954年4月,铜官陶器供销合作社成立,由镇长石定祺兼任主任,陶器联销处随之撤销。陶器供销合作社负责产品销售和主要原料、燃料的供应工作。5月,湖南省供销合作社联合社在铜官镇福音堂设立铜官陶器购销站,与铜官陶器供销合作社合署办公,开始对铜官日用陶器实行包销。陶器供销合作社代表供方(即陶器生产的各窑户业主)根据销方市场需求变化,在双方协商下制订各厂家具体品种生产计划,以销定产,定期收购。省购销站收购产品后,在无仓库的情况下,"以窑代仓",实行共同保管。而陶器供销合作社按收购的销售额收取1%的差价,由需方付给,以作经费来源。① 同年7月,铜官镇政府根据中央有关合作社文件精神,结合外地经验,引导陶工谭锡皇等人,组织四户陶业工人成立第一生产互助组,即望城县铜官陶器罐业第一互助组,谭锡皇为组长。② 这为铜官后来的个体陶业改造树立了标杆。

可见,供销合作社的规模比生产小组要大,是由几个生产小组、互助组或较多的窑户组织起来的,统购原材料,统一接受订货,统一销售产品。而生产合作社为手工业改造的高级形式,或为生产资料,或为生产工具入股,统一经营,换句话也就是完全集体化了。而这两种形式在1954年的铜官陶业手工业中并不普遍,还相当少,仍以互助组为主,其主要原因是"土改"以后,对财产重新分配后,工艺设备分到户,再进行合作,窑户、陶工自主性还较大,可自由退社,也没有什么外部压力和政治顾虑。但政治风向标的出现很快改变了其发展进程。

1955年1月,望城县对手工业社会主义改造试点工作在铜官镇全面铺开,两周内即成立2个合作社,其余的均组织互助组。③ 当然,一些窑户、陶工也逐步纳入其中。1955年5月,望城县工商联召开全县第二次会员代表大会,会议号召私营工商业者创造条件,迎接社会主义改造。④ 在此舆情下,各窑户、陶工组建互助组的热情高涨,纷纷联络协商成立事宜。6至7月,铜官成立陶器生产互助组49个,其中大货组20个,钵业组12个,管

---

① 湖南省铜官陶瓷总公司老龄工作委员会编:《铜官陶瓷史》,2007年刊印,第5页。
② 湖南省铜官陶瓷总公司老龄工作委员会编:《铜官陶瓷史》,2007年刊印,第5页。
③ 湖南省望城县志编纂委员会编:《望城县志》,上海:三联书店1995年版,第148页。
④ 湖南省望城县志编纂委员会编:《望城县志》,上海:三联书店1995年版,第222页。

瓦组10个，罐业组7个，共组员1696人。① 由此，铜官陶业开始从个体制陶大规模地向集体制陶过渡。据参与陶业改组的老陶工讲，当时一条窑就是一个互助组，通过互助组的形式，把窑业主们组织起来，个体户就这样被组合成一个小集体。每个互助组里面都有一个组长，组长负责了解各个生产户（指有窑、有作坊的窑户）的情况，比如，哪些需要帮助，需要怎样的帮助。这个组长是大家选出来的，他在技术上要全面，在窑户中印象要好。

互助组时期，生产经营模式变化不大，还是个体私营为主，少数趋向集体生产、集体经营。

1955年11月，中央提出"全面规划、加强领导"对手工业的社会主义改造。根据上级的指示和会议精神，望城县也加快了对铜官陶业进行社会主义改造和实现手工业合作化的步伐，尤为注意发展生产合作社。这样，由低级社（互助组、生产小组）向中级社（供销合作社）、高级社（生产合作社）过渡，就成了必须完成的政治任务。所有的手工业者都必须入社，作为望城陶器生产基地的铜官亦如此。至1955年底，又增加了6个生产互助组，先后成立生产互助组55个，共有陶业1020户、组员2579人。这几乎整合了镇上陶业所有的人力物力资源。而在同年10月，谭锡皇、蒋桂平、肖长林联合罐业第一、第二生产互助组，建立了铜官第一个陶器生产合作社——望城县铜官罐业生产合作社。② 这成为铜官陶业全面迈向集体化、合作化的先声。

> 这里搞互助组时，就要个人把自己的厂房、窑炉入股给集体，作为入股的资金。那时候就是划成分，我们自己家有一条小窑，也是省吃俭用修起来的。当时土地是国家的，全部没收。每个窑老板烧一窑产品，就上交百分之十到合作社。③

1956年春，在手工业合作化的高潮中，铜官按产品的专业化，由互助

---

① 《望城县地方志丛书·轻工业志》，1991年内部刊印，第27页。
② 湖南省铜官陶瓷总公司老龄工作委员会编：《铜官陶瓷史》，2007年刊印，第5页。
③ 受访人：匿名；访谈地点：铜官陶瓷公司；访谈时间：2018年7月。

组成立了大货一、二、三、四生产合作社，钵业一、二社，以及缸瓦社、管业社、陶矿社、罐业社（此前已成立）等 10 个生产合作社，拥有社员 4114 人。① 这样，铜官陶业实行了全行业合作化，宣告个体生产结束，转变为集体经济组织。早期合作社并非按地域来组建，社员具有很大的自由性，比如谭锡皇最先联合第一、第二生产互助组成立的陶器罐业生产合作社，没有技术的并没有入社，那些懂技术的又不想入社的人也可以不加入，全凭个人意愿。

1956 年手工业合作化进入高潮后，集体化运动如地毯式地铺开，这种灵活的组织形式也就不复存在了。高级生产合作社和之前的组织形式不同，它是按地域划分的，所有手工业者都要入社，每一片区都必须有。如，在铜官，杉竹岭片区组建陶器大货第一生产合作社；高岭片区组建陶器大货第二生产合作社；观音堂片区组建陶器大货第三生产合作社；南岸山和誓港片区组建陶器缸管生产合作社；沙湾寺片区建立陶器管瓦生产合作社；熊家塘片区建立陶器钵业第一生产合作社；谢桃园片区组建陶器管钵生产合作社；袁家湖片区建立陶器钵业第二生产合作社；峡子口片区组建陶器罐业生产合作社。②

同年 7 月，经湖南省湘潭专署手工业管理处批准，成立望城县铜官陶业生产合作社联合社，撤销了两年前设立的铜官陶器供销合作社。联合社的领导是从县里面派来的，由李龙任理事主任，徐应明、邹冬泉为副主任。③ 他们此前与铜官陶业并无太多联系。在各窑户、陶工眼里，这个联合社即是国家行业管理的派出机构，既负责了解各个社的生产情况，也执行县一级政府派出的任务，同时协助联系一些生产业务。1956 年底，铜官生产各种陶器 1582 万件，完成工业总产值 242.6 万元，销售总额 238.8 万元，实现利润 3.8 万元。④

1957 年，湖南省供销合作社联合社将人、财、物下放给望城县供销合作社铜官陶器购销站，这给铜官陶业的生产经营以更多的自主权，但窑户、陶工的生产生活方式却已改变，手工业很快让位于半机械化或机械化工业，

---

① 湖南省望城县志编纂委员会编：《望城县志》，上海：三联书店 1995 年版，第 387 页。
② 湖南省铜官陶瓷总公司老龄工作委员会编：《铜官陶瓷史》，2007 年刊印，第 6 页。
③ 湖南省铜官陶瓷总公司老龄工作委员会编：《铜官陶瓷史》，2007 年刊印，第 6 页。
④ 湖南省铜官陶瓷总公司老龄工作委员会编：《铜官陶瓷史》，2007 年刊印，第 6 页。

并即将踏入国营单位的门槛;手工匠人演变为工人,过上集体化的合作社生活。不过,这种手工业集体化也使得窑户、陶工与政府管理部门的关系存在微妙的张力,在一定程度上也挫伤了陶业的积极性。庄孔韶在有关闽西黄村的人类学田野调查中,对当地农业合作化情形有深刻的观察。他指出:"在激烈的阶级原则下,旧的文化协调方式仍微弱地存在着,文化关联并非全然消失。互助组时期农人的热情没有在合作化时期继续保持下去,在本质上并不是过高估计农民合作的积极性,而是集体化的构想及其实施未能与农人的思维、乡村制度与文化相协调。人类自愿原则未能得到尊重,个人利益未能在一种经济联合体中得到照顾,然而一种表面的合作积极性却掩盖了政治的迫力。"① 这种情形在许多乡镇地区的社会主义改造中具有一定的普遍性,在铜官亦大体如此。铜官制陶手工业改造虽然较为顺利,但这种隐性因素的存在使得其在今后国营生产经营发展中也并非一马平川。

二、制陶工厂变国营单位

在社会主义改造过程中,由于工作不够过细,部分农民、手工业者从个体单干户或互助组直接加入生产合作社,高级社规模普遍过大,至 1957 年局部地区出现退社风潮,这种风气也在铜官陶业中弥漫。1957 年下半年,铜官镇进行了大规模的社会主义教育运动,退社风潮得以平息。在整风的同时,铜官陶业也开始整社,即各生产合作社的规模局部进行了整顿调整,十个"社"改为了十个"工区"。生产空间的名称变化,也带来了经营模式的改变,这就为后来转为国营生产作了先期准备。

> 当时的工区就是由社转变来的,地域空间没有变化,只是把名称更换了一下。大货一社改成了一工区,大货二社改成了二工区。这个时候,就开始统分统销,工人就是只发工资。②

1958 年 2 月,望城县铜官陶器生产合作社联合社更名成立"望城县铜

---

① 参见庄孔韶:《银翅:中国的地方社会与文化变迁(1920—1990)》,上海:三联书店 2000 年版,第 103 – 117 页。

② 受访人:匿名;访谈地点:铜官陶瓷公司;访谈时间:2018 年 7 月。

官陶器总厂"，各生产合作社则成为其下属的10个分厂，总厂的经济性质已是集体所有制，而各厂仍为单独核算，自负盈亏。①

1958年夏，工业生产建设运动迅速展开，提出"以钢为纲"的方针，全民大炼钢铁很快兴起。为适应形势发展需要，同年8月，望城县委决定铜官陶业全部转为生产耐火材料，大上耐火砖和工业陶。于是，将各陶器分厂、陶器总厂、县供销社铜官陶器购销站、国营陶矿公司四家合并为一家，成立"地方国营望城县铜官耐火材料陶器总厂"，属县工业科管理，为地方国营企业，实行人财物产供销，统一经营、统一管理、统一盈亏。② 根据生产的需要，国营陶瓷厂也征用了一些农户的土地。征收工作是由县一级政府来完成的，瓷厂不需要跟农户打交道，征得的土地也是由县里面直接划拨给陶瓷厂。由此，地方工业"跃进"计划的制订与实施，使铜官陶业由集体经济转变为国营经济，由集体社员变为全民职工。1958年9月开始，不到一个月时间，望城全县近491个高级社合并为9个公社。公社实行"政社合一"，取消乡镇建制，社、队取代其职能。10月，原铜官区范围内各社、队成立"望城县东风人民公社"，铜官耐火材料陶器总厂下放给公社领导。③

1959年1月，望城县撤销建置，并入长沙县。同时，铜官耐火材料陶器总厂与东方人民公社分离，改属长沙县管理，更名"地方国营长沙县铜官陶器厂"，下设8个分厂、1个发电厂、1个陶矿厂、1个实验所，停产耐火砖，增加工业陶。以上举措，是地方政府为响应中央会议精神解决公社管理体制中存在的问题而进行的调整与纠偏。但在充分肯定"三面红旗"的前提下，整顿工作极为有限。铜官陶器厂继续推行"以陶代钢"，扩大工业陶生产，而普通陶瓷并不具备金属性能，造成部分产品报废（如陶轨、酒精塔等）。

1960年1月，铜官陶器总厂党总支书记韩克明参加长沙市党代表大会，他在会上提出，"铜官陶瓷1960年可安排产值1.6亿元"。这一产值为长沙

---

① 湖南省铜官陶瓷总公司老龄工作委员会编：《铜官陶瓷史》，2007年刊印，第6页。
② 参见湖南省铜官陶瓷总公司老龄工作委员会编：《铜官陶瓷史》，2007年刊印，第6页；湖南省望城县志编纂委员会编：《望城县志》，上海：三联书店1995年版，第387页。
③ 参见湖南省望城县志编纂委员会编：《望城县志》，上海：三联书店1995年版，第281页；湖南省铜官陶瓷总公司老龄工作委员会编：《铜官陶瓷史》，2007年刊印，第7页。

全市工业产值的 1/10，相当于该厂 1959 年实际产值的 22 倍。由此，长沙市委提出"大战铜官"。3 月，铜官陶器总厂与县办陶矿合并，更名"长沙市铜官陶瓷公司"，由县属国营改为市属国营，划归长沙市轻工业局管理，经济性质仍为地方国营。虽经过一年的努力大干，由于年初原定的高指标脱离实际，1960 年实际完成产值 870 万元，仅为年计划的 5.4%。年初预定计划未能达标。① 最后，铜官陶瓷公司的领导也草草离场，韩克明调离铜官，同时还进行了其他人事调整。

1961 年，"调整、巩固、充实、提高"的方针得到贯彻，同年秋长沙市委决定对铜官陶瓷公司领导体制、经济性质进行调整。1962 年 4 月，为贯彻调整方针，正式撤销长沙市铜官陶瓷公司，由市属企业下放到长沙县，为县属企业，由地方国营改为集体所有制，更名为铜官陶器生产合作社联合社，下属各工区恢复为 13 个生产合作社，属县手工业联社（手工业局）管理。②③

1956 年以后，走在社会主义道路上的铜官陶业工人，经历了一波又一波的政治运动，他们的生产生活方面亦发生了或显或微的变化。比如，技能技艺的传承，作为手工业者入门及其"工人"身份的入场券，就迥乎以往。诚如有关四川夹江纸业研究所指出的，过去的手工业者将技艺和知识看作"铁饭碗"，只要他们独有某门工艺的制作方法，他们的生存就有保障。"然而，现在社会主义国家给出了更加稳固的生活保障，其形式为长期劳务合同以及稳定的粮食供应。如此，保密和竞争就都是旧时代的事了；在社会主义社会，每个人的生活都稳稳当当，因而知识也可以自由流动，造福大众。"④ 这种情形在铜官陶业中同样存在。他们与政府部门密切合作，传承技术知识。被组织起来的手工业生产合作社采取包教、包学、包会的学徒制，并签订师徒合同。在 3 年学徒期间，社领导对学徒的思想表现进行了解，对所学技术进行应知、应会考试，期满考试合格者，定为技工 2 级，反之适当延长学徒期。

---

① 湖南省铜官陶瓷总公司老龄工作委员会编：《铜官陶瓷史》，2007 年刊印，第 7 页。
② 参见湖南省望城县志编纂委员会编：《望城县志》，上海：三联书店 1995 年版，第 387 页。
③ 湖南省铜官陶瓷总公司老龄工作委员会编：《铜官陶瓷史》，2007 年刊印，第 7 页。
④ ［德］艾约博：《以竹为生：一个四川手工业造纸村的 20 世纪社会史》，韩巍译，南京：江苏人民出版社 2016 年版，第 143 页。

而此前，铜官陶业中的训练鲜有正规的教学。当地的孩子们在小时候半玩半学接触泥土，真正认真学习是从十三四岁开始。从 1962 年开始，陶瓷厂开始签订合同，签订好的就属于厂里的合同工。要跟师学艺，可以自己找，也可以由厂里出面。很多师徒都是亲属关系或熟人关系，父带子，兄带弟。不是亲戚或熟人关系的师徒，厂里每个月就发给学徒 18 元，学徒做的事都算师傅的。工资的发放是计件来核算，做一口缸不到 1 元钱，做小货就更少了，大概是两三毛钱。计件工资制可以保证工人速度快、工时长。

陶业作为手工行业，在社会主义改造后，人们经历的合作化、集体化主要是所有权发生了变化，而对他们的日常工作及劳动过程的影响或许并不太大，工序也和原先一样。然而，技能存在于人的身体，当人的生存环境发生改变，技能的关联性场域就会被重组，包括工具、作坊空间、自然环境、社会网络等。由此，"让集体作坊升级为国营所有权，它们的工人能被包括进新兴的城市供给体系当中"，"机械化就像一个魔法棒，让他们摇身一变成为工人"，他们的工人阶级意识和政治觉悟也就有了变化。[①] 人类学家庄孔韶认为，"那时社会组织的特征和上下层沟通的蚌状结构是乌托邦社会改造思想推行与盲从的基础"，[②] 这是在"后-张鲁社会大实验"之后，人们渐渐形成了"革命的思维与行动"。[③] 而这种"革命的思维与行动"在铜官也同样存在，并一度带来严重后果，最终又不得不改弦更张，将所有权下放。

三、重新下放为集体企业

1. 组织机构管理体制的建立与调整

为统一认识，把以调整为中心的"八字方针"真正落到实处，1962 年，中央召开了由全国各省市委、地委、县委、重要厂矿企业负责干部参加的

[①] [德] 艾约博：《以竹为生：一个四川手工业造纸村的 20 世纪社会史》，韩巍译，南京：江苏人民出版社 2016 年版，第 147 页。

[②] 庄孔韶：《银翅：中国的地方社会与文化变迁（1920—1990）》，上海：三联书店 2000 年版，第 3 页。

[③] 参见庄孔韶：《银翅：中国的地方社会与文化变迁（1920—1990）》，上海：三联书店 2000 年版，第 103-170 页。

扩大工作会议，即"七千人大会"，决定采取"伤筋动骨"的措施①，工业调整要往后退。为贯彻八字方针和会议精神，4月，长沙市委决定铜官陶瓷公司恢复陶器生产合作社联社名号，下设13个分社，企业体制由全民所有制变更为集体所有制，全民职工变为集体社员。仅过数年，1966年又再次更名"长沙县铜官陶瓷工业公司"，并建立党委，党组织与铜官镇分离，仍为集体所有制企业。不久，"文化大革命"开始，企业组织和企业管理机构以及工业生产秩序受到冲击，陷入混乱和停滞状态。接踵而至的是随后两年的产值负增长。1968年1月，铜官陶瓷工业公司将下属各核算单位合而为一，生产基层改为工区，即把各合作社调整更名为陶器一工区至八工区、精陶工区、陶矿工区、装仓工区和机械厂，实行"统一领导，统一管理，统一核算，统负盈亏"。这种高度集中的管理体制，执行一年后，利弊兼有，后改为"统一领导，分级管理，分级核算，统负盈亏"。②继而，这种领导体制和管理方法沿用20余年，直到1993年。

1978年2月，湖南省计委发文决定将企业归省轻工业局直接管理，即由县属改隶省属，更名"湖南省铜官陶瓷公司"，企业性质不变，仍为集体经济。不久，改革开放的大幕徐徐开启，国家着手对国民经济体制进行调整与改革。其间，铜官陶瓷公司的人事任免皆由省里任命派调。1984年，城市经济体制改革进入新阶段，即城市综合改革开始由点到面展开。同年召开的十二届三中全会决定加快以城市为中心的整个经济体制改革，实行政企分开，建立多种形式的经济责任制。这对全国各地的经济体制改革起了巨大的推动作用。1985年，省里将陶瓷公司的生产经营权下放，并改变隶属关系，将其划归长沙市一轻局管理。③

铜官陶瓷公司（陶器联社）从1962年调整，即为集体所有制经济，属于轻工业部门，国家主要实行间接计划管理。除在"文化大革命"初期受冲击生产锐减外，后期较少停工停产。从1976年起，原有的基层工区纷纷改为分级核算、自负盈亏的工厂。每个生产厂都有设备科、技术科、供应科、销售科、生产科、财务科。车间，又分为生产车间、烧成车间、运杂

---

① 汪海波、董志凯：《新中国工业经济史（1958—1965）》，北京：经济管理出版社1995年版，第103-105页。
② 湖南省铜官陶瓷总公司老龄工作委员会编：《铜官陶瓷史》，2007年刊印，第7页。
③ 湖南省望城县志编纂委员会编：《望城县志》，上海：三联书店1995年版，第387页。

车间。以一厂为例，1976年开始筹建陶瓷一厂，在原有地范围内，把老厂房全部拆掉，新建厂房，全部改产炻瓷。生产车间中，成型一车间生产的是杯托，成型二车间生产的是8寸的盘子，成型三车间生产鱼盘。另有烧成车间1个（隧道窑1条，所有坯都是在这里烧），运杂车间1个（运输原材料）。这种现代厂房的生产空间以及流水线作业模式，在一定程度上扩大了铜官陶业的生产规模，提高了陶器产品的产量，打开了国内外市场，使之在改革开放初期步入了快速发展阶段。至20世纪80年代中期，铜官陶瓷公司成为全省乃至全国知名的、有6000余名员工的大型陶瓷企业。

在城市经济体制改革的大潮中，铜官陶瓷公司的生产经营管理部门也有若干调整。据老职工王建华回忆说：1985年，每个厂都有管理部门和工艺部门。管理部门就是两类人：管理层（车间主任、副主任、支部书记）和车间工艺员（或者叫技术员）。工艺部门有技术科（比如热工等，根据工艺要求配置了不同的技能者）、生产科、质量科、计量科（工艺规范要求，国家统一标准，国家认证）。陶瓷厂有行政科、供应科、销售科。尤其是供应科、销售科，直接与改革开放以来逐渐恢复的商品市场接轨，自主采购原料、销售产品。

2. 工艺改革和产品更新

合作化时期，铜官陶器手工业改造以机械化或半机械化为导向，着手生产工艺改革，投入了一些人力、物力，然囿于时局，难以收效。20世纪60年代初，在"调整、巩固、充实、提高"八字方针指引下，国民经济进入调整期。铜官陶器专业联合社也采取了一些调整措施。1963年10月，联社主任范正明率队赴江苏宜兴参观考察，学习其陶瓷生产工艺改革的经验。参观后，他大力倡导学宜兴，从1964年起，陶器联合社全行业进入工艺大改革时期。

首先是工艺设备及成型工艺改革。譬如制泥工艺，以往铜官制作日用泥料都采用水浸、脚踩、手揉等传统工艺，耗时又费力。1964年，在二工区麻园坡建设了第一座大型粉碎炼泥车间，开始使用机械炼泥，主要供应大货坯料。第二年在四工区再建一座粉碎练泥车间，并组建原料厂。1971年以后，又兴建工业陶炼泥车间和日用陶炼泥车间。随后各厂均添置小型炼泥设备，完全取代手工配料，坯泥由粗到精。至80年代，还购置有多种型号不同规格的常用成套制泥设备，如粉碎机、和泥机、轮碾机、雷蒙机、球磨机、榨泥机、振动筛、磁选机、真空炼泥机等，极大提高了各种陶器产品的生产效率。又如，制釉工艺也从60年代中期开始，各厂或工区相继建起专用制釉厂房、仓库和釉料池设施，采用粉碎机、螺旋搅拌机等器械设备，设有制釉车间或班组，由专人负责统一制釉。① 人工碾碎及木棒拌匀的传统工艺不复使用。与此同时，釉色也由最初的黄、绿、青等几种增至60余种。

随着工艺设备的机械化或半机械化，制陶成型工艺也有很大改变。先是打破传统制缸所采用的泥条盘筑工艺，采用泥皮围缸新工艺，即将坯泥赶成皮块，在木模上围制。随后，又采用机械制缸。70年代以后，机械化生产逐步取代手工劳动。各厂先后改用机械压坯、注浆、滚压成型，采用单刀、双刀旋坯。②

60年代以前，器物的成型干燥主要靠手工制作，自然干燥。70年代开始，注浆成型成为主流方式。将泥浆注入石膏模内，利用石膏的吸水作用，使泥浆依附模具紧缩成型。石膏主要从平江、浏阳、攸县、应城等地购入。比方壶类、饭菜钵类小件产品，均由传统手工旋坯改为石膏印模，用辊轳机旋转和注浆成型。同时还设置链式干燥机和烘房，利用蒸汽和窑炉余热进行干燥，结束了长期手工劳作和季节性生产的历史。③④

皮子围缸作为当时一项应用广泛的创新工艺，许多陶瓷公司的老工人对此印象深刻。他们说：

> 皮子围缸有个木模，把泥条围在外面，再翻过来，把木模抽了，形状也就出来了，工效会高很多。就这样，手捏坯的技艺慢慢被淘汰了，然后又改成机械化制缸。技术上的更新，从宜兴学来的。⑤

其次是烧成工艺改革或窑炉改革。烧成工艺的逐步改革，即由烧柴改烧烟煤。煤由宁乡煤炭坝、恩口等地定点供应。窑炉的改革对于更新产品、

---

① 湖南省望城县志编纂委员会编：《望城县志》，上海：三联书店1995年版，第388页。
② 湖南省望城县志编纂委员会编：《望城县志》，上海：三联书店1995年版，第387页。
③ 参见湖南省望城县志编纂委员会编：《望城县志》，上海：三联书店1995年版，第388页。
④ 《望城县地方志丛书·轻工业志》，1991年内部刊印，第29页。
⑤ 受访人：易根满；访谈地点：江威陶艺；访谈时间：2016年10月。

提高质量、减少松柴消耗，起到重要作用。1957 年，在八工区钵业社地段新建阶梯式煤气窑，试烧未获成功。1958 年又建倒焰窑 12 座，有方形、圆形两种，并建安南方窑，烧耐火砖，均经试烧成功。1963 年，将烧制缸类产品的旧式龙窑改建江苏宜兴式和广东源潭式大型龙窑，长 120 米，宽 4.1 米，后定名为"永革窑"。1966 年在八工区建烧制耐酸缸等大型产品的专用窑，即元坛窑，窑身高大。1969 年在精陶工区试建 11 米隧道窑成功，随后在一工区兴建长 104 米长的大型隧道窑，1971 年投产。1978 年，又在三厂建成大货隧道窑，五厂建成推板窑。经过多次窑炉改革，至 1987 年，铜官陶瓷公司共有各种窑炉 21 座，其中传统龙窑 3 座，新建有隧道窑 7 座、推板窑 5 座、倒焰窑 6 座。①②

五六十年代，铜官陶瓷生产合作社联社主要生产日用陶，如坛、缸、罐、壶、炊炉等传统产品，约 200 多种。此外，还有些装饰用的琉璃瓦、管之类的建筑陶及少量的飞禽走兽、人物、玩具等工艺美术陶。同时，为大炼钢铁建土炉提供建炉材料，曾先后生产耐火砖、地面砖、白釉墙砖等建筑陶，以及陶轨、蒸馏塔、耐酸缸、硫酸缸、厂用酒瓮、酒缸等工业陶。1964 年成立精陶工区后，试产出口各式杯碟和成套茶具。及至 70 年代初期，坛、罐、缸类传统的陶瓷产品在市场已趋饱和，尽管当时处在计划经济时代，产品销售由商业包销单位按合同计划定期收购或经供销公司对外销售，铜官陶瓷公司生产的一些产品如日用陶器等也积压滞销。③

为适应市场的需求，随着生产设备不断更新，铜官的陶瓷产品也在逐渐升级换代，以提升其产品的市场竞争力。1975 年，引进试制炻器新产品成功，并在精陶工区批量投产。炻器是介于陶与瓷之间的一种陶瓷产品，它具有耐酸、耐高温、质地密、强度大等特点，色泽柔润，流光溢彩，给人以清雅新颖之感，产品不易碎，蒸煮不裂，便于机械洗涤，且不含镉、砷、铅之类的有毒物质。随后，1976 年、1977 年，生产缸类产品的一、二厂被推倒重建，转为生产炻器的专业厂，年出口炻器达 111.22 万件，产品畅销国内外。1985 年，八厂也转产炻器，炻瓷品种有五头、十五头、二十

---

① 参见湖南省望城县志编纂委员会编：《望城县志》，上海：三联书店 1995 年版，第 389 页。
② 《望城县地方志丛书·轻工业志》，1991 年内部刊印本，第 30 页。
③ 参见湖南省望城县志编纂委员会编：《望城县志》，上海：三联书店 1995 年版，第 389 - 390 页。

头、二十五头餐具及茶具。1983年12月，双鱼牌精细铁炻器咖啡具获轻工部优秀新产品奖。1986年，四十五头铜美餐具、十五头餐具、白炻器均获湖南省优秀新产品奖。由此，炻瓷产品取代日用陶，成为铜官陶瓷的主打产品，使得千年陶城再次焕发出新的生机和活力。

图3-1　铁炻瓷十五头咖啡具

资料来源：铜官陶瓷总公司供稿，笔者拍摄于2017年12月。

图3-2　铜美平盘　碗杯托系列

资料来源：铜官陶瓷总公司供稿，笔者拍摄于2017年12月。

集体工厂时期，随着炻瓷大生产需要的原料越来越多，本地的泥土不再适合开发，缺少像高岭土这样的瓷泥，做炻器需掺入的部分瓷泥就从衡阳、益阳等地购入。釉料的配置也发生了改变，由潮泥、炭灰、靛脚、碎玻璃、品蓝、铜末、石英、红丹、氧化锌等工业化工原料配制而成，原料均由麻阳、益阳、长沙等地购入。

建筑陶产品有琉璃瓦、栏杆屏、竹节溜水筒、茉莉花图案陶窗、龙头通脊、兽形屋脊、彩色墙砖和地面砖等，富有传统特色，造型新颖，胎质素白，有黄、绿、蓝等多种釉色，经日晒雨淋、霜打冰冻，其釉层不落，也不褪色。其中，白色陶质釉面砖于1987年获省优秀新产品奖。①

70年代中期以后，随着制陶工艺的改进，日用陶的适用性和工艺美术逐渐融为一体，产品有所创新发展。这一方面得益于技术的改进，另一方面得益于国家政策的鼓励。1979年8月11日，国务院批复轻工业部、旅游总局《关于进一步发展旅游纪念品工艺品生产和销售中有关问题的请示报告》指出："随着旅游业的发展，所需的纪念品、工艺品的生产和销售要有一个大幅度的增长。各地要进一步加强领导，不断总结经验，探索规律，采取有力措施推动这一工作的迅速发展。希望国务院有关部门和各省、市、自治区革命委员会积极予以支持和解决。各地轻工、商业、外贸、文物、园林等部门要密切配合，通力合作，努力把旅游纪念品、工艺品的生产和销售工作搞上去。"② 几天后，李先念在全国工艺美术艺人、创作设计人员代表大会上发表讲话，也表示要积极发展手工业和推动工艺美术品的生产，认为"不少手工业产品的生产，特别是工艺美术品的生产，是机器生产不能够代替的。我国的手工业有着悠久的历史和精湛的技艺，今天的手工业同合作化以前的手工业相比，无论形式和内容都有了很大的不同。它既有集体所有制，又有全民所有制，所有制基础上，以生产日用工业品和工艺美术品为主的工业的主要组成部分，是我国国民经济的重要力量"。③

---

① 望城县轻工业局编：《望城县轻工业志（1805—1987年）》，1991年内部刊印，第31页。
② 中华全国手工业合作总社、中共中央党史研究室编：《中国手工业合作化和城镇集体工业的发展》（第三卷·上），北京：中共党史出版社1997年版，第81页。
③ 中华全国手工业合作总社、中共中央党史研究室编：《中国手工业合作化和城镇集体工业的发展》（第三卷·上），北京：中共党史出版社1997年版，第85-86页。

党和国家领导人对此问题的高度重视，为手工业及工艺美术品的发展提供了良好契机。这一利好消息传来，以及相关扶植政策的出台，湖南铜官陶瓷公司敏锐地抓住了难得的发展契机，大力推进工艺美术陶瓷产品的生产。公司安排"泥人刘"刘子振、周和生、冯炳坤等老艺人指导陶艺，由雍起林、胡武强、谢福祥、谭超异、刘坤庭等中青年技术员担纲主创、设计生产了贴花、印花、堆花、画花等传统工艺装饰新产品和雕塑产品。① 前者如"双龙戏珠""丹凤朝阳"和人物山水图案等产品，颇具传统民族特色。雕塑产品，如寿星、十八罗汉、和合、八骏、九猴、猴壶、熊猫壶等也深受群众喜爱。至1985年，铜官在生产各种美术陶瓷产品的基础上，推出酒具、茶具、花瓶和旅游纪念品等多种新产品。1987年，出口各种美术陶瓷产品1339万件，创汇340万美元。②

1986年，公司首创大型陶瓷壁画《中国姑娘》，镶嵌在郴州中国女排训练基地体育馆正厅，后荣获省新产品一等奖。1987年，公司研究所技工谭异超烧制大型陶瓷雕塑《鹰》，含雌雄各一，后陈列于人民大会堂湖南厅内。③

铜官陶业合作化、集体化后，经过30余年的发展，至20世纪90年代初期，生产的主要产品有日用陶、工业陶、建筑陶、工艺美术陶、炻器等5大类，花色品种繁多，造型丰富。在此期间，铜官在生产工艺、生产规模、销售等方面都有较大进步，产品由粗陶转向细陶、精陶，由内销转向出口，实现了新的飞跃。

3. 生产与销售

工艺的改革，一方面推陈出新，使得产品更新换代；另一方面也大大缩短了生产周期。而进入合作化以后，铜官陶业生产模式的变化，即由窑坡到厂房，由手工制作到机械化、半机械化的规模生产，也提高了生产效率。而在整个生产过程中，除了财力、物力的投入外，人力投入是至为关键的因素，掌握新技术的工人是机器流水线生产的保障。如前所述，从合

---

① 有关铜官陶艺人生平及其艺术成就的介绍，参见湖南省铜官陶瓷总公司老龄工作委员会编：《铜官陶瓷史》，2007年刊印，第151-160页。
② 湖南省望城县志编纂委员会编：《望城县志》，上海：三联书店1995年版，第502页。
③ 湖南省望城县志编纂委员会编：《望城县志》，上海：三联书店1995年版，第389页。

作社时期开始,技艺的传承已从家族转向工厂,由合作社安排师傅对学徒进行培训,签订师徒合同,3 年期满经考核合格定为技工后方可上岗。1966 年 6 月,师徒合同、培训制度被取消。招收的新工人虽也指定师傅,但无具体规章制度,随意性很大,学徒期满即当班。这与当时大环境有关。

1978 年后,铜官陶瓷公司对徒工的培训逐步形成制度。新工人进厂,先由工厂集中时间进行安全知识、厂规、厂纪教育,再分配到车间,由车间进行安全生产规程、考勤制度的教育,介绍车间产品名称、性能、加工工艺等,尔后把新工人分到班组,指定师傅,采取包教、包学、包会的形式传授专业技术,学徒期一般定为 3 年,期满 1 年后进行转正定级,成为正式职工。1985 年,企业改招工为招生,实行先培训、后就业的方法,未经培训取得合格证的人员,不能分配上岗操作。徒工班由县劳动服务公司及县职业中学举办。① 总体来说,改革开放以后,随着国家经济体制走上正轨,职工技艺培训、技能提升也趋于规范化、制度化,铜官陶业生产日渐红火。访谈中,王贵胜等老职工就提到:

> 七十年代,企业通过选送雍起林等一批技术骨干进入大专院校进一步深造、由公司领导带队外出学习等办法,来提高生产的技术水平。八十年代后,才有很多大学生来铜官,一厂成立后,就有大学生了,住在一厂的宿舍。②

人力技艺是企业的宝贵财富。在集体化时代,技术员、技工等级薪酬差别并不是很大。这种情形延续到改革开放初期,直到社会主义市场经济体制建立前夕。老工人谭五嗲回忆道:"八九十年代在厂里的职工都是按级别拿工资,差异不大,竞争也不大。"20 世纪 90 年代开始,农村的农户们开始修窑制陶,1994 年之后就越发地多了。当时陶瓷公司停产,所有的厂基本都垮掉了,厂里的这些老师傅就到农村去做了。这样周边的农村就发展起来了。

---

① 望城县轻工业局编:《望城县轻工业志(1805—1987)》,1991 年内部刊印,第 182 页。
② 报道人:王贵胜;访谈地点:铜官陶瓷公司;访谈时间:2018 年 8 月。

在铜官陶业的生产发展史上,试制炻器取得成功是值得大书特书的事件。1974 年,铜官陶瓷公司在广州交易会上引进日本炻瓷"五头餐具",不久试制炻器成功,并于 1975 年在精陶工区批量投产,当年出口炻瓷"五头餐具"50 万余件,深受外商欢迎。炻器是介于陶与瓷之间的一个产品,它的试制成功是铜官陶瓷在种类上的一个新发展,由此拉开了铜官生产出口炻瓷的序幕,并填补国内空白。从此,结束了几千年来铜官只生产粗陶的旧时代,消除了人们头脑中对铜官陶器笨陋粗俗的固有观念。后来,铜官陶瓷公司将生产缸类产品的一厂推倒重建,改产出口炻瓷,于 1976 年 1 月投产,并更名为炻瓷一厂。1977 年,二厂转产炻瓷。1985 年,八厂转产炻瓷。1990 年,四厂两个生产车间转产炻瓷,与日用陶配合生产。

调研过程中,我们发现,不管是老街商户还是当地民户中,这些炻瓷餐具都是当地的特色,尤以碗碟和杯壶居多。说起这段炻瓷的历史,当地人无不用"红火"一词来形容当年的景象。

与此同时,铜官陶瓷三厂、五厂、六厂、七厂也继续之前的生产线。1975 年,六厂改产绿釉琉璃制品,包括盖瓦、底瓦、龙凤屋脊、花窗等,并大批量生产,以出口香港,由民丰公司经销。这时期,釉色的配制也是铜官陶瓷公司生产其他陶瓷产品的尚方宝剑。对此,一位老陶工回忆道:

> 铜官绿釉的配方就是一种独门绝技。掌握在少数人手中,独家生产。绿釉是最具代表性的,主要是用在琉璃瓦上,原来只有六厂能生产。六厂的产品除了内销,再销往香港民丰公司出口东南亚。①

新中国成立后,铜官陶业经销方式多次变革。1950 年至 1953 年,铜官陶器属个体或合伙自产自销。1953 年 5 月,为解决陶器销路不畅的窘境,望城县人民政府同意成立"望城县铜官陶器自产联销处",并在衡阳、汉口、郝穴三处设推销点。1954 年实行公私合营后,湖南省供销社铜官日用杂品采购批发组(后改为陶器批发站)投资 6 万元,对陶器进行包销。后来精简机构,陶器改由望城县供销社陶器推销经理部包销。1958 年 9 月,

---

① 受访人:匿名;访谈地点:铜官陶城广场;访谈时间:2018 年 7 月。

工商合并，转产工业陶，由县供销社移交地方国营望城县铜官耐火材料总厂自销。1961年，铜官陶器生产合作社联社恢复日用陶生产，产品先后由长沙市、湖南省日杂公司包销，1970年又下放给长沙市，先由财贸组、后由商业局包销。1977年，又转为长沙市供销社包销。尔后，长沙市供销社铜官贸易公司收归陶瓷公司管理，陶瓷产品又改为自销。1991年以后，公司实行招标承包制，各厂独立核算自负盈亏。

二三十年来，铜官陶瓷公司的企业性质几经变更，或地方国营，或集体所有，其销售方式也与供销社、日杂公司等商业部门分分合合，或包销或自销，中间也有曲折，甚至是比较严重的折腾，但总的来说，改革开放的浪潮汹涌澎湃，为铜官陶业的生产经营带来了蓬勃的生机与活力，开创了快速发展的新局面。其表现之一即是其陶器产品的某些品种一度供不应求，颇为畅销，市场颇为紧俏。产品除销售本省外，还畅销湖北、江西、安徽、河南、云南、贵州、四川、陕西、甘肃、广东、广西、黑龙江、北京、天津、上海等17个省、市、自治区。同时，还开拓了海外市场，出口美、英、法、德、澳大利亚、南斯拉夫等国家以及港、澳等地区。

如果从主要经济指标来看，铜官陶瓷公司的生产与销售总体上也还是可观的。1956年到1991年，36年间总产量累计达105040万件，年均2918万件，其中出口产品16470万件，17年间（1975—1991年）年均出口969万件。产品销售收入累计实现46500万元，年平均1291.6万元，递增率9.84%，其中出口产品销售12419.3万元；工业总产值累计实现50238万元，年均1395.5万元，递增率8.11%。①

由此而见，铜官陶业在经过合作化初期和20世纪六七十年代的政治运动期间的一些波折后，抓住了改革开放和经济发展步伐的有利时机，大力发展集体工业，依靠科技进步，增产适销对路的陶瓷产品，繁荣城乡市场，积极扩大出口，较好地解决了企业的生存与发展问题。直至20世纪80年代中期，铜官一度再现了千年陶城的辉煌，而此后又受市场经济洪流的冲击，这种辉煌、繁荣景象有如昙花一现，转瞬即逝。

---

① 湖南省铜官陶瓷总公司老龄工作委员会编：《铜官陶瓷史》，2007年刊印，第17-18页。

第二节 私营陶瓷产业的兴起

一、市场改革与产业复兴

20世纪80年代后期,以市场取向的经济改革全面展开。铜官陶瓷总公司从1988年下半年起,也推行了以承包经济责任制为特征的工业体制改革,但受计划经济传统观念影响,步伐不大,成效有限。中共十四大确立了建立社会主义市场经济体制的目标,城镇集体工业改革进一步深化改革与管理。① 在市场经济洪流的冲击下,铜官陶瓷总公司由于经营管理不善以及包办社会事业,分散了财力、物力,企业生产很快跌入低谷,出现连年亏损。1994年1月,总公司改革管理体制,各厂单位与总公司脱钩,实行"独立核算,自负盈亏"。然而,积重难返,最终没能扭亏增盈,走出困境。1995年,总公司加大推行"转企改制"力度,除二厂、三厂、六厂保持集体经营外,其余各厂相继停产,工人下岗,逐步将企业向外租赁,实行"公有民营"承包形式,让渡生产经营权。与此同时,以民营中小型企业、家庭式作坊、陶艺工作室为单位的生产组织陆续出现,汇聚了来自原陶瓷公司、铜官周边村镇及他地的制陶者、投资者。他们各自寻求市场生存的方式,人员身份构成的多样化也带来了新的产品形态,同时生成了一个以陶器为中心的自产自销的社会场域。从粗陶到炻瓷日用品,再到对陶瓷文化的认知与转向,成为社会转型进程中的表征。

20世纪90年初期,受市场经济洪流的冲击,日用陶瓷市场逐步被塑料、铝合金、不锈钢等制品取代,日用陶瓷销路日益减少,铜官陶瓷总公司的生产经营也出现滑坡,逐步跌入低谷。1993年,总公司6个日用陶瓷生产工厂的产量、产值大幅下降,共亏损1127万元。工艺美术陶瓷厂也于当年出现亏损而停产。② 国家颁行《城镇集体所有制企业条例》后,望城县

---

① 参见汪海波:《新中国工业经济史(1979—2000)》,北京:经济管理出版社2001年版,第581-585页。

② 湖南省望城县地方志编纂委员会编:《望城县志(1988—2002)》,北京:方志出版社2006年版,第340-341页。

人民政府据此制定《轻工企业经营承包方案》，大力推进集体工业企业体制改革。① 鉴于形势严峻，当时铜官陶瓷总公司总经理余晓年、党委书记熊树云下决心改革建立新的管理机制，从 1994 年 1 月起，各厂单位与总公司在经济上完全脱钩，实行"独立核算，自负盈亏"。然而，由于积弊深重，这项改革措施并没有让铜官陶瓷总公司起死回生，走出困局。至年底，6 个日用陶瓷厂（一至四厂及七厂、八厂）有 5 家先后停产，仅存生产出口炻瓷的二厂。此外，生产琉璃制品的六厂也勉强维系着。于是，总公司根据各厂资金、债务、产品、市场的不同情形，分别选择租赁、风险抵押承包和目标管理等多种形式，提出"不求所有，但求所在"原则，以提高企业效益和市场竞争能力。从 1996 年起，除二厂、三厂、六厂保持集体经营外，其余各厂全部引入民营机制，实行租赁经营，将生产经营权租给个人。也即，将企业的经营权向社会发租，无论是谁，只要符合条件都可以承租。

1995 年 11 月，陈海军租赁总公司一厂，更名为铜官海旭炻瓷有限责任公司。这是铜官陶瓷总公司企业改制实行租赁经营之始。1998 年底，3 年合同到期后，陈海军退出，李荣华承租，改名威远炻瓷厂。四厂由陈正贵、胡建文合伙承租，1996 年改名为华星炻瓷厂；五厂在 1996 年 5 月由毛子皇承租，即改为金碧墙地砖厂，后由杨文焕承租，改为铜官古建筑琉璃瓦厂；七厂则从 1994 年开始由刘自力、李德贵等分四个组承包，1997 年改由刘自力等人分四块承租；八厂从 1996 年由黄泽军、叶泽彪等人合伙承租，定名兴源炻瓷厂；而二厂多次酝酿改制，拟从集体经济改为股份制，但最终未果，仍保持集体经济，仍保持所有权与经营权相统一，并更名为"星光炻瓷厂"，实行独立核算，自负盈亏；三厂在 2001 年由廖国祥等 5 人合伙承租，定名为兴国陶瓷厂；六厂在 2003 年也向外租赁，改名为丰绿琉璃瓦厂。② 此后，各厂在市场经济的大海中历经风雨，有成功的，也有失败的，经营权也几度更迭易手。

在企业体制改革时期，个体租赁形式以工厂领导、管理骨干、营销人员以及附近有实力的农民为主。正如当地人所说：

---

① 湖南省望城县地方志编纂委员会编：《望城县志（1988—2002）》，北京：方志出版社 2006 年版，第 206 页。

② 湖南省铜官陶瓷总公司老龄工作委员会编：《铜官陶瓷史》，2007 年刊印，第 10–11 页。

> 90年代初,所有企业都是负债,维持不下去了。当时我们这里有点水平的基本上都到外地去了。企业一倒闭,就开始租赁制,这些租赁的老板有相当一部分是靠集体企业的资源来起家的,原来在集体企业搞销售的,他们有客户资源,另外也有资金。
>
> 哪怕在计划经济时期也一样要跑业务,租赁厂房的一般跑业务的多。①

尽管他们获得空间资源的办法不同,但总的来说,这体现了私人财富对转变地方层面政府权力模式所具有的力量,同时也体现出中国政府与私营企业家之间的关系。一方面,生产空间转化为商品,继而可以不断产生利润;另一方面,动用私人财产获得的空间,在这个时期仍然受到来自政府或管理部门的约束。

但无论如何,20世纪90年代以后,随着社会主义市场经济目标的确定,城镇集体工业简政放权、整体改制、走向市场已是大势所趋。2000年以后,望城县政府还进行出售改制试点,在保持企业产权或部分产权的同时,在自然人相对集中的基础上突出体制创新,加速企业民营化进程。这不仅给铜官陶瓷总公司的发展带来新的转机,也为整个铜官陶瓷业的复兴带来了生机。

二、市场中的公司与家庭

改革开放是中国社会体制变革的重要节点,作为一个宏观制度变革带来的整体社会生活的变迁,改革开放形塑了从个人到家庭、从生产到生活的全方位变化。

对于铜官窑来说,一方面,原有的工厂解体,工人与工厂的结合被打散,许多工人开始进入劳动力市场中,并作为一个手艺人而存在。这时,手艺既不意味着生产"铜官窑",也不意味着在铜官生产。继而我们看到,很多工厂有技术的人都作为普通劳动力的一员,离开铜官远去南方进行陶瓷生产。这一过程的变化产生了重要影响,如果陶瓷工厂中生产的器物仍然算作一种在铜官生产的"铜官窑"的话,那么,生产者们作为劳动力进

---

① 受访人:匿名;访谈地点:铜官老街;访谈时间:2017年6月。

入更广阔的商品市场时,"铜官窑"与这些生产者的结合实际上也就解体了。只有在这个过程中我们才能理解,当这些手工艺人在 21 世纪后重新回归铜官,并重新在"铜官窑"名义下生产陶瓷器物时,其中的遗产到底意味着什么。

另一方面,工厂的解体也极大地改变了人们的生活方式。在市场经济的作用下,生活与生产有一个相互分离的过程,生产需要通过进入消费领域的商品化,来置换维系生活所必需的物质基础。而生活的消费又进一步促进了人们卷入生产之中,并重新形成了新的生产空间。在这个过程中,生活实际上也面临着重新界定与升华。这一过程包含着多重身份的转换与诠释,如从工人到企业家,从工厂宿舍到家庭企业等。新的生活带来了新的生活品位,而这种生活品位为进一步扩展生产铜官窑的价值系统作出了贡献。家庭在从工厂脱离和重组的过程中,新的身份在市场的协调下形塑了新的社会资本场域,而这种场域的建立又离不开生产空间的重新组合。

下面我想讲述两个人的故事,通过这两个故事,我们可以看到这种转变是如何发生的,并进一步了解人们是如何重新组织空间,并重塑铜官窑的当代景观。

陈海军,是望城企业界、铜官陶瓷行业的风云人物。他生于 1963 年,曾经是铜官陶瓷总公司一厂的一名职工。他入职时,正值铜官陶瓷总公司在改革开放以后最红火的时期。但不久即受市场经济的冲击,企业生产销售出现滑坡,风光不再,甚至面临停产停工,发不出工资。然而,他又是幸运的。当时望城县内集体所有制企业都面临相似的困境,县里开始以"公有民营"承包租赁形式以盘活企业。陈海军正值年富力强,不甘就此浑浑噩噩,凭自己多年在一厂历练所掌握的技能,遂壮着胆,于 1995 年 11 月将陶瓷一厂租赁下来,进行炻瓷生产。据一位老厂长回忆:

> 当时,陶瓷公司各厂承租的民营企业有十余家,只有这一家员工是最多的,成立之初大概就有六七百人,生产的产品是炻瓷,讲究低成本,并保证安全运输,除此之外,没有什么特殊要求。

与陶瓷总公司签满 3 年后,1998 年陈海军退出承租一厂,而通过银行贷款等融资方式,投资 500 万元,将位于杏花坡原西湖耐火材料厂基地整体收购，兴建了属于自己的炻瓷生产厂，厂域面积约 3 万多平方米。1999 年，正式成立湖南省铜官海旭炻瓷有限公司，陈海军亲任董事长。老厂长告诉我，"以前这边（杏花坡）都是些乡镇企业，像耐火材料、机械加工、琉璃瓦，后来都陆续被私人企业收购了。"该厂当年产量 178 万元，完成产值 358 万，利润 32 万元，上缴税金 34 万元。2000 年，又投资 500 万元，新建成国内先进的快速烧成辊道窑炉生产线，烧成周期由传统隧道窑 124 小时缩短至 5 小时，出口产品质量也达到较高水平。① 随着规模逐步扩大，企业还开发了不锈钢餐具和焊条生产。2006 年该企业生产出口的炻瓷 1800 万件，年销售收入 3200 万元，出口创外汇 400 万美元，被列入长沙市知名的民营企业。②

鼎盛时期的海旭炻瓷厂，有一千多名员工，生产线上都是全自动的窑炉，烧天然气，人工装卸。从原料加工、泥料、模具、成型生产、窑炉装烧、检验包装，都是成熟的流水线，三条窑也都是 24 小时连续生产。生意好的时候，产品出口美国、菲律宾、俄罗斯等国家。生产线上的一位工人说："这些炻瓷日用品附加值低，只做产量，但市场空间大，比起现在老街做陶瓷文化的市场空间要大。"③ 产品的检验都是按照国家标准进行的，里面有瑕疵，不能出口的叫"等外品"，100 个产品里面，检验合格的可能只有 60~80 个。这些"等外品"会低价位放到门市部去销售，或者卖到国内一些餐馆，还有一些做外贸的会集中收购，再低价位卖到非洲。直到现在，海旭瓷厂生产的炻瓷产品还是以外销为主，国外自助餐使用得最多。根据外商的需要，工厂都会不断试制各种器型、各种釉色的炻瓷餐具、茶具，并大量投产。

然而，由于市场竞争激烈、行业工艺陈旧、生产成本高等原因，在 2008 年金融危机后，以出口为主的海旭炻瓷有限公司几近倒闭。随着 2013 年"一带一路"倡议的提出，让处在关停边缘的海旭实业看到了复兴的曙光，也让陈海军内心重新燃起了创业之火。制陶出身的陈海军，带着对铜官陶业的深厚感情，开始谋划购置了 5 台 10 吨球磨机，将 8 种泥土通过近

---

① 湖南省望城县地方志编纂委员会编：《望城县志（1988—2002）》，北京：方志出版社 2006 年版，第 341 页。

② 铜官陶瓷总公司资料集，由铜官陶瓷总公司老龄工作委员会提供。

③ 受访人：匿名；访谈地点：铜官海旭炻瓷厂；访谈时间：2018 年 9 月。

千次的科学实验配比，开发出了针对特定目标市场的专用泥料。脱水后的泥条细腻、光滑，没有了泥土的粗糙，烧出来的瓷器质量更好。"以前制坯，都是人工在老式成型设备上制作，效率低，成型率也低。"陈海军说。同时，海旭炻瓷公司对整个陶瓷成型环节进行了技术改造，添置了自动智能化滚压成型设备，一个泥坯制成西餐盘半成品只需数秒，还可以实现柔性化生产。在模具的搬运上，海旭也实现了自动化。一个个模具固定在传送带上，按照生产节奏依次制坯。"减少了人工搬运，模具损耗少了，平均利用次数由原来的 80 次提高至 1500 次，成本也降低了。"陈海军对这一改观极其自豪。早在 2000 年，在其他陶瓷企业普遍用燃煤式隧道窑烧瓷时，陈海军就购置了一个长 67 米的辊道窑，改用气烧瓷。这也让他在激烈的市场竞争中占得先机。按传统的制作工艺，像海旭这样规模的企业，需要 240 多个工人，而如今只需要 140 个工人，每年便可做 2000 万件陶瓷，而且更节能。

走进陈海军的办公室里，一排排陈列柜高过人头，除了摆放着海旭实业的拳头产品——日用品陶瓷，也有不少造型特别的陶瓷工艺美术品。从负责生产的经理口中得知，当年铜官陶瓷公司停产后，雍起林、谭艺超等一批技术骨干都在海旭任职，这些展架上的日用陶有一部分都是他们的研发成果。雍起林当时主要负责产品的造型设计，谭异超主要试制釉水。如今，他们离开海旭，自己创办了个人工作室，还成了陶艺大师。随着市场对文化陶的追捧，陈海军又专门聘请了泥釉工程师和陶瓷造型师，负责产品设计造型，技术虽已革新，但样式依旧古朴典雅，让注入文化内涵的铜官陶瓷渐渐恢复元气。经过 20 余年的打拼，海旭实业产品体系日渐丰富，已拥有各类陶瓷产品 500 多种，从日用品陶瓷到工艺品陶瓷，从中低端陶瓷到中高端陶瓷。陈海军成为市场经济体制下一个幸运的弄潮儿，打造了海旭这样一个民营陶瓷业的成功范例。

一条大型的龙柱面朝湘江而矗立，沿坡而上，并列着一排建筑，刘自力就在这里守护着他的陶瓷厂。前面的一排房屋外面全都铺上红色瓷砖，屋内保留着之前陶瓷研究所的旧貌，墙面稍加改造，成为工业特色浓厚的窑壁风格，各个小窑洞内摆满了各种"老产品"。整个展示销售空间共三间，里间堆满了酱釉色的菜坛与酒坛，由于时间久远，上面积了一层灰。中间展厅的墙壁上挂着一幅千年窑口的壁画，展现铜官 60 年代烧窑的景象。

展柜周围都是 2000 年后陶瓷工厂的产品，当时主要用于日用出口，刘自力将这些都收购回来，保留在这里。"不要看这些东西不起眼，这些都是我一辈子的心血。"谈起这些老产品，刘自力拿起一套炻瓷材质的咖啡具，眼里泛着光，"这套咖啡具代表着时代，体现着工匠精神"。咖啡具上还贴着一张纸条，标注着品名、釉色代号、坯代号和生产的日期，这是属于产品的时代标签。除了茶具，外面的展厅还有各类碗、碟、壶和大型的缸。自力陶瓷厂的大型器物主要出自雇请师傅谢福祥，整体的工时与成本都比较高。"办厂要有一个得力的拉坯师傅，这样可以节省很多时间，直接生产，立竿见影。"说完，刘自力向我们展示两只青釉陶瓷碟，釉下绘着写意花纹，在他的眼中，这些都是工业文化遗产。"一片冰心在玉壶"套装产品有 1 壶 4 杯，价格在 1000~2000 元。另外，刘自力还收购了铜官许多手艺人的作品，如泥人刘的工艺品、雍起林的雕塑。他表示，现在并不想过多地出售，而是想把这些"老产品"都尽量保留下来，根据产业政策再调整。

展示销售中心后面的山坡上，是一个宽大的庭院，路面装饰着碎瓷片，与草丛融为一体。周围摆放着大型花缸。棚子下一片绿荫，刘自力尽量都保持着原貌，对面的三层厂房也没有破坏。庭院中间尤为别致，这是由一条倒焰窑改造成的会客中心，主要用来接待一些重要的客人，大门打开，一股凉意袭来，窑内地面采用透明玻璃的材质，可以看到窑底堆放的器物，中间是 1000 多年的碎瓷片，旁边则是现代的陶瓷。窑壁两侧因之前烧窑达数万次，产生许多小的结晶。

脚踩在玻璃地面上，我感受着窑内的凉意，观赏着窑底的器物，惊叹于时间变迁，但有些东西仍留存至今。穿过窑廊，下坡参观后院的厂房，右侧为生产制作车间，大概 700 多平方米，空间敞亮，可用于烘干产品。刘自力说这里曾是 20 世纪五六十年代生产产地最规范的陶瓷所。中间空间放置着一口电窑，大概 6 立方米，"当时花费 10 万~20 万来打造，左侧主要为库存车间，在原窑址的基础上撤掉一部分，共 10 多米长"，车间里大都堆放着各类餐饮器皿。

刘自力希望这些老器物能够引起政府的重视，使它们得以保留下来。"这些老的物件最终也会成为文物。"谈到铜官，刘自力反复提起"青黄不接"这个词，现在铜官缺乏人力资源，环境污染比较严重，只能朝着文化旅游的方向转型了。

无论是陈海军还是刘自力，他们代表着改革开放后新的铜官窑生产方式。对于陈海军来说，技工身份与企业家身份的转化是重要的过程，而这一过程的实现与社会制度息息相关。没有开放的市场与银行的贷款，就不会有新的陶瓷公司的诞生。这里我们看到，虽然国有工厂倒闭而私营的企业家兴起，但铜官窑的生产并没有离开国家的影响。这一点从企业家本身希望对接于国家政策有关，这种希望既受市场本身的需求影响，同时这种需求本身也与文化遗产的国家属性相关。"一带一路"赋予铜官窑新的文化内涵，而这一内涵又通过遗产的形式来表达。

　　与此同时，陈海军也从一个生产者转向了一个资本所有者，进而我们看到，新的公司重新聚集起了一部分生产者。这些生产者仍然从事着基础的日用品生产，延续着国有陶瓷公司的生产路径。但另一方面，公司也重新统合了一批新的生产者，这些生产者从原有的工人中脱颖而出，把生产技艺转化为了工艺遗产，从而为公司提供具有更高文化价值的商品。进而实际上，新公司在历史遗产的景观再造过程中，实现了文化价值与劳动价值的分层。这一分层是后续景观化的基础，遗产在生产领域的价值分层进一步改变了铜官窑的价值含义，并为后续以铜官窑之名而来的争斗埋下了种子。

　　对于刘自力来说，作为一个铜官窑器物的生产者与铜官窑遗产的艺术创造者，实际上生产的价值分层也体现在具体的个人身上。对于生产技术的留恋和工业化器物的遗存，刘自力是有情感的，这份情感依托于对新的劳动价值分层的警惕。在不断重复价格的同时，怀旧表达了一种生产价值的不可替代性，也表达了一种劳动剩余价值的不可转移性。而这一意识与铜官窑在20世纪80年代的转型有关，它尤其存在于第一代转型而来的铜官窑企业家身上。随着新的劳动价值的分层和历史遗产的景观再造过程的展开，第二代及其之后的手艺人逐渐认可了新的价值分层系统，并对自身生产者的身份进行了更为彻底的认同与阐释，并进而形成了以"遗产"为中心的新的身份意识。

　　然而，历史却仍然发挥着作用，并提醒着人们，与铜官窑变成历史遗产同步，铜官窑景观并不是一个集成的历史空间，而是一个被不断形塑的当代空间，一种景观化的空间实践。这一空间实际上产生着许多内在的张力。正如当地对与身份转变的直观认识一样，很多人意识到了这种身份断裂所产生的不和谐感。

20世纪90年代中期，铜官周边乡镇的私人陶瓷企业蓬勃发展，效益颇丰。看到这种情形，万家坳村的一位农民毛梓煌，之前是做煤炭生意，颇有经济实力，也有意经营陶业。恰好此时，铜官陶瓷总公司生产滑坡，出现亏损，而将所属各厂的经营权向社会及个人发租。1996年5月，毛梓煌便承租了500多人的五厂，易名为"金壁墙地砖厂"。一位老工人表示："当时很多人都想不通，我一个工人阶级的要服从一个农民的领导，但是不服也没办法，这是机制的转换。"

所谓的机制转换，有一个更为形象的比喻，当地人把这个现象称为"蛇吞象"。这种"蛇吞象"表达了新的经营模式：所有权不动，只是经营权开始划租。毛梓煌之所以有钱承包这个厂，资本源自他之前的煤炭生意，而后他在五厂继续生产墙地面砖。但是，并不是所有的"蛇吞象"都能成功。这种不和谐感也来自于遗产本身价值的不稳定性。市场需要规格大的砖，但因为不能满足市场的需求，毛梓煌这里做的砖最大为152厘米，不能再做大了，设备也不如广东佛山先进，没经营多少年就只好停了。

第三节　当代制陶与文化旅游

一、老街社区坚守陶瓷业

老街位于铜官镇南端，东北依云母山，西临湘江，从遗址公园沿湘江大道景观道北行十里路，就可以到达。老街口有一座四柱三门的麻石牌坊，不打眼地朝着湘江静静地矗立着，牌坊上嵌着"铜官街"三个大大的金黄色字样。牌坊清秀俊朗，坊顶上整齐地叠砌着绿色的琉璃瓦，从坊顶两端摆置鸱尾。北侧紧邻的云母山因山中蕴藏有云母石而得名。"云母欲寻石，陶烟已蔽峦。千年楚王国，遗恨记铜官。"这首《云母山》是清代著名诗人吴敏树所作，从"陶烟已蔽峦"这一句中，可想见当年铜官制陶业的兴旺，而耸峙于陶都的云母山在青烟缭绕中则多了几分神秘。如今，被绿枝缠绕的云母山游道入口，堆放着一些稍有年龄的陶罐和陶制的神兽工艺品，愈发渲染了那种古老悠久的氛围。从牌坊下走进老街，地面铺满了清爽的麻石板。

老街属铜官社区辖,街长约 500 米,宽 6~8 米,为东西走向,曾是铜官重要的商埠之一,明清时期及 20 世纪七八十年代,老街都十分繁荣,当时老字号的店铺就逾百家。现如今,老街是一条集商贸、文创、旅游、居住为一体的步行街道。截至 2019 年底,街上有陶瓷门店和大师工作室共计 37 家,文化会展中心 1 家,餐饮小吃铺 22 家,超市 2 家,服装店 4 家,干鱼粮油店 3 家,杂货店 3 家,诊所 1 家。老街中还有三粹塔、舜子屋、铜官饭店旧址、守风亭遗址、龙船巷子、六家冲古井、郭亮纪念墙等景点。

其实,"铜官社区"也是以古老闻名的铜官老街来命名,现有城镇居民 1050 户,3082 人,共有房屋 882 栋。老街既是一个社区空间,同时也是一条街道。作为街道,它展现出了一种线性的迁移路线,客人从街口进入,沿着设计好的街道兜转一圈,然后再从街口返回。在这样的迁徙路线下,人们对老街空间的认识就与老街街道两侧的景观相关。进而老街成为一种公共空间,而街道旁边的一个个店铺则是对这种公共空间的分隔,这种分隔并非公共空间与私人空间的对立,而是在消费主导下对公共空间进行消费意义的生产,一种通过艺术的私人性对公共空间的消费性进行的生产。

表 3-1 老街部分个体制陶商铺

序号	店铺名称	经营内容
1	守陶人	茶器、花器
2	楚风陶社	茶器、花器
3	胡家窑	仿古陶瓷
4	立笛	茶器、日用陶瓷
5	野笙	茶器、日用陶瓷
6	众器	茶器、日用陶瓷
7	翼超陶艺	雕塑、茶器、日用陶瓷
8	陶韵陶瓷	日用陶瓷
9	铜泰陶瓷	摆设陶、茶器、日用陶瓷
10	浩然陶艺	日用陶瓷
11	广华鑫	仿古陶瓷
12	府窑	茶具礼品
13	馨雅陶艺	茶器、花器

（续表）

序号	店铺名称	经营内容
14	富兴窑	茶具
15	延传铜官	日用陶瓷
16	唐陶坊	陶罐、日用陶瓷
17	创伟陶艺	陶罐、花器
18	兆明艺墟	现代陶艺
19	陶陶陶作坊	茶器
20	铜兴窑	日用陶瓷
21	官酒	陶罐
22	凤来祥	现代陶艺、茶器
23	静土艺方	陶罐、花器、陶艺教学
24	土金堂	雕塑、茶具
25	陶彩堂	茶具、花器
26	万泰和	陶罐、瓷板画、茶具
27	五味堂陶瓷	日用陶瓷
28	曲水文化	日用陶瓷
29	张泰和	茶具、花器
30	陶轩居	日用陶瓷
31	官山陶瓷	日用陶瓷
32	泥人刘陶艺馆	陶瓷雕塑、茶具、花器
33	银春陶艺	生活陶瓷
34	一原	茶器
35	水墨陶城	茶器、花器
36	仟雅堂	茶器、茶壶
37	祥兴古韵	茶器、仿古陶

资料来源：笔者依据2018年底调查所得数据绘制。计入表中的商铺，均为街道两旁以个体方式生产经营陶瓷的商户。

从上表中可见，街道对公共空间的分隔实际上并非真正意义上对老街社区的分隔，真正的老街社区的内部分隔与游客的参观路线重合，而与具体空间安排并不十分重合。进而虽然此社区名为"老街"，但实际上"街"并非一种实际的空间单位，而是一种文化符号，且借用了一种空间概念。

进而"街景"实际上是街道作为实际地理空间的景观化过程。正是由街道旁边林立的商铺，阐释了街道的空间意义，文化意义上的"街景"才被生产出来。而"街景"的维持，又需要每一个个体在其中发生的消费行为。老街社区作为一个景观，实际上既不是因为其中存在的交易，也不是因为街道本身的审美特征，而是这两者的融合。

作为观看景色的"老街"，相当于是一个公园，人们的观看被赋予了进入景观的身份特征。虽然老街不收取门票，但是这里的景观是必须通过消费才能获得它所负载的文化意义的。仅仅在街道穿行的游客，很难理解的"铜官窑"文化内涵。与此同时，作为消费市场的"老街"，本身就以"市场"作为调节。正如上文所说，这一市场并非依赖本土的运输网络，铜官窑生产并没有获得市场所需要的商品集聚的地理区位条件。另外，市场也并不能满足社区居民的全部需求，这从相隔不远的其他市场的存在中可以看出。

老街居民平日的生活采购，一般要去袁家湖社区，因为大型的超市和菜场都在那里。我在调研时，曾搬到老街住过一些时日。每天清晨，老街的住户们往往骑着"小电驴"（电动车）到袁家湖菜市场往返一趟，做生意的租户们除了周六周日会早些打开店门，其余时间较为"佛系"。即使是在周末，店铺关门的时间也不会太晚，一般在下午六点以前。按我曾访谈的一位店主的话来讲就是：

> 这些散客一般就是进店逛逛，购买力也不怎么强，像我做的这个杯子，五六十块一个，有的人觉得可以，有的人还是会觉得贵，基本上游客心理的价位都是定在几十块的小杯子和二三百的茶具上。①

还有老板表示，如果接到的订单量大，会考虑拿去德化做。如果去景德镇就会发现，那边的茶具其实80%来自于德化。景德镇的模式也都是小作坊生产，批量的东西根本做不出来。他说："我们这里也是一样的，如果我们做贵点的东西，肯定是亏的，你看我这个手执壶，售价480（元），游客就是觉得贵了。你现在看到的（成品）都是好的，还有很多烧坏的。现在一个窑炉开一次，烧气就是五六百，还要拉坯、修坯、上釉，直接成本

---

① 报道人：匿名。访谈地点：铜官老街。访谈时间：2018年7月。

就有一百多（元），再加上一窑里还要烧坏几个，还有水电费等一些无形的费用……铜官的产业不配套，产品成本太高了。"

费孝通在分析改革开放后浙江的小商品市场时，提出了温州模式，其主要依靠家庭为单位进行商品生产，并销往全国。这样一种经营模式，使得居住空间与生产空间相互结合，进而出现了一种"前店后厂"的空间布局。①人们在前面的店铺里进行订货，而在后面的空间中进行生产。"前店后厂"的模式实际上是劳动分工在家庭内部展开的结果。与铜官窑老街的生产格局相比，店铺的生产活动既有"前店后厂"的影子，同时也存在一些区别。

一方面，"前店后厂"在铜官镇仍然存在，很多店铺为家庭所经营，即一种"夫妻档"的形式。

例如，有一位 80 后店主，2014 年，他在老街租赁了一间 100 余平方米的铺面，平日里制陶、卖陶都在店铺空间里。他和妻子的居所租赁在村里的安置小区，以一台电动车代步。店铺里摆着为数不多的茶壶，每个形态都有差异，一块布帘就是展示区和制作区的分界线。他说，现在只做茶壶，这个空间也足够使用了。2016 年，他的订单算多，那会价格卖得很好，一只壶可卖到三四千元。在店铺门口，还摆放了一台白色的冰柜，有矿泉水、手工酸奶及一些饮品。小伙子告诉我，妻子平日偶尔也会在店铺帮忙，但茶壶的销售主要还是靠他本人，他表示："真的碰上了喜欢我家产品的客户，我就会放下手中的活，跟他聊。"

另一方面，一些店铺确实也存在生活空间与生产空间的结合，这主要是因为家庭成员参与到了铜官窑艺术品的生产中来。

不过，铜官窑老街的生产区别于早期中国城镇化时的温州模式，并表现出了新的特征。这些特征也从空间及其生产活动上体现了出来。

首先，虽然将生产的铜官窑以工艺品的形式销售是现代铜官窑市场的主要营销方式，但实际上我们不能把铜官窑与温州模式中的"小商品"的低附加值和低工艺程度画等号，铜官窑的生产并不算"小"。后文我还将详细讨论这种商品的工艺如何更新，及其价值如何被消费文化所创造。在这里，我们可以直观地看到，作为遗产的铜官窑，其附加值在特定条件下可以急剧膨胀，尤其是作为一种"国家遗产"而具有了文化价值的正统属性

---

① 费孝通：《小商品，大市场》，《浙江学刊》，1986 年第 3 期。

之后。进而，作为一种商品，铜官窑实际上是温州小商品的反面，其强调的是精致、独特与不可复制的艺术性。

其次，我们也不能把铜官窑完全当作艺术品。同样后文我们将详细讨论艺术品与工艺品的差异以及手艺人对两者的策略性统一。但在这里，只要我们在铜官老街上走一走，就会立马意识到一种扩大的铜官窑概念实际上包含了作为"小商品"概念的旅游纪念品。这种旅游纪念品有些确实在本地生产，而大部分则是周边地区生产的工业或半工业产品。这些陶瓷商品进入老街，成了具有铜官特色的旅游纪念品。虽然这些纪念品与老街内其他独立品牌生产的铜官窑有着明显的差距，但这种差距仍然需要通过"品牌"来实现，而不是直接通过肢解"铜官窑"的概念来实现的。换句话说，即使个人再怎么否认这些旅游纪念品的"铜官窑"属性，这些旅游纪念品仍然有资格被统一称为"铜官窑"。

进而我们看到，在老街中，铜官窑既非单纯的小商品，也非单纯的艺术品，这种介于商品与艺术品之间的状态，正是基于老街的景观化。作为景观的老街，使得其所包含的铜官窑并非一种可以随意离地的商品，进而依托运输网络可以轻易进入到全国的市场中。消费铜官窑的产品，同时也是在消费一种地域性的文化表达，而这种地域性本身是拒绝消弭在国家空间内部的统一性中的。除非这种地域性本身就已经成为一种品牌，比如景德镇。实际上老街在某种程度上确实对标了景德镇的发展，并希望打造另一个陶瓷社区。但在这里，无论是官方还是民间，尤其是在铜官窑生产已经发生历史性断裂的情况下，对铜官窑陶瓷社区的打造成为一种文化价值的多维度填充，而不仅仅聚焦于陶瓷产品上。在陶瓷本身的地域名片未能转化为实际的商业价值前，景观化可以聚集更多的文化资本并进行整合，有效补充文化产品早期商业价值的不足。实际上，地域品牌与商品的结合有很多的案例，除景德镇外，还有茅台镇与茅台酒。

作为景观，老街不仅仅使得商品具有了在地化的特征，并于在地化中形塑了新的文化消费的商业价值，且在地化也使得艺术具有了更为具象的形式，从而与"纯艺术"拉开了距离。尤其，就其中的技法、审美与构形等实际美术工艺问题来看，这些技法并没有严格意义上的地域限制。正如后文介绍的刘兆明教授在铜官镇设立工作室并进行艺术创造一样，艺术家在这里寻找的是灵感而并非一种独到的技术方法，进而才有了学院派与本土手艺人若即若离的关系状态。老街景观对作为艺术品的铜官窑的限制与上文所述的对小商品的影响一样，它体现了一种艺术价值的多维度整合，也就是说，铜官窑不能单纯以艺术品的形式出现，因为这种纯粹的艺术品会排斥其他形式的文化价值。进而我们看到，景观化意味着铜官窑本身建立了一种开放性的价值赋予体系，这种体系以景观本身为依托，景观化是一种多重文化价值在空间上的整合，铜官窑才是景观化的产物。

目前，铜官陶瓷的制作集中在铜官街社区、袁家湖社区的家庭作坊和中小型企业中，还有一些零星地分布在郭亮村等地方的农户家中，农户们采用的还是 20 世纪八九十年代自家修筑的龙窑。社区中一些小型作坊的老板们偶尔也会在农户家的龙窑搭烧产品，因为他们也想试试柴窑烧出来的效果。为了亲眼瞧见烧龙窑，我跟着楚风陶社的老板来到了郭亮村。

在铜官老街的尽头，有个分叉处。沿左边小路可以进到郭亮村，进村的路铺得很平坦。农户的住宅依山而建，房屋多用废弃陶缸等奠基为墙，陶瓦盖顶。斑驳还夹杂着青苔的匣钵也是村民们用来划分与邻家空间或者自家房屋与菜地空间的唯一材料。此次的行走，我带上了拍摄设备，跟着老街"楚风陶社"的王老板一起去看看他搭烧的一批茶叶罐和花器，数量不多，主要是想试试他们调制的新釉经柴烧后的效果。到达目的地，我们把车停在一个岔路口，这时，一位戴着草帽的中年男人笑面迎来，他就是这户人家的主人张叔。

图 3-3　匣钵砌墙　　　　　　　图 3-4　菜地的隔栏

资料来源：笔者于 2018 年 6 月拍摄。

张叔家两层的楼房前面摆了五口泥呼呼的大水缸,十来对刚浸过釉的陶狮,还有一批素坯的筷筒和花盆,这些都是顾客订的货。楼房西侧一间不到20平方米的屋子里有序摆放着各种式样的石膏模具和制陶所需的工具。张家每年烧窑都有10来次,产品主要是仿古陶瓦、狮子,也做一些陶罐。前来进货的有湖南岳阳的、江西景德镇的。图3-5中,晾晒坪里的素坯陶盆就是景德镇的一个顾客预订的。

图3-5 晾晒坪的陶瓦　　　　图3-6 浸过釉的陶狮

资料来源:笔者于2018年6月拍摄。

正当我观望起劲时,一位中年妇女手提一壶茶水走过来,"喝点芝麻豆子茶,坐着聊嘛"。她边说,边把壶里的茶水倒入一个小碗递给我。她是张叔的妻子。张家一共六口人(张叔夫妇、他们的儿子媳妇和两个孙女),生活在这个景色优美、竹林成片的村子里。张叔的主要任务是生产、经营和管理,他采购泥料、出售产品和雇请工人。妻子负责照看几亩地,还养了一群鹅,平日里要准备家里人的一日三餐。儿子媳妇都在镇上工作,孙女们就在附近读小学。制陶烧窑的工序较多,在张家,核心工序基本都是张叔完成,但雇工也是必不可少的。雇工的工钱发放是计件的,做坯的3毛(角)一件,烧窑的2毛(角)一件,装窑和出窑的4毛(角)一件。每一窑的产品需要的雇工情况大致是:做坯的一般雇2人,烧窑的3~4个人,装窑和出窑的各2~3个人。这些雇工都来自周边村子,按照地方惯例,雇主为工人们提供每日三餐,此外还发一盒白沙香烟。

目前,老街上开作坊的基本不用龙窑烧制,只有在农村可以看到这一"古"烧制技术。张家的这条龙窑是20世纪90年代初期打造的,窑身长30~

40 米，以芦苇、杂柴、松枝为燃料提升温度。内宽 0.5～2 米，内高 1.5～2.5 米，窑身两旁设有进出的窑门 4 门，两边均布 40 对投柴的窑眼，第一对窑眼叫"玻璃眼子"，当该眼子的釉色发亮到像玻璃时才可上火。下有一个点火烘窑的"窑泡"，叫"炉头泡"；高 4 米左右的烟囱在窑炉的尾端，叫"窗子尾巴"。龙窑依山而建，伏在坡度为 25～38 度之间的山坡上。

图 3-7　装窑　烧窑

资料来源：笔者于 2018 年 6 月拍摄。

张叔告诉我，他是 1956 年出生的，铜官本地人。因为父亲去世早，1974 年铜官二中高中毕业后，他就在小学当过一段时间老师。因为当老师每月收入只有 15 元，难以维持生计，他在学校工作 8 年后，改行做陶工。他从 80 年代开始从事陶瓷行当，当时由生产队记工，每 10 份工有 5 毛钱，后来下定决心自己在家打窑烧陶，一方面因为村里土地不够肥沃，产量不高；另一方面是农村劳动力有多余，在村里做陶，价格比较低。产品主要是房屋建筑的瓦和装饰品。据他回忆，当时附近的和平村、大兴村也主要是做窑的，"基本上家家户户都有窑"，不做这行的倒是稀少。以前做陶都是手工的，瓦、坛子、罐子都是手捏出来的，销售也不用愁，反正有人来买，大家都知道这个地方。90 年代开始做注浆产品，像狮子、龙、鼎、滴水、兽头这些模子，都可以请铜官陶瓷公司的老师傅来做。"在村里烧窑只要几个人就可以了，而陶瓷公司要养那么多人……合作社之前大家的积极性还是比较高的。"自打铜官厂子垮了以后，农村请了大批原来的技术人员来指导，当时工资是 10 块钱每天。那会儿，陶泥就在附近村里买，一车泥大概 2 吨左右。被晾晒好的瓦片须从晾晒坪用担子挑到窑门前，装窑也是讲技巧的，龙窑眼口是用来塞柴的，因此要特别留有缝隙。两位装窑工人一般花费 2 天时间装好所有产品，烧窑先要烧"炉头泡"，这是整条窑预热的过程，需要 1 人整晚熬夜添柴。琉璃产品是装在匣钵里面的，因为柴烧落灰，所以要有匣钵的密封。张叔小心翼翼地将匣钵用篦笆隔开，避免窑内温度过高，"这些匣钵是在醴陵买的，铜官不产这个东西，因为耐火材料不行，要去外面进货"。目前烧制瓦片的原材料依然来自本村，因为瓦片的用泥不需要很特殊的泥土。据他说，以前烧窑用土就是挖个洞，用树条撑住，就开始挖，现在都是铲土机械。

张叔没有拜过师，从修了这条窑之后，才开始学拉坯。他家里的产品全都是自己做的，偶尔看着铜官老师傅们拉坯，就在旁边问，然后回去自己练。他说，拉坯要很好的手劲，要天天拉。

如今，铜官这种"古法"烧制技艺在农村还有 6 家，老街店铺的产品基本是使用气窑烧制，不再使用"看火"之法。毕竟，气窑、电窑的使用减少了环境污染和劳动投入，缩短了生产周期。

二、作为旅游空间的新区

铜官唐瓷酒店坐落于芙蓉街之侧，湘江景观道的右边。整个酒店以欧式建筑风格为主，同时融入新中式风格，从外而望，酒店立面建筑以素色为主，青灰色瓷砖与白墙相照映。酒店大门前的池子中央，葫芦状的水托源源不断地涌出泉水，外围方形的托盘上装饰着船舵的图案，象征着船只扬帆起航。水池四周立着四个铜红色灯盏。正对着水池的，是一面长方形的石墙，墙上用金色字样印刻着"长沙铜官窑记"，记录着铜官窑的历史。

再向前继续行走，途中的公路景观指示牌指引着我们，过芙蓉街到铜官唐瓷酒店，6 个大件的陶罐并排而列，水池中央的圆盘上，以大型双耳执壶为中心，旁边有 2 个小型执壶，四周侧卧着 5 个封口陶罐，罐身上鱼纹与云纹相映衬，中间还错落分布着 8 个高矮罐。进入酒店大门，冷风混夹着禅香扑面而来，正中侧的鎏金悬灯通明，映照在水池中央的大型陶罐上，罐身施绿釉，口沿部留有褐彩，或点缀绿树，或增添荷花元素，或写上"一别行千里，来时未有期。月中三十日，无夜不相思"的诗文，与池中荷花绿植、孔雀塑像融为一体，相得益彰。整个酒店共分为 12 层，1 至 2 层为会议厅和餐厅，3 层到 12 层主要是客房，其中 11 层为行政套房，12 层为总统套房。一楼大堂的雕窗采用陶罐中祥云花鸟纹样，窗帘灵感来源于湘绣文化，可以在"唐吧"举杯小酌，品味甜点，共享下午时光。沿走廊迂回前行，左侧廊壁上摆满醴陵瓷器，右侧壁柜中则放置着各类铜官窑瓷器。地面装饰有联珠纹，尽头两侧是会议室，可在此处进行交流。二楼的清御轩、楚瓷轩、红官阁可品用中餐与西餐，按时间段开放。三楼以上的套房门口墙壁上挂着各类诗词花纹碟，与地毯上的铜官元素相呼应。

在铜官唐瓷旅游度假区游客中心的广场最前面，矗立着一艘大型船只，这艘船的造型与当时的"黑石号"沉船一模一样，桅杆上面悬挂着密密麻麻的结绳，船桨靠在船只上，象征着当时黑石号远航的情景。在船只后面的道路中央，有一个被大型陶瓷罐围绕着的水池，水池清澈见底，每隔一段距离，便有一个地名，这些地名连接起来，便是当时"黑石号"出海的航线。两侧各分布的5个陶瓷罐，通体施青釉或酱釉，以胡人舞模印作装饰，点缀褐彩或绿彩。道路尽头，"古镇"建筑上悬挂着一块黑色匾额，上面是"铜官窑古镇"的题字，底下是一幅大型壁画，绘着古铜官地区的景象，青山绿水，"黑石号"正扬帆起航。进入里面，是一条长长的樱花大道，两侧开放着许多商铺，但这些商铺与铜官窑本身无太大的关联，只是为了拉动消费。樱花大道的尽头是一个大型的景观小品，圆形石拱上，摆放着各类陶瓷缸罐，4个酱釉敞口缸侧卧在周围，正中央立着1把大型绿纹莲花青釉执壶，执壶周围对称摆着2只长身陶瓶、2把青釉6棱执壶和2只小型的敞口陶罐。在景观小品之后，是园区游客服务中心的入口，从这里可以进入景区。

园区内主要有博物馆群、实景演艺、人文景点、主题客栈、娱乐休闲、零售文创、餐饮美食七大模块。在园区的众多体验项目中，许多项目极具科技感。如，《魔法釉·传奇》5D影院为湖南首个世界级5D影院，由奥地利KW公司联合《少年派的奇幻漂流》制造团队打造的"海上丝绸之路"独特IP，令观众身临其境地感受现代科技的成果。影院以冒险为故事蓝本，利用现代高科技仿真场景，让游客体验冒险剧情。整个观影过程注重身体与视觉特效，观影人的尖叫声能盖过影片中人物角色的旁白，但影片从头至尾出现的与铜官窑相关联的元素只有铜官唐瓷古镇建筑与执壶，科普知识性并不高。机器人博物馆以未来世界为主题，分为超时空之旅、机械工坊、工业4.0、机器人秀场、机甲都市、超能星学院6大馆区，场馆设计未来科技感十足。在这里，游客可以自由地遨游在科技与艺术的领域，从中学习前沿知识，感受科技魅力。

在园区的博物馆群，实际上有5个不同主题的小型博物馆。整个长沙窑博物馆建筑仿唐代宫殿风格，门口台阶上对称摆着青釉褐彩模印贴花陶罐。走进馆中，映入眼帘的便是一块大型展墙，中间圆拱形的门通向二楼，左右展墙上各写着四个词，连成主题"千年古窑，多彩丰碑"。展墙右边绘着一只展开双翅飞翔的鸟，底下是围绕着的云纹。展墙左边醒目地书写着一段习近平总书记的语录："我们的先辈扬帆远航，穿越惊涛骇浪，闯荡出连接东西方的海上丝绸之路。在印度尼西亚发现的千年沉船黑石号见证了这段历史。"

博物馆一楼左右各有一门，呈半周状，左近右出进行参观。整个博物馆共四个部分，每个部分都有着不同的主题："中华彩瓷　天下第一""彩瓷丰碑　中西交融""牵星跨洋　文明传播"以及二楼的"大唐瑰宝　神工妙物"。电子显示屏中滚动播放着习近平同志在"一带一路"国际合作高峰论坛开幕式上的讲话。第一部分分为四个单元，进门的玻璃门两侧镶嵌着各种陶瓷碎片，这是第一单元"古窑出现"。第二单元是"古窑发掘"，以纪年轴的形式记录了从1964年到1999年长沙窑的发掘情况。第三单元是"遗址概况"，这里有一个小型的透明景观台，模拟着长沙窑遗址，脚底的玻璃层下放置着各类陶瓷碎片。第四单元是"湖湘陶瓷源流"，主要记录着从陶到瓷的演变。在这部分的结尾，是一个陶瓷制作流程的小景观。第二部分分为三个单元，总体呈圆拱形走向，从左往右是大型的装饰喷绘，每一段都有文字记载，但不见陶瓷实物的展示。第一单元"开创彩瓷时代"分为"单彩到多彩的演绎""开辟绘画饰瓷之先河""诗文　书法饰瓷之肇端""集瓷器装饰艺术之大成"；第二单元"拥抱异域文明"分为"融合佛教文化元素"、"融合伊斯兰教元素"；第三单元"长沙窑启示录"分为"艺融西方　创造奇迹""兼收并蓄""独辟蹊径　开拓创新"。第三部分主要反映海上丝绸之路是古代中国与世界各地进行经济、文化交流的海上通道，随着造船业的发展，航海技术的提高和新的航海路线的开辟，长沙窑远销20多个国家与地区。共分为四个单元，第一、二单元"唐代外销瓷器的领跑者""千年前的海上丝路"的玻璃柜中，展示着长沙窑执壶与小陶罐。第三单元"神秘的黑石号沉船"主要记载了黑石号帆船的主要货物数量。在最后单元的"彩瓷遗珍满天下"中，主要展示长沙窑在"海上丝绸之路"沿路的遗珍,其中一个展区摆满了馆长林安重走海上丝绸之路时,到达各个地点时留下的锦旗与合照,以示长沙窑曾经到过的地方,以及本馆与媒体、陶瓷专家的密切关系。第四部分主要分为两个单元:"灵活多变的装饰手法""造型各异的彩瓷器型",主要介绍长沙窑鲜明亮丽的釉下多彩,展示了各种类型的陶瓷器物。

在园区中,还有许多从全国各地购买回来的古建筑,它们被移植到了园内的各处地方。"君生戏楼""花鼓戏楼""丹凤楼"承袭了徽派建筑风格;"杨福田将军第"原样复制了湖北樊城湖南宾馆碑、江西去思碑;古宅"文山草堂"共两进两层,两侧厢房陈列着"湖南三诗人"诗词,二楼"群玉吟咏杨贵妃锦袜"一诗向时人展现大唐文人们的生活轶事。

小　结

在本章,我们简要梳理了铜官窑历史生活景观变化的主线要线索。在本章,我们看到作为当地人谋生的重要技艺——陶瓷制作,在国家权力向基层社会延伸的过程中,也变成国家建设的一部分。之后,又由于国家权力从具体的陶瓷生产和经营领域退出,铜官陶瓷业重新回到民间(先是集体经营,后是私人经营)。但是,重新回归的这个市场,是高度竞争的现代大市场,不再是被国家权力整合之前、近代乡村的小市场。

铜官窑的历史其实是一部断裂的历史,多有变化。作为一种历史生活景观,其生产塑造了地表空间的面貌,围绕着窑址而来的是从居住空间、生产空间以及社会关系的调整与变化。作为地方日常生活的一种技艺,在集体化之后,铜官陶瓷生产和经营被纳入了国家现代工业的规范,其生产场所、技艺和经营方式都发生了翻天覆地的变化。在其后再市场化的过程中,新的铜官窑生产者与生产组织虽然把自身定位为一个古代陶瓷生产的接续者,但其延续的实际上仍然是地方技艺集体化、陶瓷生产企业化以来的传统。很多当代的手艺人或是在国家、集体工厂从事过生产,或是这些人的后代,当代手艺人与陶瓷市场的兴起也与这些公司的发展与改革息息相关。只不过就当代的文化话语来说,改革时期之前的公司集体化历史却又淹没在了复古的浪潮之中。

随着改革开放的发展，铜官窑在历史长河中被重新提炼，并卷入当代价值系统的分化博弈中。这种分化包括了作为商品的铜官窑的价值分化，遗产在等级化中形成了商品从日用品到艺术品的不同分类，本身相对统一的作为出土文物的铜官窑开始被详细地分化，而商品的价值分化随着生产空间的重组又促使生产者身份的价值分化，并导致了以铜官窑之名的权力博弈。

当我们去审视铜官窑当代生产、经营时，离不开从历史中去透视其发展历程及其所依赖的语境变化。我们看到，其当代叙事一方面试图接续历史生活景观，另一方面也选择性地遗忘、隐藏了一部分历史景观。前者瞄准的是唐代以来的悠久历史景观，后者是地方技艺被集体化改造后的"现代景观"。正如齐泽克所指出，被选择性遗忘或是隐藏的部分并不是"无"，而是一种基于现实权力竞争、精心掩盖的"有"。① 作为"外人"，我们只有了解了历史中这一明一暗的两条脉络，才能够充分理解铜官窑的历史生活景观何以变化到了今天这个模样。

在由当地农民和手艺人松散形成的历史生活景观，变化到当下运用新技术、新经营方式的陶瓷业与以陶瓷为名而兴起的文化旅游业并存的格局中，国家权力和市场资本是两个不可忽略的重要因素。地方技艺之所以被组合成现代工厂，是国家权力介入的结果，而其再度变为集体企业并最终再度市场化的过程，也与国家权力从生产、经营领域退出，却又以一种产业和地方经济发展宏观规划者、推动者的角色出场，有着密切的关系。在市场机制运作中，资本介入陶瓷生产、经营也罢，凭借其名义发展旅游业（其中还隐含了房地产业）也罢，一方面既是地方政府权力运作如招商引资的结果，另一方面也归因于自身的主动性。由此观之，国家权力、资本和地方技艺已结合为现代文化产业的决定性要素。②

当然，从陈海军、刘自力等私人老板经营兴起的过程来看，社会资本的因素也起到了不可替代的作用。不过，相对于国家权力和市场资本的因素，社会资本的因素更多地体现在景观再造的微观层面。从总体上看，文

---

① ［斯洛文尼亚］斯拉沃热·齐泽克：《延迟的否定》，夏莹译，南京：南京大学出版社2016年版，第180页。
② ［美］杰恩·巴尼：《获得与保持竞争优势》，王俊杰译，北京：清华大学出版社2003年版，第12–14页。

化创意餐饮、博物馆旅游、影视旅游等形式主要是地方政府和大资本主导塑造的。也正是因此，当地历史生活景观遗留下来的文化遗产、当地人的社会资本、地方政府及其本地动员或从外地招商而来的大资本，在这个景观和产业双重大转型的过程中，其各自的贡献估算是否能准确及其收益分配机制如何方能做到合理化，变成了一个复杂的问题。①

---

① 左冰：《中国旅游经济增长因素及其贡献度分析》，《商业经济与管理》，2011年第10期。

第四章
地方景观遗产再造与权力网络

在官方宣传话语中，如何理解铜官窑的定位其实并不是一个很难的问题。就如到处可见的宣传视频一样，铜官窑被认为是打破了既有中国陶瓷"南青北白"的历史格局。但是，这仅仅作为一种模糊的历史地位的表述，实际上大多数人只有来到铜官之后，这种认识定位才会被铺天盖地地呈送上来。所以，对普通人而言，他们大多数并不是先有了这个模糊不定的历史定位，才去看作为实物的铜官窑。相反，一个人要理解铜官窑历史，首先得来到长沙。从长沙驱车出发，往西北前行，进入现在的望城区，继而到达所谓的"铜官窑保护区"。

而到了铜官镇，人们会发现，这里其实并没有什么"铜官窑保护区"，而是分散在"长沙铜官窑国家考古遗址公园""长沙铜官窑博物馆""铜官古镇"等不同的景观之中。这些景观分布在不同的地点，但是都有一个特点，就是通过一种"保护"的形式把历史限定在了一定的区域范围中。所以，就当地的景观而言，一个真实的状态是"铜官窑"的定位从来都不仅是一种概念，它首先是一系列的遗址、景点。而这些景观之所以会如此分化，一个很重要的原因是"铜官窑"及其技艺变成了国家权力认可的文化遗产。由此，从深层次上理解此类景观再造的逻辑，离不开对当代以来介入其中的各种权力及其互动机制的梳理。

第一节　地方景观变国家遗产

一、文物流变与边缘县政

"铜官窑在铜官"这样一个推论，几乎是通过铜官窑的名字本身就被论证了的。而每一次念出"铜官窑"名字时，都像是在进行一场赞颂的仪式，这也正是霍布斯鲍姆所强调的传统被"发明"的仪式契机。因此，作为地点的铜官就成了"形式化"的关键，是将"新传统插入其中的那个具有重大历史意义"的根基，是在"持续不断的变化、革新与将现代社会生活中的某些部分建构成为不变的、恒定的这一企图"的必要手段。①

正是在铜官这一地点中，铜官窑及其历史被现实不断地抽出，并被作为了"问题"而放置于当下具体的城市空间中。但与其说这些地方表达了铜官窑的历史，不如说这些地方选择并组合了一个关于铜官窑的记忆。同时，这种时间范畴的历史记忆与空间范畴的生态环境有近乎同样的组成。它既包括了一种客观化下的"真实性"的表述，即历史同自然一样，是客观真实的，论述历史就是在论述刻印在时间中不可磨灭的"合法性"。同时，历史也同环境一样又是被保护的。生态保护中对人干涉的限制与对土地的"遗弃"，以保护的名义形成了一个新的介入的管理方式，这一点已经得到了诸多的反思。② 历史在这一点上也同样以一种管理的方式被保护着，无论是通过物质的保护，还是通过非物质的保护。在这里，我们不妨将之称作文化遗产历史生态，也即自然、人文综合的景观保护与物质、非物质结合的遗产保护所应用的管理方式，重点是面向时间与记忆的一种管理策略。这一策略直接导致了多种人与空间叙事活动的诞生，包括了景观的塑

---

① ［英］霍布斯鲍姆、［英］兰格：《传统的发明》，顾杭、庞冠群译，南京：译林出版社2004年版，第17页。

② Ruth Beilin, Regina Lindborg and Cibele Queiroz, "Biodiversity and Land Abandonment: Connecting Agriculture, Place and Nature in the Landscape," in Zoran Roca, Paul Claval and John Agnew, eds., Landscapes, Identities and Development, Aldershot: Ashgate Publishing Limited, 2011, pp. 243 – 256.

造、文物的保护与展演以及遗产传承人的实践活动。

铜官窑景观变成了一种文化遗产，但遗产与景观毕竟有所不同，景观之所以能变成遗产，离不开国家权力的认可。景观指向一种国家身份，在现代国家语境下，遗产首先是国家的遗产，景观也就变成了国家的景观，尽管它们同时也是地方社会的，甚至从市场经营的角度来说，必定也是隶属于具体的单位或者个人的。

回顾历史，在20世纪初期，"文物"这一概念并未普及。在彼时的铜官镇，与"文物"对应的日常生活概念是"古物"，或者说是"古玩"。古玩的价值固然通过时间来体现，但是其时间背后的政治哲学并不相同。虽然各朝代都规定了一些对"官府"之物的保护，但是这主要围绕那些具有独特政治象征意义的事物。对于"官署"外的古玩来说，其价值来自于朝代所建构的一种服务于上层的品位。其流动的价值并不来自于其政治身份，而是来自于一种类似艺术市场的烘托。所以，在19世纪末和20世纪初，大量的中国"古物"被运送出国，甚至在民国初期"古玩商会"仍然认为政府应该准许他们与海外商人做生意。①

"古玩"向文物的转变，主要表现在其以领土为中心的物的政治化过程中。民国时期颁布的《古物保存法》首次明确了以"国家"为对象的文物归属问题，进而确立了政治性对于经济价值的优先地位。之后这一过程不断发展，新中国成立后也进一步重申了对文化的国家属性以及政治优先性，甚至在土改时期也试图重新确立文物基于"旧物"在政治上的优先地位。比如1950年颁布的《古文化遗址及古墓葬之调查发掘暂行办法》与1961年颁布的《文物保护管理暂行条例》。同时，与不断加强的对文物的保护，尤其是对出土文物的保护相反的是，那些继续从事"古物"交易的人被放置在了"非法"的地位上。之所以这个"非法"可以打上引号，并不是说他们没有触犯法律，而是在这批"非法"者中间有很多人属于尚无现代国家观念的普通农民。

尤其是在铜官地区，这一地区的很多居民从小就把这些"碎片"当作寻常之物。就这些陶瓷品来说，它们从唐代开始就是作为生活用品出现的。虽然对于铜官窑的"官署"性有一些争议，但是铜官窑大体上被视作以民

---

① 李守义：《民国初期文物保护工作的历史考察》，《中国国家博物馆馆刊》，2011年第2期。

窑为主的陶瓷生产地。从唐到民国，实际上陶瓷业不断地生产出新的产品，又不断作为消费品销往不同地区甚至世界各地。在这一过程中，"文物"的指向就具有了一个时间的固定范畴，比如一定时间前的物品。同时，在"文物"变成历史遗产的过程中，传承的含义又在一定程度上消解了"铜官窑"的文物界限。例如，一件仿古作品，既被看作铜官窑新出品的东西，也可以被认为是铜官窑的一种传承。同时，通过"仿"这个字，这种说法又表现出了一种与"文物"的隔绝。这一区别虽然在文物保护的标准下是绝对明晰的，但是在实际操作中，却经常被有意或无意地模糊化。

例如，在铜官窑址内取得古陶瓷片，即可能被认为是一种非法的盗窃行为。事实上，铜官历史上确实也发生了很多次的文物盗窃案。2002年，中新社就曾报道过一起铜官窑盗窃案件。随着国家对文化遗产的重视，文物普查在全国范围内拓展，文物的价值也被世人关注，这也进一步引发了文物盗窃事件。我在当地调查时，就听到当地人说："那时候附近的人都靠挖掘买卖这些陶瓷为生，有些被抓了关起来的，现在还没放出来的都有。"

当地人口头传说的那些盗窃行为，其实很多已经无法考证，但有文物流失确实是事实。如曾任湖南省文物考古研究所研究院、中国古陶瓷研究会常务理事的周世荣就讲过他看到的文物流失的经历。有关文物盗窃最"出名"的案例，可算是2009年12月29日湖南长沙风蓬岭古墓盗窃案。震惊全国的"1229"古墓葬被盗掘系列案件告破后，文物保护迅速成为地方政府的一项重要工作。一方面，文物保护工作的失利会让地方政府面临不小的政治风险，在"铜官窑"日益被认定是重要考古遗址之后尤其如此；另一方面，地区开发也可以借助这种重要的政治景观而重新规划城市的发展，以实现减小政治风险与增强政治绩效的双重效果。

"1229"古墓盗窃案发生时，望城还只是一个名不见经传的小县城，之后，望城区文物保护工作不仅在长沙市范围内被提到了很高的高度，而且受到了省级乃至国家层面的重视。这里面，文物的国家性质起到了至关重要的作用。为积极构建加强文物保护长效机制，相关官员悉数来到铜官，现场指导并强调必须加强长沙铜官窑的保护。在他们的推动下，长沙市政府决定修建长沙铜官窑博物馆和长沙铜官窑遗址公园。

望城位于长沙市的边缘，原本并不是长沙市发展的核心。盗墓事件成了一个城镇建设的诱因。因为，出土文物无论在法律上还是文化上，都具备更高级别的国家象征意义，保护文物就不仅仅只是地方的工作。盗墓案件并非简单的地方刑事案件，其中还包含了对文物的侵犯，也即某种对国家象征的侵犯。通过文物保护，一种针对文化遗产的国家权力被系统地布置到地方空间中，即被提上了议事日程。

与此同时，这种控制并非以一种地方与国家的对立展开。作为城市的边缘，基层行政落后其实本身就是国家层级化建设的产物。这就意味着，作为地方行政的县级政治权力也在积极地寻找国家化的表达和国家的实际支持，顺便"借势"从一种边缘状态变为城镇建设的中心。修建遗址公园或博物馆的目的不仅仅是文化展示，还确立了一个空间，让城镇化建设具有了进入国家系统认可的正当性。只有了解了这一过程，我们才能够理解，为什么要在铜官兴建更大的旅游景区，以及所形成的新区景观。

二、遗产开发与新区建设

20世纪50年代初，随着中国考古机构的设立和健全，逐步展开对古窑址的调查发掘和出土器物的整理与研究。1956年，湖南省文物管理委员会在文物普查时发现了铜官窑窑址，引起了国内外学界的极大关注，由此也拉开了铜官窑研究的序幕。此后不久，长沙市基建工地发掘出大量的唐宋瓷器。为了摸清这些瓷器的产地，1958年9月湖南省文物管理委员会派人对湘江下游窑址进行调查。他们沿着湘江顺流而下，经长沙县铜官和湘阴县的铁角嘴、乌龙嘴，直至洞庭湖虞公庙、云田等地，均发现了古窑址，并在铜官镇附近的瓦渣坪（即石渚）一带，发现了大批彩绘陶瓷器。他们以湖南省博物馆的名义，在《文物》期刊发表了《长沙瓦渣坪唐代窑址调查记》一文。为进一步了解铜官出土的彩瓷，1957年夏，故宫博物院陶瓷专家冯先铭与李辉柄前往瓦渣坪一带进行调查。1959年冬，冯先铭先生再次来到瓦渣坪复查。经过两次调查和研究，冯先生指出，瓦渣坪窑址在中国陶瓷史特别是彩瓷史上占有十分重要的地位，认定国外如朝鲜龙媒岛等地以及国内如安徽等地出土的一些唐代彩瓷为瓦渣坪窑址所产，并以"从两次调查长沙铜官窑所得到的几点收获"为题，将这一彩瓷窑推介给了学术界。从此，这一重要遗址进入了学者们的视野。遗址是以湖南为区域归属，并直接与岳州窑形成对比。在此基础上，"铜官窑"逐步被塑造成了规模很大、产量很多、品种丰富、销售面广的唐代瓷窑代名词。

对铜官窑文物的保护及其遗址保护与开发的过程,并不是凭空谋划的。正如将铜官窑与岳州窑对比,并强调其湖南省的归属身份一样,铜官窑的文物保护所涉及的并不单单是保护文物,还有通过展览传递的区域政治观念。文物的国家指向是政治属性的命题,但是这并不意味着其政治内涵就是单一的。在面向国家政治的表达中,铜官窑一方面指向了一个遥远的过去,即以唐代为中心的窑业盛况。通过对"大唐盛世"话语的利用,来引导展示进入一种国家正统的官方历史叙事。与此同时,另一条路线是这种对国家正统叙事的展开,又以现有的国家垂直政治系统为实施基础。对于铜官窑来说,它是朝着"一带一路"进行位置建构的。当然,具体区县行政的变动,也直接影响或者说反映了文物保护工作展开的不同行政面向。

望城的旅游资源十分丰富,其历史文化遗产和自然景观遍布全县,共有 260 余处人文景点、8 座名山。湘江流经望城境约 58 公里,尤其是其江心洲的月亮岛环境优美,适宜城乡居民假日旅游休闲。望城政府一直倡导"保护性开发",逐步在全县内创建人文景区。1993 年,县委、县政府提出了建设"十大旅游景点"、开发旅游事业的思路,县文化局筹建望城县旅游开发公司,并组织人员对望城县旅游资源进行勘察调查,对重要景点进行开发论证。1994 年,望城县旅游开发服务公司成立。1997 年 9 月,望城县第六次党代会作出"拓展一城,开发两带,建设三区,壮大四业"的决定,提出"要使旅游业发展成为望城县的支柱产业",这其中即包括对铜官窑的旅游开发。

质言之,铜官窑的保护与开发,不仅有文物保护的原因,也是在整个望城县发展规划的大背景下展开的。1988 年,经望城县人民政府申报,长沙铜官窑遗址被国务院公布为全国重点文物保护单位。同年,中共长沙市委、市人民政府成立铜官窑遗址筹建委员会,县人民政府征地 49.5 亩作为遗址保护面积。1989 年投资了 40 万元,新建遗址围墙、门楼及部分保护项目措施,至 1991 年完成第一期保护建设工程。1992 年,县人民政府实施铜官窑遗址建设第二期工程,至 1997 年完成了水、电、路、通讯四大基础设施建设,恢复采泥坑原貌,保护古龙窑,修筑巡逻山道,维修办公、住宿、生活等场所和建筑物,建立健全了长沙铜官窑遗址档案。1997 年,国家文物局领导到铜官窑视察，湖南省文物局专题研究部署遗址建设工作。同年，望城县人民政府着手对铜官窑遗址进行旅游开发。1998年3月，铜官窑遗址保护开发建设领导小组成立，并投资近1000万元，改善遗址的基础设施及交通条件，遗址保护建设进入第三期工程。1999年12月，国家计划委员会、国家文物局拨专款150万元，用于长沙铜官窑遗址保护工程。①

从以上规划的一、二期再到三期建设，我们看到其保护和利用都与行政体系的动员密切相关。遗产保护重点发展的结果，是1998年长沙铜官窑遗址被国务院公布为全国重点文物保护单位。正是在国家景观的形塑下，长沙铜官窑遗址才摆脱了空间意义上的国家性，而开始向国家性生成的历史叙事转变。这是文化遗产景观化的重要基础，也是景观再造的内在动力。城市发展不单纯体现当下国家的繁荣与政治合法性，同时也通过文物获得了一个重新叙事的契机。通过景观化的努力，遗产开发统合了城市开发与历史叙事之间的张力，使得当下的城镇化建设可以不断地为国家历史叙事服务。进而，遗产开发和城市开发是一体的，面向未来的现代化建设不断地改变着地理空间的现实面貌，而面向过去的文化遗产则为这种城市开发提供了合理性的表达。在这种结合中，随之而来的是大量物质资源支持，包括直接用于建设的大量资金、政府依据可控制的城市土地给予的支持以及通过改善基础设施带来的综合影响。在这一系列的努力下，铜官窑遗产已经不再仅仅是一种文物与国家法律所属关系上的展现，而是被放进了具体的城市发展之中。

第二节　遗产保护的权力场域

正如前文所说，铜官窑的保护在发展的过程中，逐步被纳入城市景观的开发中。在这个过程中，一方面是为了加强对未出土文物的保护，另一方面也是为了实现促进展示宣传事业的推进，遗址的价值被重点提了出来。

---

①　望城县志办公室编：《望城县志（1988—2002）》，北京：方志出版社2006年版，第473页。

一、国家级考古遗址公园

1. 铜官窑遗址的景观化

1988年1月13日,长沙铜官窑遗址成为全国重点文物保护单位。2006年,它又成为全国100个重要大遗址保护项目。2010年,长沙铜官窑考古遗址公园立项,成为国家第一批考古遗址公园。在"遗产保护与活化"等国家重要指导思想的引领下,长沙市、望城区在文化和旅游产业发展的整体格局上进行规划及部署,尝试打响铜官陶都对外品牌,发展古镇旅游经济。2011年,铜官陶瓷烧制技艺成为国家级非物质文化遗产,"遗址公园"核心保护区的修筑及周边环境景观建设也在不断丰富,尤其是长沙铜官窑博物馆建成,以其独特的外形建筑和珍贵的专题展览,成为地方形象的一张名片。这一系列的举措,促进了古窑遗址区与其北部铜官古镇的文化遗产保护。作为"遗址公园"的配套服务项目"铜官唐瓷国际文化旅游度假区"则于2018年落成,该项目试图依托"国家考古遗址",将其建设成为辐射全国乃至世界的文化旅游目的地。

2001年,全国政协副主席张思卿率部分全国政协委员就文化产业问题视察长沙铜官窑遗址,提出了指导性意见。湖南省文物局组织召开铜官窑遗址专题研讨会,讨论有关保护、开发、建设和申报世界文化遗产的问题。铜官窑遗址保护开发建设被列入长沙市"十五"期间(2001—2005年)重点文化产业项目,长沙市委市政府在《长沙市文化产业发展规划纲要》中,计划推动铜官窑遗址申报世界文化遗产。2006年,长沙铜官窑遗址管理处也在此背景下得以成立,成为一个全额拨款的正科级事业单位,归口区政府办管理,在主任领导下开展工作,主要负责长沙铜官窑遗址的保护、整体开发、招商、运营,机构下设综合科、保卫科、建设开发科和铜官窑文化发展有限公司。

虽然铜官窑遗址在景观化的过程中得到了国家的支持,但是相对于其开发的范围来说,资金配备又一向被认为不足。在这些投入过程中,保护资金严重不足仍然被认为是困扰遗址保护的一大难题。遗址价值往往更强调其作为国家和全民财产的意义,其保护投入属于国家公益性投入,并分配到各级政府承担责任。但地方政府在承担责任的同时,其也有着政绩发展的需要。垂直系统内的政治任务分配并不能代表地方政府对地区发展的政治压力,进而国家性的被动任务如果不能转变为地区性的积极任务,那么景观也就无法真正发展起来,这一点在规划初期即有所体现。在长沙铜官窑国家考古遗址公园展示规划中,建设目的的第一条就是:"有效缓解城市核心区的大遗址保护所面临的城市文化遗产保护与城市化进程的矛盾,改善人居环境,实现文化、自然与人的和谐相处。"①

2. 遗址景观的内容与风格

长沙铜官窑国家考古遗址公园面积庞大,占地面积共有 300000 平方米,2012 年 6 月 5 日已正式开园。公园包括博物馆、"遗迹式"门楼、"梦回大唐"瓷板文化长廊、谭家坡龙窑遗迹馆、陶瓷传习馆、觉华宝塔等景点,这些景点的规划布局,无论是整体环境还是空间组织,都是为了让人们充分了解长沙铜官窑的历史地位与文化价值。

第一,"遗迹式"门楼。

"遗迹式"门楼是遗址公园的大门,外形上仿照龙窑背脊的形态,砖石结构主体叠砌不平,整体看来很是"粗犷"。烟囱状的门柱上镶嵌着"长沙铜官窑"几个大字,由绿釉烧制而成的陶瓷字形来自中国著名画家黄永玉先生的题写。2016 年,我来此调研时,门楼周边都在施工,西南角大面积都由蓝色工棚围起来,工棚上的横幅和宣传广告牌告知了这里是唐瓷集团斥资百亿正在打造的铜官窑文化旅游度假区。而在西北角,有一栋尚未建成的铜红色建筑,当地人告诉我,这里将要建成一个长沙铜官窑专题博物馆。"彩唐桥"紧邻石渚坪广场,是进入遗址公园必须经过的桥梁,仿照唐代桥梁风格建成。

第二,"梦回大唐"瓷板文化长廊。

遗址公园核心区的谭家坡遗迹馆外有一块石碑,上面刻有"梦回大唐"四个题字,这是 2006—2015 年时任望城县委书记谭小平的题字。

石碑后面的小树林,就是"梦回大唐"百米瓷板文化长廊之所在,长廊由长沙窑陶瓷艺术有限公司联手著名画家成五一先生鼎力巨献,以铜官窑陶瓷历史和陶瓷文化史为题材,画面内容再现了唐代陶瓷的生产过程、

---

① 《长沙铜官窑国家考古遗址公园概念性规划》是湖南省文博设计研究院联合武汉大学科技考古研究中心、农业部中南林科院和湖南省文物考古研究所提出的关于长沙铜官窑保护发展的思路。该文本方案现存于铜官窑遗址管理处。

窑工生活和交易贸易等场景。

图4-1 "梦回大唐"瓷板文化长廊

资料来源：笔者于2017年10月拍摄。

第三，谭家坡龙窑遗迹馆。

谭家坡龙窑遗迹馆位于瓷板文化长廊的南面，这里是古窑遗址保护区内目前保存最为完整的一座唐代龙窑。遗迹馆用地87.11亩，精心打造的景色依托着原有的山体，与树池、草地以及自由灵动的建筑，共同描绘出一幅美丽的园林景观。参观龙窑遗迹馆，需要从谭家坡坡底右侧序厅进入。序厅中央摆置着一个木质的展标"化泥为宝——谭家坡制瓷作坊遗迹陈列"。

图4-2 谭家坡龙窑遗迹馆

资料来源：笔者于2017年10月拍摄。

眼前这片随地势而隆起的古窑址废墟，堆积了厚达数米的残瓷碎片，完整地保留着遗址的旧貌。面对我的这条龙窑，正南北向，依山而建，窑壁、地面用砖砌成，窑顶已坍塌。窑身长约41米，由窑头、窑床、窑尾3大部分组成，半地穴式。窑内底部还有一层装烧瓷器的匣钵。

沿着护栏和游道，我首先达到遗迹现状和复原处，通过复原模型，可以直观地感受到这处制瓷作坊之规模。接下来的栈道式直接参观，甚至可以触摸到瓷器堆积层的碎片，的确让人在废墟中获得一种真实的体验感。日常生活中，人们使用瓷器，但不一定了解其生产工艺。栈道旁设计的玻璃展台，通过图片和文字解说了陶瓷烧制的工序。那些破损的陶瓷器物和残碎瓷片，都书写着这里的历史。在遗迹馆内的影像播放区，演绎着考古工作的现场，展示着烧窑制陶的全部过程。临近遗迹馆的出口位置，立柜式的展陈，集中摆放着纪年瓷和窑具，这些按照时间先后顺序排列的器物彰显了长沙铜官窑的起落。

第四，陶瓷传习馆。

遗迹馆的东南侧，是一个手工制陶体验馆，该馆就在遗迹馆的出口处。这栋呈L形的单层建筑被称为"新长沙窑陶瓷体验馆"，是铜官当地一家名为"府窑"的陶瓷企业来负责运营的。笔者2016年到此调研时，正遇当地一位传承人在现场指导。每逢节假日或大型活动，府窑都会邀请当地的"非遗"传承人教授铜官制陶的技艺，尤其是手拉坯和捏塑这两道工序。另外，企业也会派出工作人员在这里指导游客体验坯上绘画，价格按每小时60元收取，至于上釉、烧制等流程，就由工作人员全部承担了。游客们只需留下各自的姓名和收货地址，一个月内，烧制好的器物便能快递到家。另外，体验馆也有陶瓷雕塑、摆件和茶具的专门销售区，这些器物颇具铜官窑特色，质地精良，是当地多家陶瓷企业的展品。

二、长沙铜官窑博物馆

1. 博物馆的设立与"黑石号"的故事

长沙铜官窑博物馆是遗址公园的核心内容和标志性建筑，充分展示了铜官窑的内在灵魂，揭示其独具魅力的文化内涵。博物馆的建设对于宣传长沙铜官窑的历史地位，弘扬民族文化、敢为天下先的创新精神以及包容的智慧有着重要的作用，进而唤起当地民众对窑址重要性的进一步认识。

博物馆与遗址公园同属长沙铜官窑遗址管理处管理，2018年开馆后，我来到管理处，找到了时任博物馆的馆长。瞿馆长是望城本地人，曾在遗址管理处后勤科任职，他很耐心地把"黑石号"文物重回故里的故事给我讲述了一遍：

这批文物共162件，由新西兰运抵铜官，是长沙铜官窑遗址管理处从德国收藏家蒂尔曼·沃特法处所购得。

1998年，一家德国打捞公司在印尼勿里洞岛海域发现了一艘唐朝时期的沉船。因沉船附近有一块黑色的大礁石而命名为"黑石号"，时年47岁的蒂尔曼·沃特法正是那家打捞公司的老板，当年的那次出海让他有了这次意外的发现。"黑石号"打捞文物6万多件，其中铜官窑陶瓷超5.6万件，这些瓷器上用褐色、蓝色、红色等彩色线条，勾勒出椰枣树叶、莲蓬、飞鸟、摩羯鱼等异域纹饰和阿拉伯文字。在一件瓷器上，清楚地写着"湖南道草市石渚孟子有明樊家记"，说明产品来自铜官窑。

2016年，蒂尔曼·沃特法对外发布，要卖掉自己手上仅有的162件"黑石号"文物。此时，距离"黑石号"打捞出海已经过去了18年。经新加坡陶瓷鉴赏会会长林亦秋介绍，管理处与蒂尔曼·沃特法取得了联系。在双方多次的沟通后，蒂尔曼·沃特法表示愿意以适中的价格卖给长沙望城。忆及此事，长沙铜官窑博物馆瞿馆长说道：

当时，新西兰的洽谈进行得蛮顺利，双方很快就签下了初步交易协议，但是，事情远没有想象的那么简单，跨国贸易不同于普通的国内贸易，不能一手交钱，一手交货，而是需要外汇收入与信用担保，铜官窑遗址公园管理处是一个事业法人单位，又不具备外汇交易资质。因此，整个事情又搁置了下来。原本是要尽早开馆的……这个也还是费了一些周折的，前前后后，各级领导也为此奔走了不少。我们还担心蒂尔曼会抬价，毕竟这批文物的售价在市场上已是比较高了。

2017年5月14日上午，在"一带一路"国际合作高峰论坛开幕式上，国家主席习近平发表题为"携手推进'一带一路'建设"的主旨演讲，称赞"黑石号"上的惊人发现，并称在印度尼西亚发现的千年沉船"黑石号"见证了古代丝绸之路的历史。

同年5月16日，望城区即举行了长沙铜官窑与"一带一路"座谈会，深入学习习近平主席在"一带一路"高峰论坛开幕式上的主旨演讲精神，围绕千年沉船"黑石号"见证古代丝绸之路的历史，展开了细致讨论。座谈会现场，有省市相关部门领导、专家、资深媒体人及铜官窑陶瓷烧制技艺"非遗"传承人代表、醴陵陶瓷代表，大家各抒己见，共话长沙铜官窑在海上丝绸之路上的重要地位和意义。

对于"黑石号"上的长沙铜官窑文物，瞿馆长曾表示："千年文物，归期遥远。然而，让文物回家的努力从来没有间断过。"这不仅是瞿馆长个人的想法，也代表着地方政府的心声。1200多年前，它们搭乘那艘阿拉伯宝船，离开家乡铜官，入洞庭、经长江、驻扬州、下广州、渡南海，本应通过马六甲海峡去往更加遥远的目的地。但是，沿途风波险恶，也许是在茫茫大海中迷了路，也许是为了逃避海盗的追击而慌不择路，闯进了那片暗礁之地，以致沉没在阴冷的海底上千年。"2017年7月，我们第一次见到了162件瓷器，那时真是很激动。"迟迟解决不了的信用难题，在中国银行的大力支持协调下，最终克服重重困难，一张全国首笔受益人为个人的进口信用凭证，送到了蒂尔曼的家乡德国法兰克福。直到2017年10月4日，在望城经过7天的谈判后，蒂尔曼·沃特法与铜官窑遗址公园管理处签署正式协议。10月28日，工作人员去到新西兰，正式接文物回家。至此时，"黑石号"上的铜官窑文物终于尘埃落定，重归故里。

2. 景观空间下的博物馆叙事

除了以"黑石号"为主的陈列，博物馆还系统地展出了铜官窑的历史景观。可以说，在承接文物保护、遗产展览与国家教育的过程中，长沙铜官窑博物馆一直是最重要的形态之一。

博物馆的重要性是从20世纪初期的社会启蒙与国家运动时开始的。中国博物馆的兴起伴随的是以博物馆为主题的社会改革运动。张之洞在负责强学会时就提出要开设博物院，希望通过"图谱"与器物以显"文体"。[①]张謇的努力则被认为是一个里程碑，他于江苏南通开办的"南通博物苑"被认为是中国第一座综合博物馆。但是，张謇的"南通博物苑"是民办博物馆的代表，其建馆之初就规定了资本必须从民间征收。与此同时，官方

---

① 付振伦：《博物馆学概论》，北京：商务印书馆1957年版，第9页。

的博物馆也在更早时期确立，代表就是"京师同文馆博物馆"。"京师同文馆博物馆"被认为受到西方传教士的深刻影响，而且是专供清政府内部人才培养之用。① 当然，在后续的发展中，博物馆逐渐在发挥教育作用的过程中逐步"政治化"。

20世纪初，蔡元培就指出，政治的问题需要以良好的教育为基础，而博物馆就是学校教育最好的延伸。② 后来无论是民国政府，还是中国共产党都注重发展博物馆事业，即使是在抗战期间也不例外。1949年以后，博物馆事业持续发展，无论是在数量上还是规范性上都有很大提升。但是，这种新的发展也有一个趋向，那就是从文物管理到展览，博物馆在吸收革命运动的同时，逐步以政治性身份来塑造其"教育"的指向。③ 博物馆转向依托政治系统内的"干部"来组织，④ 博物馆公共事业经常与政治动员下的"运动"形式来展开。在这一特点下，中国博物馆建设特别注重在国民教育系统与国家行政系统的组合下面向群众开放。不过，博物馆的行政隶属关系又导致了其权力范围是有变化的。当铜官窑被以"长沙铜官窑"的现代区域定位，以及"大唐盛景"的历史文化定位进行表述时，博物馆也就必须面对与上级博物馆如何协调的问题。这一点在长沙铜官窑博物馆内部的陈列设计方案中有着明显的表现。如在该博物馆陈列内容设计中曾写道：

> 湖南省博物馆、长沙市博物馆等单位的长沙窑瓷藏品较多，这些馆举办的长沙窑专题陈列，主要从艺术或文化角度进行展示。而在窑址举办的长沙窑基本陈列，其角度应有所不同。这里是长沙窑瓷的母体，是全国各地乃至国外十多个地区发现的长沙窑瓷的原产地。因此，这里将是唯一较系统展示长沙窑及其产品的常设陈列。

从这段节选自"设计方案"的话中就可以发现，铜官窑博物馆强调了

---

① 陈为：《京师同文馆博物馆考略》，《中国博物馆》，2014年第3期。
② 蔡元培：《蔡元培全集》（卷四），北京：中华书局1984年版，第10-14页。
③ 正如毛泽东《在延安文艺座谈会上的讲话》中指出："文艺作品在根据地的接受者，是工农兵以及革命的干部。"参见毛泽东：《毛泽东选集》（第三卷），北京：人民出版社1991年版，第849-850页。
④ 宋才发：《民族博物馆研究》，北京：民族出版社2011年版，第519页。

"博物馆藏品较少，尤其缺乏代表性的产品，且多半是不成形的残片"的现状。同时，博物馆在设计中认识到，这一现状是由于单位的政治层级不同导致的，虽然这里没有明说。但即使如此，博物馆仍然强调了其"母体"的定位。我们怎么理解"母体"的概念呢？其中表达了"原产地"的含义，表达出了一种"陶瓷"特有的在地性特色。而这里关键是要理解，为什么地方博物馆认为省市级博物馆主要展现的是艺术和文化角度，而自己的展览同样也包括了器物的种类、造型甚至书画，但却可以单独强调其"技艺角度""地理环境"与标本修复？

理解这一过程，就涉及本书导论部分提到的西方对艺术概念的变化，以及在"原始艺术"话语下出现艺术与手工品分道扬镳的现象。铜官窑的特点是，艺术与手工品的分隔，并不是通过对"作品"本身的观察与把握完成的，而是可以通过"展示"分隔的。这也就是说，无论陶瓷器物在哪里，文物似乎都无法作为一种西方意义上的"艺术品"出现。省、市级博物馆对器物的展览只是在叙事手法上更强调其艺术价值，而地方博物馆通过强调这种艺术价值与手工生产的一体性，在解构上级博物馆对作品艺术独立叙事的同时，又把这一艺术品"还原"成了手工品。

在这里，我们明显看到了一种艺术品与手工品的二分，但这种二分与西方艺术品市场中的二分不一样。正如前文所述，作为国民教育工具的博物馆在面向大众时是一体的、平等的，上级博物馆并不预设通过所谓"高档"艺术品而获得更高的国民身份认同或者更具国家认同。但与此同时，通过在艺术品市场上的"等级差"，以"艺术"与"文化"为主的展览方式又同时表达了一种政治等级高地的隐喻。正是在这种艺术的分层与国家性的平等的双重交织下，主权通过地理空间对文物施加无差别合法化，才转化为了一种行政系统对城市区域施加的有差别权力关系。在这样一个前提下，我们才能理解长沙铜官窑博物馆与遗址公园的关系。表面看，博物馆是遗址公园的一部分，但从另一面看正是遗址公园对地理环境的"收编"与对景观的重建，才赋予了博物馆在权力差别下与其他博物馆博弈的可能。换句话说，景观重塑的空间换来了政治博弈的空间。

我们从具体的景观布局中也可以看到这种关系。

当我们迈入长沙铜官窑遗址博物馆，"叮"的一声，闸门通道打开，即可去探寻各个不同展厅内的历史。一入门的是序厅，这是一个 500 平方米的空间，远处的展标上"长沙铜官窑——诗意的彩瓷"向人们传达着它的身份——这是属于铜官的陶瓷。站在序厅正中央凝望四周，最引人注目的，还是右侧墙面那幅画有铜官窑销售路线的世界地图，从千年前开始，中国就与世界建立起紧密的联系，进行跨文化的交流。接着进入的特展厅由两部分组成，第一部分介绍"黑石号"沉船这一重大历史事件的发现，第二部分主要展出从"黑石号"中打捞的器物。我们的视线跟随着航运线路图，重回那段旅程："黑石号"沉船从石渚出发，经湘江，入洞庭，至长江，到扬州后再出海；扬州往北而走，可到达福冈和朝鲜半岛地区；从扬州继续南下，可沿着海岸线到达广州，"当时"港口的热闹场景浮现在眼前，大量的商船停靠在这里，商人"正在"购置当地特产与器具，补给生活用品。这样的布局陈列，向人们诉说"黑石号"的那段故事。

从"黑石号"打捞出的器物不仅包括长沙铜官窑瓷器，还有其他窑口的瓷器。例如，其中有来自河南、河北地区窑口的精美瓷器，白瓷杯、托盏、碗、执壶、扁壶罐300余件，白釉绿彩器200余件，以及迄今为止发现最早、最完整的3件巩义窑青花瓷盘。与内销瓷碗装饰不同，铜官窑小碗"盂子"口沿施褐彩，碗心绘代表西亚文化的多种纹饰，如盂子上行云流水的阿拉伯文"真主最伟大"，吸收外来元素进行创作。除了这些外来元素之外，还有一些特色传统纹饰，如莲花纹、草叶纹、云气纹、飞鸟纹等，往往内蕴宗教文化，让外国人能更好地了解中国，展现古老东方姿态。我们走向展厅的另一侧，这里多展示着执壶与灯碗。执壶上有独具特色的模印贴花，不仅如此，瓷器上带有商品广告性质的铭文也是铜官窑的特色。

按展览参观路线，展厅入口和出口设置在一起，在这里，我们可以看到习近平总书记的寄语。

了解了这段历史，我们可以期待下个展厅的展示内容，怎样才能与"特展"部分做好衔接？"千年的沉淀"展牌出现在眼前的时候，我们即可明白，此时的展厅开始讲述长沙铜官窑归属地——铜官的制瓷背景。此厅的设计，显然是为了使观众对铜官窑发展的渊源及历史背景有所了解。铜官窑由岳州窑演变而来，唐代人陆羽在其所著《茶经》中曾写道："越州瓷、岳州瓷皆青，青则益茶。"这说明，岳州窑在唐代陶瓷"南青北白"的格局中仍旧占有一席之地。"千年的沉淀"展厅依次排列着从东汉到唐代的代表性瓷器，如东汉的青釉罐、西晋的青瓷对坐书写俑、东晋的青釉鸡首壶、南朝的青釉莲瓣纹六系盘口壶、隋朝的青釉龙首盉、唐代的釉烛台等。铜官历史悠久，盛产铜等金属，利用其物理属性，烧制出釉下多彩的品种，是我国最早制作釉下彩瓷的地区。巍巍盛唐，终不免安史之乱，当时北方窑工大量迁徙到四川、湖南等地，他们将北方先进的文化和技术融合到铜官窑的制瓷业中，为釉下彩打下坚实的工艺基础。外来文化的介入加速了釉下彩瓷的发展，打破了青、白瓷的单一色调，将更多的色彩纳入其中，呈现出三足鼎立的格局。釉下彩瓷还把中国传统的诗词、绘画、书法及制瓷技艺融为一体，提高了中国瓷器的欣赏价值，丰富了中国瓷器的品类。正是这千年的积淀，才造就了长沙铜官窑的辉煌。

展厅尽头处，光线逐渐变暗，随人群乘上去往二楼的电梯，黑暗中，只能隐约看见前面人的背影。随着二楼展厅墙上电子显示屏专题片《长沙窑印象》的播放，游客的思绪很自然地会被拉回到"瓦渣坪的往事"。瓦渣坪临近湘江东岸，位于湖南现最富名气的烧造陶器之地——铜官，包括挖泥嘴、蓝家坡、廖家屋场、都司坡、长坡垅等地，由于遍地都是破碎的陶瓷片，便取名为瓦渣坪。唐朝时，曾在这里烧制陶瓷器，这里窑火旺盛，商贾云集，器走天下，享誉世界。从二楼栏杆处望向一楼底处，4D沙盘展示着瓦渣坪的地理位置。在视频区的对面，是一段纪年轴，记录着烧瓷的历史，沿着时间的方向而行走，可以感受铜官窑的兴衰历史。铜官窑的历史可以分为早、中、晚三个时期。早期大致从贞元十七年（801）到宝历二年（826），以岳州窑向长沙铜官窑演变作为起点，以黑石号瓷碗的发现而结束。这一时期的纪年瓷器有"贞元十七年"碾轮、"元和三年"印模、"元和五年"青瓷碾槽、"元和七年"模印贴花壶、"元和十二年"罐耳印模、"元和十三年"窑具，"长庆元年"诗文碗、印模、诗文壶，"长庆三年"青釉褐彩题记壶、"宝历二年"黑石号青瓷碗。纪年轴上记载的宝历二年至咸丰十一年为铜官窑的鼎盛时期。在这一时期，瓷器特色日趋明显，诗文入瓷、绘画入瓷，出现"大和三年"青釉褐蓝彩拍鼓儿童像、"大和五年"菱形花纹印模、"大和九年"食盒盖、"开成三年"青瓷碗、"会昌三年"双鱼印模、"会昌六年"赵家印模、"大中元年"鹭纹纪年壶、"大中二年"罐耳印模、"大中三年"擂具和扑满、"大中四年"青釉点褐绿彩叶纹双耳罐、"大中十年"鼓架、"咸通五年"油瓶、"咸通八年"研铜末锤子、"咸通十年"酱油器座、"咸通十三年"素脸瓶等具有时代特征的瓷器。

从会昌六年（846）到大中四年（850）间，纪年瓷数量大增，样式上不仅实用，而且更具艺术性。

晚期则追溯到黄巢起义，出现大量民变，导致唐朝政治、经济、文化受到很大创伤，外商横遭杀害，铜官窑产品出口锐减，窑址也遭到破坏。开平元年（907），铜官窑所在的长沙道割据给南方政权，曾经最大的瓷器集散地扬州被北方政权所掌控，南北呈现分离状态。随着后续政局稳定，陶瓷恢复发展，但却因销售受限，整个产业逐渐衰弱。出土的纪年瓷仅有"开平三年"瓷枕、"贞明六年"瓷枕、"天成四年"碾槽。这些纪年瓷相较之前更加偏向实用性。广顺元年（951），楚王马殷王朝灭亡，古铜官窑也熄灭炉火。

一段纪年轴，呈现在"瓦渣坪往事"的展厅中，体现出文运与国运相牵、相连，用编年体的方式，加以图片，再通过讲解员的叙述，让游览者切身感受到铜官窑的历史兴衰。

随着眼前出现的一个窑洞遗址复原模型，我们便可看到"土火之艺"：一场泥土与火焰的较量即将展开，整个展厅的布局区别于其他展厅，按照陶瓷制作的流程划分为"胎土之作""造化之功""胎体之饰""浴火化瓷"四个部分。

在"胎土之作"中，瓷土是制瓷的基本原料，铜官窑的瓷土具有颗粒较细、黏性好的特点。复原模型还原了取土方式，一是横向式的挖泥洞，挖出来的窑土由专门的窑工搬运出来；二则是竖向式的挖泥坑，挖出来的泥土需用到竹篓、滚筒、木架等工具把它吊出井外，再运到各大窑厂去进行加工。看完展厅视频后，我们才会认识到，原本再普通不过的泥巴还可以这样加工。先进行陶洗，将挖出的泥土晒干后，放入池中搅拌，以利于去除杂质；再将陈腐瓷泥放入工棚，使其发酵、腐熟，用以改善泥料性能，最后进行练泥，将陈腐后的瓷泥用脚踩踏，挤压泥料中的空气，提高泥巴的可塑性。

"造化之功"，落在一个"造"字，一件瓷器的形成，离不开拉坯、修胎、接胎。其中铜官窑当地的手工拉坯，可使瓷器呈现出独一无二的触感，这是现代陶瓷不能比拟之处，传递出窑工们对陶器的热爱。铜官窑的陶瓷都是一次成型，体现其当地的特性，再利用修胎与接胎环节进行完善。修胎能使坯体表面光洁、便于后期上釉。接胎需分段拉坯，再黏合成形。当时的窑工除了运用工具做出模型之外,还会用手捏制出小物件,粘贴在器物上,多以动物造型为主。

解说员讲解到展柜中所摆放的摩羯瓷器,会表示它是古印度传入中国佛教文化代表,造型为龙首鱼身,象鼻大嘴,寓意可以吞掉一切不好的东西。窑工便将此物运用在瓷器的装饰上,对外十分畅销。摩羯瓷也是当地孩童的玩具,寓意其健康成长。

器物成形后,便进入到美化环节,即"胎体之饰",有胎饰、彩饰和釉饰等方法,铜官窑的胎饰有刻花、划花、印花、贴花等工艺。鸳鸯、胡人、花鸟、狮子、椰枣林是运用较多的装饰题材,本土元素也与外来元素综合使用,体现出唐代开放包容的博大胸怀。彩饰分彩料和釉彩两种类型。彩料主要施于釉下,其技法主要来源于越州窑,最早发明了釉下多彩;而釉彩则施于釉上,技法源于中原地区的唐三彩。釉饰的成分来源于矿物颜料,因含金属呈色剂,而使釉呈现出各种不同的色彩,主要有青釉、褐釉、酱釉、绿釉、黑釉、白釉、红釉、窑变釉等,其中铜红釉为铜官窑首创。

在接下来的展厅里,火焰元素才终于出来。一座大型的龙窑模型让人想到当地人常说的谚语"生于泥土,死在烧成",足以见烧成环节的重要性。龙窑是江南地带特有的窑型,也是青瓷的摇篮,以芦苇、杂柴、松枝为燃料。龙窑依山而建,宛如一条静卧的长龙。窑工在继承岳州窑烧制的基础上,利用龙窑升温快的优点,在装窑、点火升温、控火等关键步骤积累了丰富的经验。他们将工艺之美与劳动之美结合起来,懂得劳动的意义,将这些经验运用其中。"浴火化瓷"的资料显示,铜官窑瓷器的烧成温度在1150℃~1200℃之间。充满智慧的窑工还考虑到坯器在烧制过程中可能会受到污染、受火不均的情况,特意想出叠烧、立烧、套烧、垫烧等方法,互相配合,相互协作,生产出一批批精美的器物。通过"土火之艺"的展厅布局,可以清楚地了解到整个陶瓷的制作流程。这一空间,不仅是流程的陈列,更是在叙述瓷器的制成。

在前方不远处的"教育互动区",游览者可以沉浸在数字化游戏中,"体验"一番陶瓷的制作。游戏首先对器形进行选择,有两款经典的铜官窑系钮壶可供玩家选择,下一步便是贴塑,可将"鋬"和"流"等部件粘贴在器物上,再自由挑选凤鸟纹、彩鹭纹、高塔纹、莲花纹、山水纹等纹饰装饰,同时点击心仪的釉色,如褐釉、绿釉、红釉等,最后进入重要的烧制环节。跟着游戏界面的提示，游客可知铜官窑瓷器烧制的时间和温度控制的范围，方便自主把控，最终"烧制成"属于自己的数字化陶瓷器。这样的数字化装置，可让游客在轻松的氛围下学习陶瓷的制作。

数字化体验之后，游客可来到"彩韵唐风"展厅。这一展厅在整个博物馆中占据重要的作用，书法、诗词、绘画是展厅的主题，将其融入展品中，使展品的整体性得以拆解，着重对每个特征进行阐述。这仿佛让人们穿越到了盛唐——一个文化艺术极其繁荣的时代。

诗文入瓷，书法入瓷，每看一件器物都能感受到丰富的文化内涵，诗词和书法为瓷器增添了新的功能，成为表达人们的思想情感、传达艺术的载体。在"来自大唐的书法真迹"展框里，陈列着许多特殊瓷器。瓷器上的诗文通过书法形式加以表现，以行书、草书、楷书为主，形成了具有独特魅力的铜官窑书法艺术。诗文多以诗歌、联语的形式出现，亦有不少格言、警句，内容丰富、情感表达自然。最重要的是很多诗文都是窑工自己创作而成的。当时铜官窑瓷器上发现的诗文共一百来首，其中有十首被《全唐诗》收录，其余九十来首未留下题目与作者名字，可能是窑工在闲暇之余，灵感到时留下的美句。这些瓷器通过书法、诗文的综合运用，仿佛再现了唐代生活的精神风貌，为湘楚大地增添了一份独特的美感和韵律。唐代是我国书法艺术发展的巅峰时期，大部分学习书法的人都以临摹唐代书法为起点。瓷器上所赋五言诗《南中咏雁》："万里人南去，三春雁北飞。不知何岁月，得共汝同归。"诗中字体是唐代最早出现的瘦金体，各学者原以为是宋徽宗创作出来的，但随着这类书法体瓷器出土的数量不断增加，才得知这是瘦金体的前身。从中国古代文学的角度来看，铜官窑瓷器上的诗文为唐代文学增色不少，几乎都是原汁原味的唐诗，在某种意义上弥补了《全唐诗》的不足，对研究唐诗有着极为重要的意义。从"悬钩之鱼，悔不忍饥，罗网之鸟，悔不高飞，人生误计，恨不三思"等具有教育意义的格言警句，到"君生我未生，我生君已老。君恨我生迟，我恨君生早"忘年爱情诗，瓷器诗文的内容广泛。另有"春水春池满，春时春草生；春人饮春酒，春鸟弄春声"的咏春诗，全诗20个字就出现了8个春字，传神地描绘出了春意盎然的景象。

绘画入瓷，有人物、动物、花草、风景、几何纹样，其中还出现了佛教形象，如童子坐莲纹样花口碟。莲花是佛教圣花，象征着佛教的纯洁高雅，这一器物展现了在莲叶簇拥下胖胖的孩童手捧着荷花的景象，其寓意象征着吉祥语"连生贵子"。现仅有两件馆藏文物，其中一件就在人眼前的展框中。随后，可以看到十分罕见的绘画与诗句在同一件器物上的纹饰，在一件器物上，运用到竹林七贤的造型，来描绘魏晋之风。关于花鸟纹饰的瓷器也大量出现在展厅中。花鸟纹是中国传统三大画科之一，在魏晋时期就已出现，至唐代发展成一个独立的画科，铜官窑花鸟绘画就是其在民间的表现。专区展示了各式各样的花鸟纹，这些器物都是纯手工制作，每件瓷器上的纹饰都不一样，器物上栩栩如生的抽象细笔画是经过窑工们的观察臆想或是融入外来文化加工改造过的。"彩韵唐风"的诗词、书法与绘画给博物馆留下了浓墨重彩的一笔。而"剪影时代"又带我们回顾了唐代的历史片段。作为商业性陶瓷，铜官窑产品为满足社会需求的日用器皿，这些器物是民间生活的真实写照。通过这些器物可以感受到当时社会生活的不同片段，连缀成一幅幅生动的唐代生活画卷。展厅中央陈列着整齐的玻璃展柜，每一个玻璃展柜里均摆放了不同种类的瓷器。讲解员介绍了玻璃柜中三种不同功能的瓷枕，或是从墓葬中考古出的陪葬用品，或是医生把脉用的脉枕，或是夏天消暑用的凉枕；旁边展柜的唐代灯具，因燃料不同，分油灯和烛台两类。另一侧的展柜中展示着捏塑，瓷玩类式样丰富。最后两个展柜分别展示了富有唐代特色的香文化和科举文化的瓷具用品，与古人生活息息相关。

唐代饮酒之风盛行，风靡全国。著名诗人杜牧、孟浩然、贺知章、韩愈、柳宗元、刘禹锡、元稹等都爱饮酒者，诗中也有描述酒的片段。正是借助着全社会的好饮风气，酒才有大行于世的市场环境。在"剪影时代"板块中，铜官窑的酒具被分为罐、杯、碗、壶等。另还有分酒器，在天气比较冷的时候，人们会把美酒放在分酒器中，用炭火中温酒，再倒入酒杯中饮用。

在最后一个展厅"世界的铜官窑"中，展出的是大型船只模型，约22米长，船身大概7~8米宽，是非常典型的中国商船。它以同等比例"复原"了"黑石号"沉船，"重现"那段扬帆起航、穿越海浪的场景。以"黑石号"开启展厅话题，到最后展厅"世界的长沙窑"时，又以"黑石号"来终结。这也是长沙铜官窑博物馆首尾承接的布局，呼应着"一带一路海上丝绸之路"的号召。

三、景观叙事与身份政治

以铜官窑出土文物为中心，长沙铜官窑国家考古遗址公园是最早建立的旅游景观，也是以遗址进行景观化的初步尝试。而长沙铜官窑博物馆则是更为微缩的景观叙事。从这些景观可以看出，铜官窑的景观化具有浓重的历史指向。

其特色就是年代，整个遗址公园都突出了唐代这一时间线，希望通过塑造一个唐代的时空感而把当代的地理空间变为指向历史的身份叙事，这一点尤其体现在"梦回大唐"的设计上。这一景观的塑造既为整体遗址公园奠定了基调，同时也呼应了谭家坡龙窑遗迹本身。但重要问题是，无论是作为流传至今的文物，还是作为重新焕发光彩的非物质文化遗产，历史叙事的意义不仅仅在于确立一个时间的起点，还在于诉说历史的连续性与统一性。在当代空间中建立一个唐朝风格的公园，实际上并非考古本身的叙事策略，而是景观开发中的风格问题。与其他主题公园一样，此公园所形塑的空间实际上需要与现实空间产生差异。异域的消费体验，正是在一种架空的时空观念下得以开发的，新的消费欲望也更容易建立。在这方面，迪士尼乐园是典型的代表，其叙事也成了当代旅游景观开发的重要模板。

然而，与迪士尼不同，遗址公园的开发虽然也是按照构建时空的方式来设计一种面向"唐朝"的空间结构，但这种唐朝空间并没有为实际空间提供足够让人信服的历史叙事。原因即在于，此景观营造所依托的文物叙事并未提供一种足够丰满的价值空间。其一，作为埋藏于地下千年的文物，重建其与当代历史之间神秘的过去比确定一个时间起点更具动态性，也更难。景观化就是一种叙事过程而不是时间阶段，这意味着如果景观不能引发对现世空间叙事的反思与想象，无法引导人们参与到叙事活动中来，也就无法完成作为统合城市发展与历史合法性的任务。其二，历史的断裂也为重建历史叙事提供了障碍。遗址本身的挖掘过程就表达着一种衰败的现实：盗墓案发生在边缘的乡村，而大范围的开发也与当地城市化程度不高有关。

与此同时，遗址公园又急需一种政治合法性的背书。经营方聘请了具有政治、经济与文化影响力的人和团体参与遗址公园兴建，尤其是时任望城县委书记题字，反映了遗址公园作为县政组成部分的地位。但问题在于，这种政治地位是通过一种权力关系的表达来展现的，而不是一种合法性叙事。景观需要呈现更多元素是指，在面向国家的权力系统中，自己占据了一个什么样的位置，而并不是自身为什么具有国家权力。虽然遗产化与景观化的结合倾向，可以为城市发展与空间改造的合法性背书，但在实际的景观营造中，城市开发的逻辑仍然占据了上风。

相比较而言，铜官窑博物馆的历史叙事要丰满很多。博物馆整体上以出土文物为中心，更为聚焦地构建了一种历史空间的地方情景。在这里，博物馆不仅展现出了位于断裂历史源头的历史景观，也通过"黑石号"展现了一种断裂与复兴的过程。博物馆本身比遗址公园更为丰满地展现了围绕铜官窑而铺陈的历史叙事，并通过"黑石号"建构起了地方与国家乃至世界体系之间的关系。

当然，我们也不能把博物馆与遗址公园完全割裂开来看待。对于当代的城市景观来说，博物馆本身就是城市开发合法性表达的一种形式，通过博物馆建立起的微缩空间表达了地理空间与历史空间的统一。更为重要的是，博物馆的空间有限，因而可以被作为公共土地的市场受限制；而对于遗址公园来说，土地的开发需要更多的作为城市开发的一部分。这样的矛盾可以从一些其他博物馆建设中看出，比如广州的南越王宫博物馆。

这种城市开发的逻辑挤占历史遗产的叙事的倾向，既是当代中国城市景观开发的普遍倾向，也是城市化所形塑的国家空间权力场域的扩张倾向。就铜官窑来说，遗址公园实际上体现了城市公共空间与公权的融合，而城市开发中的私有空间仍然处在"可疑"的位置上。这意味着，作为景观的一种公园不能提供一种私人空间向公权力让渡的合理解释，反而强化了公权力通过公共空间向个人施压的过程。

然而，与城市开发本身的逻辑不同，处在边缘地带的铜官并没有处在施压的优势地位上，因为人是可以流动的。一方面，新的铜官景观建设者希望通过景观化而吸引更多的游客，这些游客以个体消费为导向而进入景观之中；另一方面，进入景观叙事中的个体消费者很容易发现，与其个体消费对应的公共空间并没有为个体消费提供叙事条件，反而以一种强化公权力的方式重申了其被动的身份政治。铜官窑遗址公园的建立，可以看作以景观为中心的文化政治的空间表达，也是当代城市开发中空间叙事策略相互矛盾的一个缩影。

第三节 "非遗"及其承认的权力

在我国加入《保护非物质文化遗产公约》的背景下，铜官窑的文物保护与开发也积极响应了这一趋势，并形成了自己的非遗传承谱系。尤其是在新的文物保护理念的普及下，物质遗产与非物质遗产的划分开始在基层文物保护与开发实践中发挥影响。我们要看到的是，这一划分并非仅在"遗产"领域内发挥作用。按照物质与非物质原本分隔的逻辑，遗产的完整性体现在了物质与非物质的整合上。但实际情况是，博物馆与谭家坡遗迹馆所保存和展示的"遗产"，与现实中生产着的铜官窑器物直接存在着不可逾越的割裂性。这尤其表现为后者通过"仿古"的形式来回应博物馆叙事中的时代断裂。与此同时，非物质文化遗产在导向市场的整合中，逐步与政府对城市景观的开发相互关联。非物质文化遗产传承人作为国家赋予的身份，在传承一种"遗产"的同时取得了文物所具有的指向国家性的身份标签，并进入地方政府对当代城市空间的合法性建设中。

一、申请"非遗"与政府认定

21世纪初，在政府的高度重视下，全国各省、自治区、直辖市文化主管部门和社会各界共同努力，将"非遗"保护工作轰轰烈烈地开展起来。2005年，我国开始了全国"非遗"普查工作。2006年和2008年，国务院分别公布了第一批、第二批国家级"非遗"名录共计1028项，并逐步建成国家、省、市、县四级行政区划的"非遗"名录管理体制。2007年起，中国文化部分别公布了第一、二、三批国家"非遗"项目代表性传承人共计1488人。

湖南省的非物质文化遗产资源十分丰厚。根据国家的统一部署，在文化部和湖南省委、省政府的高度重视下，从2005年开始，湖南也开展了全省非物质文化遗产资源普查。同时，湖南省按照国家要求建立和实施四级"非遗"名录保护体系及代表性传承人保护机制。湖南省文化厅设立了非物质文化遗产保护处，市（区）县级政府则设立文化馆兼非物质文化遗产保护中心（现已合并）。由于各个地区申报项目数量大幅增加，国家采取每两年一批次进行申报的政策，遵循逐级申报的原则。当上一级批次申报时间下达时，下一级中未赶上之前批次的项目，可在此次申报之前的 2~3 个月完成本级申报材料，而后再向上一级申报，逐步完成申遗项目，可有效缩短时间。

2017 年 6 月，我走访了长沙市"非遗"保护中心。该中心设立在长沙市群众艺术馆内，中心工作人员 3 人。他们同时也担负着群众文艺创作中心和《长沙群文》编辑部的工作。经过走访，我了解到，长沙市非遗保护中心和群艺馆虽是两块牌子，但工作人员实际上是一套人马。非遗中心办公室主任从事与"非遗"相关的工作已有十余年，主要负责接受咨询、项目申报、传承人申报、展览、培训等业务。该中心也要做田野调查，但因为人手、资金有限，基本就由区县一级的中心或保护单位来协助完成。中心的业务还有一部分就是整理统计数据，完成各种表格的填写，如"非遗"春节活动、参加文化交流、出国展演等。另外，现在还有很多国际国内的大型平台经常举办各类展览展会，像"非遗"手艺人、"非遗"展演、"非遗"曲艺周，这些平台会通过各种渠道发送通知到该中心，中心工作人员就要负责传达这些信息，协助申报者填写表格，并参加展览展会。

当然，也有一些想申报"非遗"项目的艺人，直接到该中心询问、了解项目申报情况。首先，中心工作人员得告知其项目是不是"非遗"。其次，申报者需了解以哪个保护单位进行申报，如果是以长沙市某个市级单位来申报，就可以直接走市级申报程序；如果是以某个企业或协会等社会组织作为保护单位，就要按照从区县到市、省、国家这个顺序逐级申报。该中心主任表示："市级的'非遗'材料是我们这里审查，区级的就不是我们管，地方有业务专干，但有时候这些业务专干换得比较快。"申报项目需要保护单位负责填写材料、拍摄视频录像、制作申报书。传承人申报则由个人负责，保护单位盖章。项目的经费由保护单位申请，下拨款也是保护单位自己支配。发给传承人的补助，则是项目代表性传承人自己填写，津贴也直接发放给其本人。

中心主任还介绍说，评审时，"非遗"项目需侧重科学、文化、历史及艺术多重价值。理念上，要体现出地方正能量与其特色民风；内容上，"非遗"项目的申报落脚点要准确细致，一般传统技艺类项目要以技法切入，运用其特殊的材料与手法，达到特殊功效；项目的申请，可以以史料、历代来往书信、现当代文学作品中的记录为佐证材料;同时,"非遗"项目注重为当地带来的经济与社会效益,能为其他相关产业产生辐射带动作用。

2018年底,长沙市"非遗"保护中心迁至橘子洲风景管理区,中心属正科级单位,定编4人,工作人员增至10余人,并设立了长沙市非物质文化遗产展示馆,展示馆建筑面积2023平方米。中心所有工作人员既负责展示馆的日常展示事宜,也负责业务工作。制定政策、下达文件等事务由长沙市文广新局非遗处进行指导。

通过这次走访,我了解到,2007年5月,望城县铜官镇人民政府向长沙市文化局提交了"长沙铜官窑陶瓷技艺"项目申请书。这项工作是由当时望城县文化馆组织申报的,因项目本身具有一定地域性特征,并且符合国家评价标准的"四有价值",因此,当年6月,该项目就被列入市级"非遗"保护项目;2009年被列入省级"非遗"保护项目,名称调整为"长沙窑铜官陶瓷技艺";2011年,长沙窑铜官陶瓷技艺被列入国家第三批非遗保护项目。项目申报成功后,需要在当地评选代表性传承人,而这也就有了后续的结构关系。

为了大力推进"非遗"项目的传承,长沙市"非遗"中心开创了传承基地的新举措,在望城区文旅广体局①的组织下,铜官的"非遗"传承人积极申报长沙市第二批国家级"非遗"传承发展基地。申报者需要以公司(企业)名义提交材料,并附公司执照、相关荣誉获奖证书、生产制作现场图片、作品照片、公司审计报告等资料,这些资料都是为了证明公司或企业具备传习的能力。获批的传承基地,一般可以得到相应的政府补贴,经费大概在5000~30000元不等。铜官有4家企业申报了这个项目,但由于传承基地并没有形成一种机制或体系,因此并没有申请到相关经费。不过,这些企业还是被授予了"国家级非物质文化遗产传承基地"的称号。对于企业来说,这个称号可以提升公司的名气,对于地方政府来说,则拥有更多的"集体"遗产空间。

作为非物质文化遗产的铜官窑,其主要的技术传承即在于陶瓷烧制工艺。然而,工艺并非脱离于物质而存在。作为一种手工艺品,铜官窑瓷对材料的要求决定了非物质的技术必须与物质性相互结合。在这个过程中,

---

① 全称为长沙市望城区文化旅游广电体育局。

物质性通过铜官窑所属的在地文化的表达，形成了一种对文化"传统"的地理解读。这意味着，传统不仅仅指代一种文化习俗，还具有极强的地方感。通过对铜官窑制作工艺的考察，可以发现这种地方感与文化特征结合的状态。

第一是原材料的选取。

工欲善其事，必先利其器，"造瓷首需泥土，淘炼犹在精纯，土星石子定待瑕疵，土杂泥松必拆至裂"①，一件做工精美的陶瓷制品，原料的选取就决定了它最终的价值。土质粗糙、杂质繁多、黏性弱的泥土，制作出来的陶瓷器那必然是不合格的，被挑选的概率几乎没有。质地细腻、几近纯净、黏性又好的泥土，才是制作陶瓷的最佳选料。

在几次考察中，笔者证实了铜官窑制作的陶瓷器原料就是选取的当地泥土。在不同的陶艺作坊里，制陶者们都储藏了铜官的底土、枯土、料土，这些泥土的成分、黏性、色泽均不一样。手艺人会依据产品的不同，进行泥土的配置。

第二是拉坯技术，尤其强调一次性成型。

原料选择好后，随后就是舂臼捶打，进桶淘洗、沉淀，去除杂土石粒，使其置于阴暗潮湿处陈腐，让泥土发酵发生化学反应增加泥土黏稠性，在阴暗处放置半个月至一个月后（或是时间更久），将泥土拿出再进行使用。

若想实现泥土的华丽变身，是不能急的，得从内而外地改变，所以不能急着把泥料放到器具上成形。为抽空发酵期间泥内所产生的气泡，减少泥料中的水分，就得采用摔泥、锤击、踩泥、揉泥等粗犷的方法来处理。其中，揉泥法中又可分为卷揉、转揉，这些手法对制成的陶瓷品有着重大作用。只有这样，泥坯中的气泡的气孔才会变小，空气被排出，在入窑烧制时，泥胚才不易变形，且开裂的可能性大大降低。

经过炼制的泥料达到使用标准后，才能实现"变身"，制成盘、壶、碟、罐、杯、瓶等形制规整的坯体。制陶者首先会把泥料放置于坯机中心，随着机器的不断旋转找到泥团的中心点，然后用大拇指向下按压开口，随后从泥团外侧捧高，形成坯身。根据自己想要制成的形态，对泥坯进行收缩、压放。这种手工拉坯是陶瓷器成形的灵魂，制陶者几十年的功力在成

---

① 周媛：《论〈陶冶图〉与〈陶冶图说〉的研究价值》，《陶瓷研究》，2011年第4期。

形坯胎上一览无余，一个个厚薄一致、体态相近的素坯似乎倾诉着铜官窑历经风雨依然伫立湘江畔的壮志烈歌，还有制陶者驻守铜官窑的坚毅与决心。

第三，施釉也很有技巧。

进窑一色，出窑万彩，这功劳必须记在釉料身上，风姿绰绰、掩面桃花似的佳人也总需一件称心的衣衫为之加持，釉料便如佳人的衣衫，而它的呈现总能让人大呼惊奇，也让人匪夷所思。

釉料和坯胎更像是一对伴侣，相互黏合，相互扶持，一起历经窑火，一起面对未知的结果。那它们又是如何相识相知的呢？首先，釉料得和质地优良的坯胎"门当户对"，质地黏稠、杂质稀少、釉浆细腻，在触感和外貌上吸引对方；两者有着相同的经历，才会有交流的开始。釉料调配好后，与坯料相同的是它也得进阴暗潮湿的小黑屋放置大概48~72小时，使其陈腐，避免烧成时出现气泡釉、针孔釉等现象。接下来，就是釉料与坯胎的"初次见面"——施釉。

施釉大致可分为浸釉法、荡釉法和涂釉法。所谓的浸釉法就是把已经晾干的坯胎直接浸入已经调好的釉料之中，坯胎浸入釉料后，提取出来，坯胎表面就会附着薄薄的一层釉料。荡釉法就是把调好的釉料舀一勺放入拉好的坯胎容器之中，将釉料在坯胎之中来回荡漾，使容器与釉料接触的部分残留下一层釉料，称之为荡釉。涂釉法常用于描绘细致之处，或是需要描绘图案之处，将笔头浸入釉料之中，沾染上釉料的色彩，描绘于坯胎之上。施釉的这一阶段如同女子梳洗装扮，将原先平淡之处进行装饰处理，美化其本来面貌。通过高温处理的方式，使坯胎上的釉料产生物理和化学变化，使制作出来的产品表面更加平滑，产品本身更具有装饰性和实用性。

第四，窑火控制是一门学问。

没有经过窑火的炼浴，就无法产出好的铜官窑。所谓百密一疏即功亏一篑，入火烧制可谓是最容易出现疏漏的一环，从入窑开始到出窑结束就是陶瓷器物决一生死的关键步骤，故有"一色进，万色出""生泥死烧""三分泥七分烧"的道理。

生坯在进入窑炉前，须将坯胎内水分烘干至1%，不能有过多水分残余其中。因此，刚刚成型的生坯是不能直接放置到窑内的，必须停留几天时间让水分自然蒸发，待到泥坯颜色减淡、坯体不再过于柔软后才可装匣入窑。由于龙窑制作的陶瓷器数量庞大，为避免坯体之间相互粘黏，可用匣钵对其隔离，还可防止坯体与烟火直接接触，造成生烧、过火、火刺等现象①，达到提高烧造器物数量和质量的双重功效。

根据烧制陶瓷器的不同大小、厚度，匣体摆放的位置也会有所差异，窑内温度按"三低二高一均匀"规律分为高火位、中火位和低火位。一般大型瓷器放在窑尾，可避免升温降温时温度变化过快而造成胎体破裂；对釉色、品质要求高的瓷器可放在窑中，温度均恒，受热平均；置于窑头的匣体摆放较窑中和窑尾松散，不得过于紧密，以使窑内气流流通，温度散布均匀。

匣体摆放好后，便可对产品进行升温处理。一般来讲，升温初期处于低温阶段，大概在400℃以下，以处理掉坯胎中的吸附水，也就是入窑之前的脱水干燥阶段。当低温阶段持续10~12小时后便可进入第二阶段，温度大概持续在400~1000℃，使得胎体内的水分进一步脱干，胎内液晶体逐渐融化，胎体发生氧化反应，温度持续4~6小时；第三阶段持续升温至高温阶段，1100~1260℃保持3小时左右，使得胎体出现结晶情况，表面出现玻化（瓷化）反应，胎体体积缩小，密度减小，发生还原反应。随后，止火，保温，等到窑内温度降到40℃左右便可入窑取匣。

即便浴火重生，也并非每件制品都能完美无瑕，更多的可能是灰飞烟灭。窑内升温过快过慢，降温过快过慢，匣体空隙过宽过窄，温度控制不当，胎体受热不均等因素或偏差，都会使得陶瓷器出现破裂、烟熏、火刺、针孔、流足、欠烧等残次情况。瓷器在色相、明度、颜色呈现上也会发生翻天覆地的变化，器物上的花纹造型、线条流畅度、观赏体验上也有可能大打折扣。一进窑炉"深似海"，从此"生死两看淡"，可见一件极品的产生概率是微乎其微的。

陶瓷成型本就是一个不易的过程，精品的产生更是极少。窑厂瓷器历经年代的变革，从烧成工艺来看，不管是器物最终的形态结构、色彩搭配、装饰纹样，还是烧成时的气氛温度、气流变量，掌控技术愈成熟，产品愈能得到青睐。铜官窑的瓷器能够远销海外、畅销国内，离不开手工艺人的

---

① 生烧：指火候温度不够，局部受温过高。过火：指火焰与胚体直接接触而导致部分温度过高。火刺：指工作边缘局部出现黄色或褐色焦痕。

匠心之举。从坯胎的形制比例、釉料的搭配、图案的绘制，铜官窑瓷器整体呈现出了形制美、色彩美、纹样美的综合特征。

铜官窑从出土开始，经过一系列的类型学总结，进而形成了一套产出铜官窑的工艺方式。器物的造型特征、纹样特征以及基本的烧制工艺均从出土文物中来，这一过程离不开学界和手工艺人的积极总结。一方面，这种总结是对出土文物整体的分类研究，以便区分铜官窑文物的内在共性和差异；另一方面，这些特征也作为铜官窑整体的类型学特征，而参与到了与其他窑口所产器物的对比之中。在这种横向的对比中，铜官窑的生产特征进一步成为铜官窑的特征。通过当代的再学习和再实验，这些特征开始变为实实在在的创作工艺，而这些工艺又在出土文物的基础上形成了活着的非物质文化遗产。

与一般的从历史上追溯非物质文化遗产不同，现实生活中的铜官窑，尤其是作为非物质文化遗产的铜官窑工艺，虽然确实是一种"传统的发明"的过程，但是这种"发明"并不是凭空出现的，而是在出土文物上的文图基础上进行"发明"的。通过生产工艺的划分，器型、纹样与工艺切割了出土文物的文化内涵，并在现实中依托地理空间进一步重组，形成了新的铜官窑生产。进而，我们既不能说铜官窑的现代生产是一种断裂，或是一种建构，也不能说它就来自于代际传承，因为铜官窑生产确实在历史中中断了。

二、申遗与身份的合法性

随着"非遗"热度的增长，"非遗"传承人的身份也越来越受到重视。获得"非遗"传承人身份，成了在多种竞争中"胜出"的关键。许多手艺人重新回到铜官发展，最重要的就是参与文化遗产传承，并在这其中重塑自己的身份。这种身份并非一种个人的身份，而是一种国家和地方、个人和集体之间的新的身份共识。在这种共识的引导下，个人历史与铜官窑的历史一样，具有了特别的意义，并被重新叙事。周世洪师傅就是在这种背景下，被基层政府召回家乡，成了长沙窑铜官陶瓷烧制技艺的代表性传承人。

周世洪的工作室位于铜官国际陶艺村（原陶瓷公司八厂）的半山腰。早在民国时期，他的祖父即在铜官以制陶为生。在周世洪年幼时，政府成立了合作社，将私人的窑合并起来，周世洪父亲和伯父被分配到了陶瓷三工区（也就是后来的陶瓷三厂）做水缸。"那时候，大人们在厂里做陶，我们就常在厂里玩泥巴，还帮着大人去'打土'（推着独轮车去附近的农村运土）。"这些经历让周世洪从小就懂得土性，能分辨不同种类的土。1980年，周世洪在醴陵美术陶瓷学校学习陶艺，这个学校当时在铜官开设了4个班，一共招生80人，学制为2年。学校授课从素描开始，还有色彩、理论、陶瓷绘画、装饰设计、陶瓷制作等等。在这期间，周世洪积累了许多制陶、配釉的经验，但都没有真正地去实践。两年后，他被分配到铜官陶瓷公司的子弟学校教书。直到1986年底，一次偶然的机会，陶瓷三厂需要赶制一批订单，厂里抽调了他。从这之后，周世洪调入三厂技术科，从事产品开发，并对技术把关。当时三厂属于集体企业，工资按职称等级发放，但周世洪有些不同，是按件计工资，多劳则多得。1993年时，三厂停产，周世洪下岗。不过，他没有闲着，而是自己在家仿制铜官窑。可是，那时政府并不允许手艺人私人仿制古物，2001年周世洪被政府以"扰乱文物市场"为由罚款警告。无奈之下，他南下深圳，经人引荐，进了一家陶瓷外贸工艺品公司。周世洪在这里一待就是13年，主要从事陶瓷灯饰的设计制作。在与欧美客户打交道的过程中，他开始明白外销陶瓷的市场需求："美国产品可以开放一点，比较适合他们的性格；德国的产品要很仔细，因为德国人很严谨，讲究规矩；英国的产品要有新意。"① 企业老板看中其手艺，将出口产品的设计开发交由周世洪一人负责。2013年，望城召集陶瓷手艺人回乡，周世洪重返铜官，租赁了一间房子进行陶瓷创作。半年后，他的手艺得到政府认可，工作室搬到陶艺村半山腰，专注于仿古陶瓷制作。

然而，要想重塑个人历史进而重塑个人的身份，就需要进入合法性获取的评价系统中。其中，项目制作与成果申报就是必经的一环。申报与评审成了"非遗"建设的一个重要过程，也往往是人们理解"非遗"政策的重要过程。

就铜官窑"非遗"申报的整个过程来说，其官方性并不仅仅体现在最后对身份的获取上。虽然"非遗"传承人身份是一个新的概念，但是对"非遗"传承人身份的认识，尤其是其官方性身份的认识，是传承于民间对

---

① 报受访人：周世洪；访谈地点：和万月作坊；访谈时间：2017年5月。

中央话语的传统策略中的。我在市"非遗"保护中心翻阅到的长沙窑铜官陶瓷技艺项目的申报书，分为市级、省级、国家级，无论何种级别的申报书，都需要提交授权书、授权委托书和申报项目照片。项目要成为市级级别，手艺人需要同意基层人民政府对其个人的创造和技艺进行宣传、推广、研究和开发，再由基层人民政府授权委托给上一级。这种对自身文化价值的认识依托于一种合法性的承认。与此同时，申报本身也是合法性展现的过程，因为这些往往需要与行政系统公文相对应。

官方在组织评审时，也讲究规范化的流程。2018年9月29日，我作为评审专家参加了长沙市第六批"非遗"代表性项目评审工作会议。会议在长沙市文化广电新闻出版局会议室召开，参会人员由专家评审委员会委员、专家评审小组成员及相关工作人员构成。根据申报情况，这次评审会涉及"非遗"项目8大类别，其中传统技艺类项目较多，另外设有综合类项目。工作流程如下：

一、专家评审小组会议

（1）介绍参加评审会的领导专家；（2）介绍代表性项目推荐申报工作情况和评审要求；（3）局领导讲话；（4）专家分组并推选组长，观看、查阅项目申报材料和视频；（5）各专家小组组长提出论证意见，确定入选代表性项目名单并签署评审意见，公布评审结果。

二、专家评审委员会审议会议

（1）组成专家评审委员会（由以下人员构成：市文广新局主要负责人和分管领导、相关处室和单位负责人、各专家评审小组组长和综合组全体成员），对各评审小组的意见进行审议；（2）提出拟列入市级非遗代表性项目名录的项目，签署评审意见。

我在技艺类组别进行参评，该小组的专家一共5人，其中4人来自高校，1人来自企业。评审分初评、复评两个阶段。每个小组先挑选1名组长，组长负责整体把关。组长宣布项目评审的基本标准：首先，项目的历史价值、文化价值、实用价值、经济价值、艺术价值，都是综合考量的因素。其次，从上报的材料（包含影像材料）看看传承谱系是否清晰（至少三代），传承的年数是否久远（申报市级的项目至少有50年历史），项目是否有单位或者企业的投入。最后，考察传承人的实践能力以及是否有学徒等。

申报"非遗"项目时，提交资料的完整度和条理性非常重要，其中影像材料也很关键。在本组的评审过程中，专家们各抒己见，但普遍认为，"非遗"项目如果不能产业化，不能产生经济价值，其意义就不大，就不能适应时代的需求。当然，对于那些濒临灭绝的技艺，作为时代的记忆和象征，也需要大力保护，将其列入保护名录。而对于那些原本就有市场空间的"非遗"项目，即使不采取保护措施，它也会有自己生存的空间，在政府的支持和推广下，生命力和鲜活度会更好。

艺人获得了"非遗"传承人的身份，通过这层身份与政府官方取得直接联系，可以进一步获得诸如出国学习交流、参与媒体宣传等多种发展机会。更为关键的是，身份带来的经济效益也是较为可观的。当地人说，各种扶持经费、项目经费的来源渠道增多，这也成为其他没有取得资源的草根群体"红眼"。铜官老街还曾出现过小字报的"恶意"攻击和在地人的流言蜚语。这些负面因素的生成，可以说从另一个方面表明"非遗"传承人的认定在地方社会、文化和经济发展中的重要性。

三、"非遗"景观与城镇发展

"非遗"政策开辟了一个新的工匠市场，其目的是为刺激当地经济的发展。此时，就需要延伸出一定的文化空间来吸引更多的关注。

2012年在地方政府的推动下，"长沙铜官窑复兴计划"（以下简称"复兴计划"）开始实施。遵循"继承和创新传统技艺，传播千年瓷都文明，培养和聚集陶艺人才"的理念，"复兴计划"的组织和使用经费由国家财政拨款，铜官老街的部分作坊和当地老艺人都积极参与其中。"复兴计划"从文化层面、产业层面、市场层面进行综合考虑，决定将原陶瓷公司八厂确立为铜官国际陶艺村，建设旺兴古窑文化展演区、当代艺术聚集区、当代艺术展览中心、全国中小学生研学实践营等板块。

原铜官陶瓷公司八厂，也被称为美术陶厂。工厂占地面积29565.2平方米，建筑面积17023.18平方米，滨临湘江东岸，距离老街两三百米，地段和景观非常好。2002年，外地老板欧阳小山把整个厂房租赁下来，租期15

年，创办了"贞观文化有限公司"，并以此为基础开设了陶怡工坊，该工坊是一所大型陶艺体验场，可同时容纳 200 人进行陶艺创制。

图 4-3　铜官陶瓷八厂的一角

资料来源：笔者于 2016 年 8 月拍摄。

近些年，基层政府为发展文旅产业，快速复兴铜官窑，拟将之打造成一个融陶瓷艺术文化展示、交流的国际平台。为此，从欧阳小山手中租回部分厂房，并以"政府价格"租赁给当地三家陶瓷企业，这三家企业的法人代表均为铜官人，同时也是长沙窑铜官陶瓷烧制技艺的代表性传承人。

2016 年 10 月，我在此调研时，正巧遇上"第五届湖南省工艺美术大师评审暨作品展"在此开幕。这栋位于国际陶艺村中心的厂房平日承载着陶艺文化交流、作品展览展示等功能，展品以陶瓷居多，还有湘绣、土家织锦以及各类根雕、木雕、石雕等 200 余件作品，集中展示了近年来湖南工艺美术发展的最新成果。

原铜官陶瓷公司的厂房虽已被不同企业租赁，但租期各不相同。为此，望城区政府成立的铜官片区建设指挥协调部，有意重新规划原厂空间。其计划是：将一厂定位为新技术陶瓷科技园，主要以陶瓷产品加工、特色陶瓷、附加价值较高的陶瓷产业为主；二厂定位为现代艺术家聚集区，吸聚符合条件的艺术家工作室、工艺美术生产、文化创意产业项目进驻，针对城市生活方式，重点创作生产日用餐具、茶具、陈列品、工艺美术品，体现"艺术生活化、生活艺术化"的园区特色,通过搭建生活美学产业孵化与公共服务平台,提供生产、展示、销售、推广、交流、研学、观摩、工业旅游等配套服务。

与此同时,全国范围内的"非遗热"也成了铜官窑景观再造的一个重要背景。在以城市发展为核心建立新的遗产空间,打造文化景观的同时,一些地方景观也冲击激发了"发明传统"的热情。这里面一个有趣的现象是遗产空间重新包容仪式空间的过程,或者说是手工艺品重新放入文化语境的过程。铜官老街"水墨陶城"的建设,就是这类案例的代表。

"水墨陶城"位于铜官古街的前半段,店铺前身是过去的古宅。黄老板介绍说:"之所以取名叫'水墨陶城',是因为铜官本来就有'十里陶城,千年陶都'的说法,而铜官是我家乡,在我记忆里它曾经色彩斑斓,曾经有很多回忆如同水墨画面,所以就叫'水墨陶城'。"① 黄皓夫作为铜官古街为数不多的青年一代手工艺制陶者,师承国家级非物质文化遗产传承人刘坤庭,在传承铜官窑技艺的同时,也有着自己作为年轻一代的独到视野。

"水墨陶城"也叫"舜子屋",原名"燕子屋"。取名舜子屋,是出于当地群众对于舜子的尊敬,因为传说中舜帝是第一个制作陶器的人。主营陶器的门店定名为"舜子屋",意在祈求陶器事业蒸蒸日上。另外,这个店铺空间也是一座古宅,它曾经是铜官的地标性建筑,青灰色砖墙结合浅红色屋顶,在青葱树木的掩映下,尽显古香古色。外墙立面挂有一条大帆船,店主介绍说,这是因为古代铜官窑是海上丝绸之路的支点,出口陶器,走水路销往海外。

店铺大门内是一片十分开阔的空间,皆为木质构架。店主表示,因为店铺是租的,所以并没有进行特别大的改动,仍然保存着百年老宅的基本空间结构,自己仅仅是在宅子里加上了一些装饰。由于空间过于开阔,店主采用几个柜子将整个空间划分为三个区域,分别是产品展示区、会客区、陶艺体验区。店铺正中间是产品展示区,每个产品按照品类整整齐齐地放在木制的货架上,展示区中心摆放着一个柜子,柜子上面展示的是店主个人的代表作"胡人舞"系列陶罐、星空窑变釉系列罐瓶以及一些获奖证书,游客一踏进去便会注意到这些,十分醒目。左边的区域是陶瓷制作体验区,

---

① 受访人:黄皓夫;访谈地点:水墨陶城作坊;访谈时间:2017年11月。

制作工具都沿墙整齐排列。右边区域是会客区，在这里摆了一张长方形的木质茶桌，桌上摆的茶具都是黄皓夫亲手制作的。主人位背面的墙壁上，有一幅巨大的青山绿水图，也同样出自黄皓夫之手。值得注意的是，店主还在茶桌旁放置了直播工具以及拉坯的设备。聊天中得知，2018年左右门店的销售额开始下降，于是他开始尝试在抖音等平台直播并且发布自己的视频，主要是为了展示拉坯的技艺，向更多的人传播铜官陶器的知识。

黄皓夫是土生土长的铜官人，从小对铜官窑的技艺耳濡目染。虽然本科学习的是计算机专业，但毕业之后，他义无反顾地投入了陶瓷制作业。他的主要产品以茶具为主，兼做花器。水墨陶城的特色产品是星空窑变釉陶罐。这种宛如浩瀚星河般璀璨的蓝釉，是偶然烧出来的，喜爱蓝色的黄皓夫立马被这种深邃蓝色所吸引，于是他不断摸索，直到完全将这种蓝色窑变技术变成"可控"。他将这种蓝色的釉运用到各种器物上，有通体蓝釉的，也有杯子外部不上釉，内部上釉的。这种杯子表面是粗糙的铜官红泥，内部却是青碧如海的蓝色，形成强烈的对比。黄皓夫给这款杯子取名叫"窑变星空蓝粗陶肌理杯"，并介绍说："因为铜官还是以陶为主，其细腻程度无法跟瓷相比，既然比不了，就转换思路，追求陶器的一种内敛的表达方式。人们从器物表面看，是一个粗糙的陶器，但是俯身品茶时，却往往能够被内壁幽蓝的色彩惊艳到。"

图 4-4 黄皓夫的作品

资料来源：笔者拍摄于 2018 年 8 月。

同时，黄皓夫也将星空窑变釉应用到了胡人舞系列的产品之中。胡人舞系列陶罐是黄皓夫创造性地将模印贴花的胡人造型设计成了壶钮，其产品类型有香炉、醒茶罐、办公杯。这套作品荣获了 2019 "金凤凰" 创新产品设计大赛优秀奖。黄皓夫还将铜官窑书画陶瓷中的"摩羯鱼"元素也做成了壶钮。

除了星空窑变釉以外，黄皓夫还在尝试着烧出一种粉紫渐变的窑变釉。这种釉利用控制气氛和温度还有氧化还原，呈现出宛如晚霞一般的色彩。水墨陶城除了窑变釉产品，还有颜色釉产品。相对于窑变釉来说，颜色釉釉面较为生硬，宛如印刷出来一般，但是成品率有90%左右。窑变釉因为加入了金属氧化物，控制气氛，氧化还原，发色则更加活泼自然。如果要烧至铜红釉的产品，雨天成功的概率会更高，因为雨天空气里面的氧气会多一点。

作为新一代的铜官窑传承人，黄皓夫认为当代之传承与创新，不单单是简单复制传统，也不是凭空创新。吸取传统的元素，结合现代审美，形成自己的风格，才是手工艺的趣味和价值所在。作为本土匠人，他立足于长沙铜官窑文化，潜心研究，寻找传统与创新的平衡点，运用传统技艺及釉下彩、"摩羯鱼"、模印贴花"胡人舞"、玩偶"生肖"等各种经典元素与现代陶艺巧妙结合，创新开发成包含古韵的现代陶器。在釉色上，他刻苦钻研，摸索着去开创一种不同于铜官传统绿釉的星空釉彩，在铜官的釉色之中又增添了一抹斑斓的色系。在器形和釉色上，黄皓夫都不断地在进行着创新，他始终承继着千年前手艺人对于陶器的尊重和热爱，最大限度地表现铜官陶器内敛的特点，这就是他对于手艺的一腔热爱。

小　结

以"外人"的角度来看，铜官窑本身是一个可以被简单把握的事物：一是铜官窑的物质特征，包括了第二章所讨论的各种形态与技法；二是铜官窑的生产历史，包括了从唐代展开的面向市场的民间生产活动与革命时期面向大众的日用品生产。但如果这就是铜官窑的全部的话，我们就无法解释当代对于铜官窑的"创造"的积极性。重要的不是铜官窑本身具有哪些形态以及它包含了哪些历史，而是在当代的政治活动中，我们试图记住什么，忘记什么，使用什么。正是在这一点上，从铜官窑遗产到铜官窑景观，我们看到了铜官窑背后所蕴含的国家话语的强力推动，以及在这一过程中，以城市为中心的地方政治的参与逻辑。

这样一种政治参与塑造了一种景观博弈的空间。这种博弈既通过积极建构国家性来塑造争夺的合法性资本，又通过国家标签的重叠来体现这种博弈较量的直接对抗。人们既通过被国家承认的方式获取地方性的活动空间，增强自身个体性的识别程度，同时又通过承认国家的方式来获取地方竞争中的筹码。在某种程度上说，这是一个协商与共谋的空间，因为铜官窑遗产可以被地方不同的群体吸收利用，并且也确实根植在了地方历史的变化之中。地方政治的发展也是地方城市的发展，同时还影响着地方传统新的变化方式。

地方的问题一旦进入国家的话语中，也就意味着它具有了不可控制的可能。进而在新的外来者参与下，协商就可能转化为一种竞争。尤其是在外来资本的参与中，这种竞争一定程度上使得本地合作者处在十分微妙的位置上，并引发了进一步的景观创造。这正如梅尼格所指出，关于文化遗产及其保护其实也是一种"权力的现实"。[1] 当非物质文化遗产本身成了一种社会性的景观，也就隐含了权力生产的关系。[2] 其中，尤其是景观的所属问题，也即"谁的景观"这一充满了主观性的问题，与"景观是什么"这一看似客观问题，深度地缠绕在一起。甚至于，景观不再仅仅是一种传统文化遗产的留存，而是作为一种文化资源，同时也作为一种国家权力认定的象征。原本作为地方景观的地方技艺得到国家认可，转而反过来又变成各种招牌式的景观，融入地方的经济社会和文化之中，这的确是一个包含了重新"制作"和"生成"的过程。

不过，铜官人争取"非遗"传承人等文化资源的过程也表明，它与西方遗产景观概念常常指向一种地方与国家的直接博弈不同。[3] 在铜官地方景观变成历史遗产的过程中，虽然它既深深地嵌入到了国家权力体系当中，同时又在地方场景中生成了诸多新的权力关系，从而整体上交织成了一张

---

[1] D. W. Meinig, "The Beholding Eye: Ten Versions of the Same Scene," in D. W. Meinig, eds., The Interpretation of Ordinary Landscapes, Oxford: Oxford University Press, 1979, pp. 33–48.

[2] [法]列斐伏尔:《空间与政治：进入都市的权力》，李春译，上海：上海人民出版社2015年版，第102–107页。

[3] Tim Ingold. The Temporality of the Landscape. World Archaeology, 1993. Vol. 25, No. 2. pp. 152–174.

又一张复杂的权力网络；但是，遗产景观的国家性却是一个可以被悬置的因素，认可遗产景观的国家性丝毫不影响景观中不同人群之间的具体博弈过程。国家认定文化遗产和"非遗"传承人，只是为地方不同人群的博弈提供了一个契机和平台，地方景观本身的再造过程才是其真正日常博弈的场所，这些博弈是嵌入在地方景观中的综合实践活动。[1] 在这些实践活动中，包括了"操纵不同环境类型的智慧"[2]，也即"文化竞争"。

此外，这种地方景观变成历史遗产的过程与权力网络的复杂结合，其动力机制并非全部都是遗产的文化本身，甚至也不仅是权力使然，而是包括了不同程度的实利因素。由此，本书接下来有必要进一步对其变成经济资源的机制予以关注和剖析，方能真正解释清楚其景观再造过程的缘由，以及多种因素复合发生作用的机制。

---

[1] Tim Ingold, The Temporality of the Landscape. World Archaeology, 1993. Vol. 25, No. 2. pp. 152 – 174.

[2] ［美］段义孚：《人文主义地理学》，宋秀葵、陈金凤、张盼盼译，上海：上海译文出版社 2020 年版，第 200 – 202 页。

第五章
文化遗产的资源转化与消费

在包括文物在内的各种地方景观向遗产转化的过程中,文物的国家性被重新挖掘了出来。就文物本身来说,通过立法规定文物的国家属性是非常生硬的,因为它仅仅表示一种预设性的概念。如果当地人不从事与文物相关的非法买卖,则文物所表达的遗产价值观念并不会进入普通人的生活。换句话说,与具体的个人财产不同,文物的国家性在剔除了具体生活情境后,其遗产的权力归属并不能无条件地转化为一种日常生活的责任感或者道德观。

事实上,透过铜官窑以及铜官窑遗产景观再造过程,不难发现,遗产作为一种文化资源的经济权力,是在市场经济的条件下逐步向资源转化的过程中,才得以实现的。这种资源既包含了政府所控制的城市土地价值,也包括个体消费中蕴含的价值。遗产变成经济资源,意味着各种资本进入景观再造和消费的过程,反过来又影响到政府所控土地资源的价值。由此,通过将文化遗产变为经济资源,同一个景观在再造与消费中,两种价值相互促进,形成了充满张力的城市建设过程。

第一节 文化景观与城市更新

一、将老街建成致富新路

老街位于铜官镇南端,东北依云母山,西临湘江。街口一座四柱三门的麻石牌坊,牌坊上嵌着"铜官街"三个大大的金黄色字样。牌坊清秀俊朗，坊顶上整齐地叠砌着绿色的琉璃瓦，坊顶两端再摆置鸱尾。

云母山，因山中蕴藏有云母石而得名。清代著名诗人吴敏树曾为此作《云母山》："云母欲寻石，陶烟已蔽峦。千年楚王国，遗恨记铜官。"其中，"陶烟已蔽峦"一句描述了当年铜官镇兴旺的制陶业。如今被绿枝缠绕的云母山游道入口，堆放着一些稍有年代的陶罐和陶制的神兽工艺品，愈发渲染了古老悠久的历史感。从牌坊下走进老街，地面铺满了清爽的麻石板。老街总长不到1000米，是一条集商贸、文创、旅游、居住的步行街道。从游览点的石碑布局图上，可以看出这条街综合了多种业态，主要以陶瓷商户为主。截至2018年12月，老街商户共计93家，其中60户经营陶瓷，22户经营餐饮小吃，4户经营服装，6户经营粮油杂货，1户经营唐卡艺术（在各种可变因素下，商户时常变化，转租退租的现象时有发生）。① 另外，老街设有公共服务站、医药诊所、老年活动中心、陶瓷展示中心和铜官陶瓷协会。

老街自2009年开始翻新，由长沙市政府出资，杨休进担任总设计，刘兆明教授设计游道，市旅游局负责监督。据街上居民告知，20世纪50年代的老街聚集了铜官童车厂、棉纺厂、车岭厂、化学化工厂等国有企业或其门市部。这些国有企业停产后，其固定资产还是由原厂管理，曾在2007—2008年间拿出来拍卖过一回。老街的住户回忆道："当时这些资产拍卖的价格很低，一缝（套）房子几千元就可以拍到，一条街几十万都能拿下来，我们本地人是不想要的，这条街经常被江水吞噬，1998年的那场洪灾，湘江水倒灌进老街，房子全部被淹没，我们在房顶都还可以垂钓。"

除了已转卖的房产，老街上还有一些产业是陶瓷公司、镇政府、房管局各持有一部分。后街大部分门面的产权都是镇政府的，因为以前很多镇办企业就在街上。另外，陶瓷公司也有一些资产，如电影院就在前街。老街的私宅大概占了1/3，大多是原来陶瓷八厂的陶工在街上所修。

2017年，依据长沙市规划局的规划目标，铜官老街将成为继"太平街"与"潮宗街"之后的长沙市第三个历史文化街区。政府的口号是要将老街建设成一条群众致富的新路，但其规划设想也与现实有所偏差。街上的店

---

① 老街商户数据统计截至2018年12月。

铺部分是私人的房产,所以很多外地的租户们担忧,老街翻新会增加房租的压力。正如一位店铺的老板所述:

> 我这个场地(还好在)是公家的。要是私人的,一会儿涨点房租,那就难得做下去。市场在这里,你不要(场地),别人要呀。像街上,关了这么多门面,租户提出来要减一点租,但这些房东宁愿关门也不肯减租,因为房子是私人的,他租不租无所谓。①

与此同时,望城区委、区政府还推动了云母山上的棚户改造。2017年,望城区书记孔玉成与文化旅游业的知名人士叶文智签订了重新开发云母山片区的协议。该项目总占地面积216.7亩,涉及棚改征收房屋460户,房屋总建筑面积约5万平方米,通过棚改项目征收了425户。望城区希望对云母山进行改造规划,引入民宿、艺术家工作室、休闲商业业态,打造成集休闲、娱乐、文化交流为一体的综合性文旅项目。

据当地老百姓说,棚户改造实际是2016年启动的。当时山上的住户很多是不愿意搬迁的,毕竟是自己的老宅,而且铜官老街也发展得不错,但政府应该是希望由一个实力雄厚的企业来打造新的民宿业。有一位村民表示,由于云母山住户们的搬迁,一下子把望城的房价给抬了起来,"有个搬迁户,拿了50万在望城转了一天,没有买到房……拆迁的时候,天天做工作,打仗一样。(把居民迁走后)市场做生意的都在骂'没人了啊,现在买菜的都没了啊'"。当地留守陶瓷公司的一位负责人和不少普通居民都认为,要铜官人搬出去的规划"是个错误"。

直至2020年10月,我再次来到铜官,山上依然没有什么动静。在与一位基层政府工作人员聊天中得知,对铜官的发展,区一级领导的意见并不一致。他表示,在这里搞合作,又没有实际性的发展,签署协议的企业也没有投入资金。"如果这个签约企业退出,铜官反而会发展得更好。如果按照陶溪川模式来开发,其实也不错,像原铜官陶瓷总公司的六厂、八厂,就可以做成文创小园区。云母山的民房可以做成工作室,再引入一批有品

---

① 受访人:匿名;访谈地点:某陶瓷商户厂房;访谈时间:2017年11月。

位的艺术家。从这个角度看,铜官的发展空间和潜力还是蛮大的。如果设计能成为产业链中的一个环节,设计出来的产品由当地民间艺人制作,是非常有必要的。现在生产的这些产品,如果当地人自己都不用,很难吸引到外地顾客。"①

而且,在具体的项目开发过程中,党政及其部门之间的协调有时也会出现一些问题。望城区一位干部对此表示:"政府在搞文化产业,具体的操作者就应该是政府。但区委又成立了一个湘江古镇群文化小组,办公室就设在区委办,所以很多事情就变成多重管理了。政府也管,区委办也管,这个顶层设计就不清楚谁做主了。"权责不清晰的状态,直接影响了铜官窑项目的工作进展。对此,一些基层干部也表示很无奈。从基层干部的角度看,当地发展比较慢,虽然跟市场有关系,但发展规划和管理也十分重要。只有规划合理,管理也跟得上,才能够有效地招商引资,有了大资本进入,旧的资产才能被重新盘活。

二、修旧如旧的街景翻新

在对铜官老街改造时,一个重要的原则就是"修旧如旧"。不过,"修旧如旧"的说法更像是一个隐喻,所谓"旧"的意思,仅仅代表了与"新"相对立。然而"旧"并不能成为一种特定类型的设计方式,设计本身体现的是一种风格而非单纯的历史。而问题是,这种模棱两可的隐喻却被用来指导一个严肃的设计实践。正如沃克尔指出,面对此类隐喻,我们必须区分设计学的历史和设计史之间的区别,并把设计史放回到一种社会历史现象中来考察,即一种文化研究的历史书写。② 铜官老街的风格也如此,它在两个意义上表现了历史:其一是以具体的特征来描绘一种独立的风格,或者说是一种朝代的风格;其二是在历史中把握这种历史风格的连续性,即一种设计的历史文化。

在讨论铜官老街的"旧"时,面对"旧"所蕴含的多重含义,福柯式

---

① 受访人:匿名;访谈地点:铜官创新创客中心;访谈时间:2020年10月。
② John Walker, Design History and the History of Design, London: Pluto Press, 1989, pp. 15 – 21.

的知识考古学方式可能有助于我们去重建这些含义重叠的话语结构。① 与一般的文化景观不同的是，虽然老街被定义为一种历史在当下的延续，但实际上整个老街所希望追溯的过去极其遥远，以至于绝大部分"旧"的内容都失去了原本根植于生活中的经验与之对应。由此，老街的历史表述实际上就具有了一种上下的一致性，即当地人常说的"老街是有历史的，是历史非常悠久的"。换句话说，人们都试图在"旧"这个框架中加入自身对历史的分析，并形成对景观的不同解释。在这个意义上，讨论这些对历史的解释，本身就涉及了一种意义转化的"重复"。这种重复来自于个人也来自于机构，来自于民间的商户也来自于政府官员。但问题的关键在于，为什么"旧"具有意义呢？为什么"修旧如旧"会成为一个固定的形式呢？从这个角度看，对街景的知识考古学讨论的就不仅是"旧"本身，而是说"在外在性的固有形式中，一种对已写出东西的调节转换"。②

我们从"修旧如旧"的具体对象上看，它是以重建老街为目的的。但是，如果这一原则同时可以引导出一种具体的景观标准的话，那么它也是一个极为模糊的概念。无论从哪种角度出发，从"修旧如旧"中我们都无法找到一个唯一准确的答案。

从前文对老街发展的历史中可知，在这里作为一种艺术风格，老街的"旧"首先指向的是一种"唐代"的风格，这是与整个铜官窑的历史定位有关的。铜官窑被认为兴于唐代并衰于五代，无论后来铜官窑是否在断断续续地发挥着生产陶瓷器物的作用，一个伟大的历史瞬间都停留在了当代人们的"乡愁"之中。整个铜官镇在兴建中，无论是老街，老街中的器物，还是其他的景观，"黑石号"都是一个回避不开的对象。而"黑石号"的年代正是停留在了唐朝。虽然老街的"老"与修旧的"旧"都表达了一种时间上的过去，但是一个特定的风格仍然具备了一个特定的时间指向。这一方面是具体的"唐代风格"在设计学中可被认知的程度，这种程度使得设计风格可以通过具体图形、纹饰、色彩等方式形成一种艺术的语音区隔，并进而确立意义。同时，"唐代"本身在政治话语中就具备特殊的象征意

---

① ［法］福柯：《知识考古学》，谢强、马月译，上海：三联书店2003年版，第32页。
② ［法］福柯：《知识考古学》，谢强、马月译，上海：三联书店2003年版，第185页。

义。除了"唐代"自身历史被作为中华文明的一个高潮外，铜官窑本身在唐朝的兴盛也使得其指向"唐代风格"，表达的是街道的兴盛而不是衰败。事实上，"唐代"的意涵是如此之丰富，以至于无论是普通人还是设计师，在面对铜官老街"修旧如旧"涉及的原则时，都毫无意外地对其"唐代"的指向心领神会。

老街的设计风格确实大量吸收了"唐代"的元素。例如，街口几家店铺的仿古建筑，首家店铺"祥兴古韵"门前墙壁上镶嵌着一块块狮子元素的陶板，一直延伸到左侧墙面上，共101块，中间有9把青釉镂空鹤纹样执壶，其中1把已经脱落。对面纯木制装修风格的"守陶人"店铺，产品众多，呈环形摆放，以旅游小件、茶器为主，店主最近正在尝试直播来促进销售。"异超陶艺"也在不远处的右侧街道，古韵砖墙是属于谭异超师傅的店铺风格，谭师傅的字画尤为一绝，除了自己雕塑的主席像，谭老也给自己塑了一尊半身像，眉目之间尽显风采，展示在店铺正中央。出店门，左侧矗立的高塔是老街的首个景点"三粹塔"。"三粹"是指铜官窑的三处精粹：模印贴花、釉下彩绘与成型三绝。塔身高约10米左右，有3个仿唐的大件陶罐放置于塔身每层，顶部为四方塔檐，雨水天气时可以往四周流去，不腐蚀器物，塔座采用钢铁材质，更加牢固可靠。塔的周围是个小型广场，地面的石板缝隙里透出生长的青苔。"三粹塔"斜对面的景点是"守风亭遗址"，处于两栋店铺的中间，唐大历四年（769）春，诗人杜甫来到古代楚国铸钱的铜官山下，正好看到铜官窑烧瓷的情景，非常壮观，便作一首《铜官渚守风》："不夜楚帆落，避风湘渚间。水耕先浸草，春火更烧山。早泊云物晦，逆行波浪悭，飞来双白鹤，过去杳难攀。"为了纪念杜甫，铜官人在老街修建守风亭。"守风亭"三字为遒劲有力的苏体，亭阁为双层砖木结构，并采用木雕和陶瓷浮雕技术装饰。水池中间搁置着一条木船，木船上吟诵的诗人早已不在，但属于守风亭的历史却依旧传颂。"三粹塔"北面是曾经的标志性建筑"舜子屋"，相传舜帝是首个发明制陶的人，被后世尊称为陶器祖师，"舜子屋"意在祈求陶业蒸蒸日上，现在的店主已从房东老板那租下这栋宅子，成为现今的店铺"水墨陶城"。一些独特的唐风装饰物件隐藏在老街的各处，如莲花孩童的石板画镶嵌在圆钵碗装饰的墙面上，"陶艺之家"的门牌上细画着长龙窑、古执壶等元素，有些商户门口处的石墩上雕刻着狮子、云纹、椰树等图案。

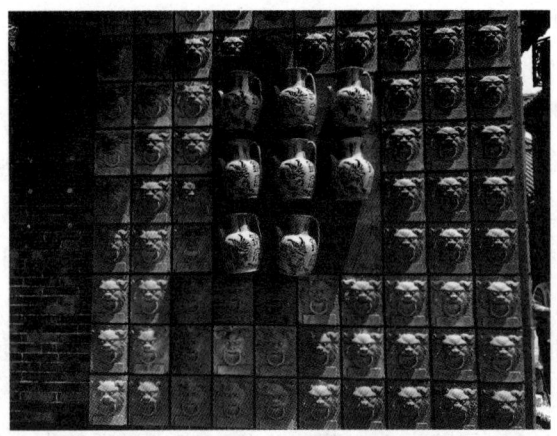

图 5-1　狮子元素的陶板装饰墙

图 5-2　三粹塔

图 5-3　守风亭遗址

资料来源：笔者拍摄于 2016 年 8 月。

与此同时，唐代风格的设计原则无时无刻不面临着挑战，这种挑战来自于多个方面，包括设计风格等多种因素。

首先，很多设计风格并没有遵循"唐代"的原则。或者可以说，各种景观风格都被纳入了进来，其设计本身似乎并不是很在意什么是"唐代风格"。"曲径通幽处"有传统中式风格的门店，也有豁然开朗、简洁利落的现代风格。更有像"悦陶坊""陶瓷杂谈""陶轩居"之类的商铺,一块简单的招牌,店外满满堆放的各类产品,既包括米缸、日用餐具、酒坛、鱼缸,又有茶具、香具、花器、花瓶、小玩偶,也称其为一种风格吧。

其次,铜官老街作为长沙市的历史文化名街,正如上文所说,在进入城市的总体发展规划时也被赋予一种当代政治的重要意义。作为社会主义城市建设的重要一部分,秉承于社会主义建设传统的"革命景观"是无论如何都无法回避的内容。在"楚风陶社"门店的两侧墙壁上保留着朱德与毛泽东主席的画像,下面洋洋洒洒写着他们的寄语。诸如此类的红色革命元素可以从老街的各个角落搜寻到:店铺正中央悬挂的红色五角星,象征着党与红军,墙壁上大写的"伟大的、光荣的、正确的中国共产党万岁""高举毛泽东思想伟大红旗奋斗"各种革命语录,彰显着红色文化。这些革命元素从那时起到现在,一直保存在铜官老街里。街尾处展示着一幅大型的陶瓷壁画,这是为了纪念工人运动领袖郭亮而创制的,展现出为革命而奋斗的红色精神。

图 5 - 4 红色景观元素

资料来源:笔者拍摄于 2018 年 8 月。

最后,更为根本的问题是,"修旧如旧"的原则表达的是一种对"景观真实"的还原,而并没有特指对"旧"的时间限定。比如,在"草木烧"景点的对面,红砖墙裸露在空气中,高墙上还留有"长沙县铜官饭店"7个字。随着时间的冲刷,白边的字体已经开始泛黑,这里也不再是饭店,墙檐下的店铺已经变成了"楚风陶社"。老街中街的外墙立面,还可以看到一些悬挂的制旧木牌,如刻有"袁福顺"字样的木招牌,下有小字说明此处创建于清道光二十三（1843）年，主营粮食、豆麦，又曾经是望城县轻工产品服务部铜官门市。另外，许多店铺门口都有陶瓷的元素，或是陶瓷碎片组成的墙面；抑或是种满花草的陶瓷罐、盆。这些景观同样是老街某一阶段的独特历史，还原这些历史景观的"原貌"同样是一种"修旧如旧"。这种景观历史的复杂性是一个世界性的问题。如美国建筑史学家朗斯特雷思曾经指出，一个景观总是在不同的历史时间被不同的人不断地设计为当下的遗产形态，因此一个景观常常包含了历史人文因素，景观的关键在于其"选择的艺术"。[①] "修旧如旧"的矛盾在于，作为一种"选择的艺术"，其背后的原则本身就具有张力。

图 5-5　街道装饰元素

资料来源：笔者拍摄于 2018 年 8 月。

---

① Richard Longstreth, ed., Cultural Landscapes: Balancing Nature and Heritage in Preservation practice, Minneapolis: The University of Minnesota Press, 2008, pp. 10 - 12.

实际上，在新中国成立初期，"修旧如旧"就曾经作为政治上的问题而被提及。早期在博物馆陈列时，陈列已经被作为一种景观而具有了严肃的政治意义。因此，在新中国成立后的博物馆陈列中，尤其是革命博物馆的陈列，经常为了凸显政治性而对场景进行多方位的设计。20世纪70年代，周恩来同志就曾批评过陈列设计的浮夸风格。如嘉兴南湖的第一次党代会开会的"船"，一开始被设计成了非常奢华的风格，力图由此呈现其在政治上的重要地位。周恩来就此批评说："我不懂得搞展览的同志怎么不想想历史唯物主义，那时候如果搞这样的船，哪能在上面搞秘密工作呢？那是要被逮捕的啊！"①虽然周恩来的话强调了一种"保持原貌"的含义，可以被认为是一种"修旧如旧"的表达，但是从运用唯物主义去批评的角度看，这种"保持原貌"的"修旧如旧"仍然具有颇多的政治含义。换句话说，在"修旧如旧"中，对"旧"的设计从来都不仅仅是一种艺术上的风格，而是政治话语的争夺地。

当然，与单纯的革命景观所不同的是，在当代铜官老街的建设中，政治性内涵具有了相互重叠的多种指向。它既包含了传统上的革命景观，同时也在市场经济的形式中，通过转向经济建设的"仿古"而具备了在改革开放话语下的政治合法性。也就是说，在当代，"修旧如旧"本身可以包含不同的历史景观，尤其是当这些景观通过刺激"消费"而具有推动革命景观与政治合法性协同发展的作用。

由此，在这里，景观的政治性就有了一种重新被设计的可能性，而这种设计又积极引导着一种新的审美方式。这一点与革命时期对革命景观的夸张叙事具有相同的目的，但手法却不尽相同。由于政治性内涵不再通过直接作用于革命景观来展现，而是通过"经济"的方式来转换，因此如何刺激消费就成了审美转换的重要窗口。在这里，旅游为这种转换提供了一个契机。在旅游的招牌下，面向游客的审美设计直接对应的是一种消费主义的审美形式，这种形式允许了设计本身有足够的空间来制造一种审美的"他者"，而不仅仅是使用单一的政治象征。故而，设计的范围也被极大地扩展了，其表现形式就是各家店铺装饰的展开。

例如，在老街右侧的铜官街236号与237号，是装饰风格迥异的两栋建

---

① 吕济民：《中国博物馆史论》，北京：紫禁城出版社2004年版，第199页。

筑，但却都属于同一位手艺人刘志广。右侧较低矮的两层小楼前悬挂着木质的黄色门匾，上面镌刻着苍劲有力的青绿色大字"广发鑫"，这是店铺名称。整栋楼房被黑漆木包裹着，已经慢慢泛旧，呈现出原木的色彩。二楼的木雕窗栏以中间的横木为轴而对称分布，各挂着3盏红色灯笼，十字结尾穗在斜阳下轻舞。底层玻璃推拉门上线条纵横分布，还未进门时，便可透过透明玻璃，瞧见里间的陈列。推开玻璃门，房梁上的特色灯给空间和店面增添充实感，一个个绿色手电筒连接细铁柱倒垂，发出白色光芒。进深长30多米，透过玄关门，一眼望不到尽头，中式的装修风格注重传统的对称分布，各个隔间都摆放着不同类别的仿古陶，既互为一体，又相互独立。左侧区域的外隔间是方形玄关，与里侧的圆拱形玄关相照应，相互融合。外隔间左侧的壁柜里摆满仿古的诗文执壶，而刘志广对每一首诗都加以自己的理解，增添全新的内蕴。壁柜前面是长桌木椅的接待区，顾客可以在此处驻足休息。里间门楣上写着"吉祥"二字，框在扇形的区域中，再细看时，与圆拱形门合起来即构成了陶瓷瓶的形状。再往里走，过走廊上台阶，又是一处好景观。这间房间是会客区"唐风殿"，中央摆放着正方漆木桌，环绕着中式靠背椅，玻璃橱柜里摆满了刘师傅的作品与获奖证书。"广发鑫"是老街上最早创办的一家陶艺坊，一直经营仿古陶，店铺外墙的立面装饰中还嵌入了唐代铜官窑特色的碎瓷片。

图 5-6 广发鑫店铺的装修风格

资料来源：笔者拍摄于2018年8月。

类似于这样的店铺在老街还有几家，比如"万泰和"。门口的牌匾上写着一行小字：民国十七年由靖港迁到铜官街，现主营蒸酒、面食。店铺主人沈颖利选择名称的延续，给店面顿时增添悠久的文化底蕴，吸引往来游客驻足，一探究竟。砖白色的玄关墙外方内圆，正对大门而立。暖黄色的灯光从中间镂空的圆口溢出，映衬在眼底的，是那头的长桌木椅、一茶一器，同色系的壁炉与之相呼应，颇有"犹抱琵琶半遮面"的隐秘。脚底的石子路引导顾客向右而行，这块区域陈列着多层木质展柜，格子相互穿插，确保每格都摆满器物。沈颖利擅长用深色釉，木格上的碗、罐、茶壶多为绿釉、褐釉以及意想不到的窑变釉效果。临墙的壁柜里整齐排列着各类小型的陶瓷罐，器身上方标有具体价格，顾客可按需购买。从右侧购买区转身而出，砖白色壁炉中央挂着一幅财神爷题材的壁画，两侧则是"猴子掏月"的陶板画，不同情景相连接时生动且富有趣味。壁炉紧挨着休闲区，饮茶小憩，拿一本《山海经》翻阅，等灵感来临时，沈颖利便在左边的区域进行创作，有长桌木椅，桌上摆放着还未上釉的执壶，壶身捏塑了孩童嬉闹的图案，图案取材于中国人物画中的婴戏图，一旁的小陶罐中放着各种木质小工具辅助创作。若想要体验陶瓷制作，左侧便有小型的拉坯机供顾客使用，沈颖利与其一同创作，展现手艺人与顾客对陶瓷共同的热爱。环绕该店一周，临街的窗口处摆满沈颖利的荣誉奖项与作品，《敦煌印象》将釉上与釉下相结合，继承传统工笔画的色彩基调，吸收敦煌壁画的创作手法；文房类的陶版画融入佛像元素，在笔墨纸砚中增添异域色彩。头顶的芦苇帘有吸收暖黄色光的功效，显现出纤细纹理，而最中央的那束光反射到灰色地面，"万泰和"的三个字也投射在光影里。对当地人而言，这既是从民国至今的记忆，也是手工艺人的技艺。

  此外，"陶彩堂"的设计也很有特色。从老街往里走百余米，左边的巷子口放置着一条老渔船，年代久远，木质的外表开始泛旧，这是手艺人独特的门面装饰，牵引我们往巷子深处的"陶彩堂"走去。"陶彩堂"隐蔽于爬山虎的一片绿荫之中，屋顶呈倾斜状，墙壁上贴满了各种碎瓷片，茶杯的碗盖、罐子的底座、半裂的口沿，各种颜色相互碰撞，整个屋前更显别致。门口的石墩处围绕着铜钱草，石墩上内嵌着3尊小型的佛像，侍女佛像抱琵琶、击鼓盆，双腿盘坐，身体微倾，神态怡然，增添异域风情。据店主介绍，这些陶塑的佛像陶板是为长沙某餐厅的装饰而制作的，由甲方提供设计图纸，店主杨义负责制作。房门左侧挂有"长沙望城区铜官供销社陶艺经营展示中心"牌匾。

图 5-7　沈颖利创作的陶板画

图 5-8　沈颖利的新作"敦煌印象"

资料来源：笔者拍摄于 2019 年 10 月。

"陶彩堂"是典型的前店后坊形式，整个面积占据 300 多平方米，新中式的风格蕴含着杨义内心对传统的坚守，平日与妻子谢艳芬共同打理店面，另雇用两名拉坯、上釉的师傅。拉坯师傅是按件支付工资，洗坯上釉的师傅是原瓷公司的退休职工，按月付给薪水。前店由圆拱形玄关划分为两个部分，玄关两侧的漆格里摆放着釉色各异的罐子，采用喷釉、浸釉、用笔打釉等不同手法，中间还穿插着几尊神态巧妙的佛像。玄关前为展示区，纯手工的系列茶具，竹节杯与公道杯是杨义店里的特色产品。造型夸张的现代陶艺品是其创新产品，各种批量生产的工艺品也整齐地摆放在柜台上。玄关后为饮茶接待区，中式长桌上摆放着饮茶用具，旁边竹子在壶水烧开的声音里生长。我在意蕴十足的木桶椅中就座，杨义取来茶叶，用茶筛过滤两遍后，热水浸入，待茶叶翻滚，倒入冰碛岩制成的茶具中，品尝一口，甘甜在味蕾中绽放。透过门帘，可以看到里间，两位师傅正在拉坯、上釉。这是一批茶杯的制作，拉坯成型后，采用倒釉与浸釉相结合的方法，上两次绿釉。在茶杯底部脚线位置打蜡，加入隔离剂，确保底部不浸釉，再印刻上"义兴窑"的商标字样。后面庭院里青苔布地，种满花草，左边烧制间里放有台气窑，里间还放置着一口电窑，窑炉上贴着"岁岁平安"的红纸条，寄寓杨义的期望。杨义烧制出的产品多为绿釉和呈色不可预测的窑变釉，由于釉的流动性比较大，在重叠堆积的地方，烧制出的釉层会比较厚；当氧化还原的气氛有所不同时，便会产生意料之外的窑变釉。杨义负责烧制这一关键性环节，店面人员分工明确。

  店铺的设计权被下放到个体商户和经营者的手里，继而店面作为一种景观，其审美表达就变成了一种个人的品位。但这种个人性与作品的创作有一些不同。店铺的设计并不一定是经营者完成的，他们对陶瓷艺术的审美并不一定可以顺畅地转化到店面设计中去。另外，与个人作品中介入的主观性程度相比较，店铺设计的风格仍然具有较强的消费导向，并进而整体形塑了一种品位。重要的是，这种品位的目的首先是为旅游服务的，设计的风格仍然需要创造一种消费主义，即用审美引导出一种拜物教。各个店铺通过设计上的差异来确立自己景观的独特性，进而创造一种铜官窑被具体消费的独特场景。

  然而，并不是所有的店铺都嵌入了消费场景的设计之中。毕竟，店铺景观还受到店铺所属者身份的影响。这从一家名叫"兆明艺墟"的工作室可见一斑。

"兆明艺墟"的主人刘兆明,是湖南高校艺术设计学院的教授,主要从事平面设计、环境设计的教学研究工作。2008年,巧遇铜官老街的资产拍卖,喜爱陶艺的他就买下了原棉纺厂门市部的空间,改装成自己的艺术创作工作室。

图 5-9 陶彩堂店铺外的景观

资料来源:笔者拍摄于2018年10月。

图 5-10 陶彩堂坊内空间

资料来源:笔者拍摄于2018年10月。

2017年7月9日，我跟刘老师提前约好，冒着小雨前去拜访。刚到门口，映入眼帘的便是方形油画布上具有设计意蕴的黑体字，最上面那排一字排开，书写着刘老师的衔号："湖南省美术家协会陶瓷艺术专业委员会副主任工作室""湖南省工艺美术系列高级专业技术职称评审专家工作室""中共望城区委望城区人民政府首届名家工作室"等。门前摆放了老街上最为常见的铜官大水缸，里面种满了铜钱草和荷叶，黄绿色的格子窗脱落了油漆，依旧保留原样。二楼阳台上形态各异的盆景，错落有致地坐落其中。绿意、红砖、"兆明艺墟"门牌，形成了特有的格调和氛围。

进门的一瞬间，我便感觉置身于一个极具艺术感的空间中。房子原址是一组带有天井的二层小楼，本是当地棉织厂和童车厂的老厂房，经过刘老师的改造，变成现在的工作室和生活起居的场所。进门的楼梯保留了1986年、1998年被洪水淹没的印迹，并在墙体水迹处做了注释铭牌，墙上还有"工业学大庆"的文字，仿佛那段历史触手可及。刘老师表示："我给这个空间的定位是保护性开发，工厂尽量不动，前面也是不大动的，原来的痕迹保留得很好，不要去破坏它，一定要保留几块很原汁原味的地方。"这也是刘老师对空间装饰的原则。

跟随刘老师的脚步来到室内，这里被分为展示区和待客区，空间内被3个梁柱所隔开，梁柱的立面用木材包裹，起到强化形体和分割空间的作用。主体平面为矩形，立面均有窗户，窗台上摆放的陶品加强了内外空间的联系。房子的展示区大厅里摆放了由一条大型的老龙舟所改造的展示台，上面陈列着绿釉色的器物，在窗户透过的光线下显得十分别致，犹如一个艺术装置作品。窗边的墙面则立着废弃的木窗棂所做的相框展架，木头的历史感与陶品相得益彰。待客区的地面搭建了一个类似榻榻米的平台，起到抬升作用。走上小楼梯，我发现靠左墙面也被分为了多个木质小格展柜，用来存放刘老师的陶瓷作品和画作，屋梁、墙壁、展架上还摆放着很多奖杯、奖状和专利证书。让我惊奇的是，分隔区的柜子都是可以移动的，抬升的地面还隐藏着一个地下储藏室，让每一处空间得到充分利用。刘老师一直都在用心地打造这个空间，很多展架都是他自己亲手制作的。整个空间共有1800平方米，临靠老街的那栋（棉纺厂）是买的，后面（童车厂）则是向政府租借的。两栋房子中间原本是一个狭长的巷子，抬头便可望到天。刘老师将这里打造成了种植空间，增加两栋房屋间的层次感和空间感。

除此之外，种植空间还可以调节人的视觉、心理、色彩等方面的感受。古老的天井、苔藓、寄生在墙缝中的绿树都被保留下来，成为一道道风景。听刘老师说，这里植物的种类都是精心挑选的，但实际给我的感受却非常自然。他拾来的各种陶罐陶盆，现在都种满了各色的植物。在以前铜官遍地都有这样的残次窑货，但刘老师不认为它们是残次品，而是在缺陷中散发另一种美，可以再次成为很好的花器和装置。这个狭长小空间的设计，使整个室内和室外相互渗透，一定程度上使房子内外部成为一个有机的整体，也让这两栋老工厂焕发出新的活力。走进原是童车厂的那一栋楼，宽敞的大空间令人仿佛去到私人画廊一般。整个空间用多个桌子和展示架将空间进行划分，每一个都别出心裁，有的在异形木桩上放了一块玻璃板，有的则把小楼梯改成展示架，也有放置得较高的墙上展示架，这里都陈列着原创风格陶瓷系列作品。而两端的墙面则挂着刘老师的油画作品，这里绝大部分的油画都是他带学生出去写生时的创作。

最里面的那一间，刘老师在改造时特意打了一些孔洞，用毛玻璃做了透光罩，二楼天窗上的光线投射下来，解决了采光问题。原厂的酸洗池现在变成了集装置于一体的水池，中间悬空的老树根倒映在水中，使平淡无奇的水池多了一份生气在其中。鱼儿在池内嬉戏，水池里面堆积了很多铜官的砖瓦，按照横竖走向拼接，作为池底的装饰，此景别有洞天。旁边则是刘老师购置的两个气窑，一个1.75立方米，另一个0.75立方米，他表示只要掌握了做陶的工序，无论用哪种窑，都可以烧出自己想要的效果。车间里面保留了原工厂使用的工作台，摆放各种钳工工具，上面所写的20世纪六七十年代的标语还清晰可见，记录着建筑的年代历史。

顺着楼梯，来到了二楼，为了防盗，刘老师特意将楼梯用麻绳编织成防盗网，极具艺术感。二楼层高7.5米，面积250平方米，分为2层6个单元，下面底层高3米，作为书房、卧室等生活空间。这里收藏了很多刘老师在生活中发现的有趣物件，墙壁上挂着西藏旅行时带回的唐卡，地上摆放着外出写生时带回的搓衣板、老漆木箱等老物件，就连房间的灯具都是拿以前的手电筒改造而成。刘老师说他带回来不是因为值多少钱，仅仅只是喜欢。上面层高4.5米，做成LOFT空间，面积大概160平方米，共8间房，分别作为储藏室和客房。空间根据用途打造成全封闭或半封闭，天窗搭建很好地解决了采光问题。三楼可以看到二楼，有平视、侧视和俯视等视角，不同角度的空间序列呈现出流动的变化。站在三楼往下望，整个内部空间有序而温暖。

作为第一个入驻铜官的高校教师，刘老师坚持自己的独创性。他解释工作室名称的来源道："这里本是一个废墟，废墟被修复、加建，成为艺术空间，所以称之为'兆明艺墟'。""墟"在中国汉语词典里有三个解释，第一个就是废墟，第二个就是聚集，第三个是赶场，刘老师希望聚集艺术家到这里来交流。于他而言，这里更像一件艺术作品，一砖一瓦、一草一木都亲自打造，通过镶嵌旧元素的方式，房子每一处都隐喻了一段历史和记忆，成为独特的装饰风格与空间布局。艺术在多数人眼里，都是"高冷"的代名词，似乎这两个字总是站在某个远离尘世的制高点。然而在这里，艺术却是从尘世的烟火中绽放出来的。

这种差异是至关重要的，甚至以一种反差的方式被各经营者所认识。老街另一位制陶者就描绘过游客进入到店面景观的过程："有一次，有游客走到铜官街看，感到很失望，走到我这里没有失望，是对我的肯定。"虽然这位制陶者强调的可能是对她手作作品本身的自信，但实际上这种自信是通过游客本身的行动路径来展现的。通过游客对铜官的失望与在她"这里"的没有失望，在景观不同的空间变化中形成了一种价值感的变化。因此，这种价值感的获得就不仅仅是手作作品本身带来的。

虽然在旅游与消费的影响下，设计在一定程度上有着自由发挥的空间，但这并不意味着这些店铺的设计就是按照个人品位来修建的。这一点与手作本身的创作形成了相应的对照（详见后文分析）。即使是在消费主义的整体引导下，店铺作为一个景观在设计上仍有被纳入政治性的管理中，只不过在消费主义的影响下这种纳入也以一种经济上的刺激来展现。铜官镇政府在对各个店面的规划中，引入了名为"商业门店装饰陈列提档升级"的规定。根据一定的要求，政府可以对各店铺提档升级给予不超过总金额2/3，上限不超过10万元的经济补偿。这一规定以"装饰陈列"为中心展开，看似是对一种设计审美的要求，但在具体标准和执行中，又成了一个行政管理规范而并非简单的一种审美规范。这一点主要表现在把审美纳入到更为宽泛的社会管理评分系统中。

首先，在具体的评分项目中，位于前列的是并不是审美要求，而是合法性要求。最开始的评分要求分别为"报名企业资料齐全性"和"门店经营期限"。前者是对经营的合法性的要求，而后者实际上是对店铺可被政府管理程度的一个评估。评分规则规定，自由产权得满分，租赁时间越长得分越高，1年以下的租赁仅能拿到2分，也就是总分的1/5。而最后一项评比内容为"经营管理的规范性、景区管理的服从性"，这就更能体现出作为政府行政管理的要求，而不仅仅是审美的要求。

其次，"门店装饰陈列设计方案"确实是重头戏，占比为60%。但其内容上仍然具有极强的规范性引导。比如，占20分的两项分别为第一条的"设计方案的合理性"和最后一条的"设计资料的齐全性"。单独理解所谓的"合理性"并不容易，我们要放在整个条目的分类上才能看出。装饰陈列的审美性条目除了"齐全性"还有3条，分别是"合理性""示范性""匹配性"。其中"合理性"强调的是与老街整体风格的搭配，"匹配性"才是强调的与自身产品的匹配。实际上，与老街相匹配被放在了至关重要的位置，因为文件规定如果店面的风格与老街"完全冲突"的话，直接扣掉全部的60分。可以说，这是一票否决的形式。而"示范性"虽然肯定了自家门店设计的质量，但是仍然强调了一种"带动"效果。这种"带动"是比较模糊的，其指向仍然是与"老街"的匹配，或者说是与政府管理的匹配。就最后一条"齐全性"来说，实际上是突出专业性对手工艺者的影响，它导致了在经营者和政府之间的专家的介入。一个店铺的装修其实并不需要对平面图、效果图等有如此周全严格的要求，但要满足评分要求，就必须找到专业的人士，而不能简单地随意装修。

最后，这种奖励通过分批支付的方式引入了日常性监管，而这种监管仍然是一种行政导向的。其不仅强调了"经营时间""门前三包""经营服务"，甚至把"物业管理"也纳入了由"装饰设计"评比所"冠名"的"示范门店"考核中，明确规定了不配合政府规定的扣分项和配合政府接待的加分项，其项目分支被设定为是整个评分系统的最高分值。其中，最后一条单独注明了扣分项目为"凡街道及以上领导点名批评的门店"，这实际上还是把行政等级的影响直接体现了出来。

从这些对老街店铺管理的具体方式上可以看出，一种"旧"的审美风格并不真的是一种设计风格，而实际上是一种行政管理的方式。"修旧如旧"表达的是景观设计需要兼顾其市场性与政治性，既要充分激发消费，又要严格服从管理。实际上，这正是社会主义市场经济本身所表达的逻辑。

这里的市场并不仅仅指向游客，同时也表达了政府对市场的隐形影响力。店铺设计的美学，通过一种"修旧"的方式成为一种历史选择的艺术。这种艺术不仅要回应消费主义所异化的他者，而且还要回应地方政治的具体在场。

第二节　商业景观与遗产利用

一、招商引资与城镇扩张

虽然地方景观的塑造中地方政治时时在场，但并不意味着这种在场就一定是一种压倒性的存在。商业仍然可以通过资本的运作与政治性话语进行对抗，甚至在与地方政治话语的争夺中暂时处于上风。不过，我们也要看到这种商业上的胜利与市场的关系，大资本的胜利并非完全的资本对社会资源的一种占有，而是通过与上级政府的合作来完成其对社会资源的控制。在这一过程中，商业公司与地方政府之间的竞争，有时也会演变为地方政府之间的竞争。资本正是通过与上级政府的合作，把市场重新纳入一种政治场域中，才换得了与地方政府政治话语竞争的能力。

就铜官来说，铜官窑本身是位于长沙市望城区所属的地域，其景观的开发也一直被置于望城区和长沙市城市建设的规划中。但是，由于铜官窑本身的定位被赋予了极强的文化意义，包括文物上的国家性指向和当代政治建设中的代表性地位，通过铜官窑，地区性的景观又被转化为了一种超地域的政治性范围。在这种地方性城市景观和超地区性政治意义的双重作用下，资本通过对大市场的影响而重新对市场进行了分配调整。

在铜官，具有代表性的大资本介入当属铜官唐瓷公司对铜官窑的开发。它打破了原有地方政府对铜官发展的规划，并以地产开发的逻辑影响了整个铜官窑景观建设。

1993年，望城县委、县人民政府就提出了"建设十大旅游景点，开发旅游事业"的思路。2006年，铜官镇被列入望城县申报湖南历史文化名镇候选镇。铜官镇位于望城县湘江以东的北部地区，总面积29.5平方公里，总人口2.5万人。同年，望城县政府编制《铜官历史文化名镇整体规划》，申报省级和国家级历史文化名镇，希望实现与铜官窑捆绑保护开发的目的。2007年，湖南省人民政府批准铜官古镇为省级历史文化名镇。2009年，在望城县铜官镇的生态镇建设规划中，就把旅游作为最重要的产业来打造。

近年来，在地方政府的各种规划中，铜官唐瓷古镇的开发至关重要。所谓"铜官唐瓷"，指的是创建于1990年的唐瓷集团，其公司总裁为湖南醴陵人。醴陵早在东汉时期就进行陶瓷生产，具有悠久的陶瓷生产传统。正是在这个背景下，铜官唐瓷从始至终就对陶瓷有所关注。公司从20世纪90年代初期创建时，就涉猎了陶瓷业务。可以说，以陶瓷为主题进行后面的商业开发，是该公司基于自身优势的一种结合，这一点也有助于我们理解"铜官唐瓷"对铜官古镇的大规模开发。从该公司在互联网上的官方介绍来看，整个公司涉及的商业古镇旅游项目只有"铜官古镇"和"鸠兹古镇"两项，而后者在规模上是无法与"铜官古镇"相比的。

在调查期间，我与铜官唐瓷公司总经理有过一些交谈，得知唐瓷集团早在2012年就与地方政府达成了协议。2013年，由该集团投资建设的长沙铜官窑国家考古遗址公园配套服务设施项目获得批准，试图依托国家考古遗址公园，将该区域打造成为辐射全国乃至世界的文化旅游目的地。从2013年开始，"铜官唐瓷"进驻望城，并着手项目的各项审批。整个项目于2015年11月开始开工建设，并于2018年8月正式开园。

"铜官唐瓷"进入铜官搞开发，无论是在官方层次上还是民间层次上，都是铜官发展的一个重要转折点。就官方来说，唐瓷作为一家位列中国企业500强和民营企业排名前50的企业，其雄厚的资本实力极大地影响了地方政府对城市土地开发的进程。望城政府最初把精力投在月亮岛地段，因为那块土地可以卖出更高的价格。但是，"铜官唐瓷"在与望城地方政府签订协议并进入铜官之后，整体的格局发生了变化。这种采取"古镇＋大型综合旅游度假区"的开发模式，在"古镇"景区建设中引入地产开发，快速抬高了当地的土地价格。

原本古镇建设的区域住户并不是很多，大部分为农田。在建设初期，政府大概拆出了40多户居民。但在"古镇＋大型综合旅游度假区"开发的影响下，整个望城区的土地市场格局发生了变化，河西开始成为新打造的城镇中心。同样，在土地市场价格变化的影响下，大量人口新迁入该区域。土地市场的波动对人口聚集的影响不仅体现在了住宅上，而且还影响到了各类生计的经营情况。随着"古镇"建设展开，原本围绕"老街"的商业建设受到了影响。铜官唐瓷动工之初，老街很多制陶者都在观望。他们有很多担心，如果铜官唐瓷做起来了，对老街的生意是否有影响。一些商户也在考虑是否要去铜官唐瓷开店。但是，当时"铜官唐瓷"开盘的价格有些惊人，门面每平方米售价3万~5万。即使像"泥人刘"这样的国家级非遗传承人被邀请入驻，虽可以获得一定期限的免租，但店面装修也是需要自己负责的。

　　这一复杂的情况引发了当地人不同的看法。一些人表达了积极的态度，认为"铜官唐瓷"还是带来了机遇。在老街经营的小白就表示："如果铜官唐瓷能搞好，带动一下老街这边的市场也是个好事。单靠这边的小打小闹是做不出什么的，只能靠外来力量。现在铜官唐瓷的总经理做了我们行业协会的会长，他来驾驭这条船，肯定会按他们的利益来，我现在只能看情况来，跟着形势走。万一实在不行，也只能在铜官唐瓷那边搞个小门面。"从小白的话中可以看出，与"铜官唐瓷"的大资本相比，老街中各个商铺的建设确实变得"小巫见大巫"。这样的大资本对当地人的影响是巨大的，即使已经在老街进行了投入，但大家仍然明显感觉到生意被大资本抢走了不少。

　　当然，这种影响也不是绝对的，其影响本身还来自于"铜官唐瓷"自身经营的成果。开园之初，"铜官唐瓷"确实吸引了很多游客，这与其规模性的宣传是分不开的。微信公众号、短视频、电视、报刊及营销企划，铜官唐瓷把能想到的都用上了。在其官方公众号有一则题为"铜官窑古镇十景——黑石远渡"的推文，显得格外突出。该文章序言内容如下：

　　　　铜官窑古镇十景，为游客重要打卡地。十景之"黑石远渡"，诗赞曰："万邦来贺起唐风，非亚扶摇与日隆。黑石名高惊异域，孤帆千载跃龙官。""黑石号"有着深厚的历史与文化背景，一度成为国家最高领导人口中"丝绸之路"的二个代名词之一，当是古镇文化一张异常重要的历史与文化名片！

　　游客通过此文可得知，"黑石号"所载大部分陶瓷即来自铜官窑的石渚湖。该文作者通过文字的修饰加工，使游客对演艺中的"黑石沉船"的兴趣大大增加。通过包装历史，经过制作成公司宣传材料，确实能达到吸引游客的目的。通过举办音乐会的方式提高铜官窑的曝光率，也是铜官唐瓷特别的宣传方式。此外，铜官唐瓷还通过打造铜官庙会吸引游客。庙会从舜子街口一条直线到博物馆前的弘文广场，其中最热闹的片区是舜子街前进几百米处的觉华殿，各类民俗风味小吃和民俗特色游戏应有尽有。庙会美食是很多当地人儿时记忆中的味道，铁板糍粑、冰糖烤梨……这些简单的手作美食，却是民间最淳朴的风味。庙会里还有很重要一环就是烧窑火祈福，寓意着添财加薪让新年旺起来。

通过媒体的宣传，整个"铜官窑古镇"项目确实达到了极好的宣传效果。但是，在开园不久，很多负面新闻接踵而至。这些负面评价整体上可以归纳为"不划算"，也就是对于园区的项目来说，游客整体认为门票售价高于实际价值，以至于开园后不久游客逐渐稀少。

无论是望城区政府，还是铜官唐瓷集团自身，当然希望"铜官唐瓷"从始至终都很成功，整个旅游业的发展和城市开发都会按照规划设计的那样，铜官新建起来的这片"古镇"会成为望城区的新中心。然而"铜官唐瓷"本身在营业后经营状态模糊，不得不面对一个更为复杂的局面。一方面，就地方政府来说，他们并没有放弃对诸如铜官老街、遗址公园等开发的意图，尤其在"铜官唐瓷"的规划、经营与地方预期出现一定的差距时更是如此。2018年，政府补贴老街装修，也被当地很多商家认为是政府想留住做陶的小企业。如果这些人都去了"铜官唐瓷"，那老街就会休业。从这一点上也可以看出，为什么在政府考核的评分标准中，经营的房屋产权时间与分值是一个紧密相连的关系。另一方面，对小企业的经营者来说，"铜官唐瓷"的影响也是无处不在的。以现有的经营状况来看，搬去"铜官唐瓷"就意味着必须承担高租金和游客稀少的经营压力，而若不搬，则老街的生意又确实因受到"铜官唐瓷"的影响而变差。对此，在老街的一位老板说："（游客）在铜官唐瓷玩了一天，就不来老街了。"还有人表示，"铜官唐瓷"的负面新闻也影响到了老街的经营者，因为名号已经打出去了，很多人打电话问我们"你们那里还收这么高的门票啊？"我们只能解释说："我们不在铜官唐瓷里面，我们这里不收门票。"

其实，这种混乱的局面仅仅从地名上就可以看出一二。初来乍到的人很难分辨出"铜官古镇"、唐瓷"铜官窑古镇"、"长沙铜官窑遗址公园"

等地名的真实含义，再加上诸如"长沙铜官窑博物馆""铜官老街"等概念，就显得更加混乱。这种混乱和尴尬的局面正在深刻地影响着对人们对"铜官窑"的理解，无论是从本地经营者还是从游客的角度来说，都是如此。

很显然，在当代塑造铜官窑景观的努力中，"铜官唐瓷"可以说是后期一个重要的影响因素。它通过大资本整合的方式，不仅从整体上快速改变了地方景观，重塑了铜官窑景观的概念，而且也让整个铜官窑和当地几乎所有的景观，正在朝着一个更为复杂和多变的方向转变。

二、成为时尚的新"古镇"

铜官唐瓷国际文化旅游度假区总投资 100 亿元，占地 3500 亩，建筑面积 100 万平方米。它也是湖南省的重点旅游项目，包含 3 个星级酒店、5 个实景演艺、8 个展览馆、8 个特色主题街区、17 处人文景点。无论从投资规模、景区空间规模还是项目种类上看，铜官唐瓷国际文化旅游度假区在铜官窑文化资源利用方面都是举足轻重的，其重要性既涉及了如何面对铜官窑历史的问题，也在更大范围内影响到了铜官镇、望城区的整体建设。

1. 围湖而建的景观

如果一名从未到过铜官的游客要想了解铜官窑，很可能会选择参观唐瓷"铜官窑古镇"。除了前文已经介绍了的原因外，还有一个重要的原因就是，整个"古镇"确实建立在了重要的考古遗址石渚湖附近。可以说，唐瓷"铜官窑古镇"就是围绕着石渚湖而开发的。但是，石渚湖实际上在近代已经接近消失。为了开发石渚湖，湖南省考古队多次在这里进行了抢救开发。一个有意思的现象是，虽然在整个铜官窑的考古工作中，石渚湖是一个重点，但在现有的唐瓷"铜官窑古镇"中，并没有为考古遗址展览留下空间。与此相对照，仅与唐瓷"铜官窑古镇"一河之隔的长沙铜官窑国家考古遗址公园却是以展示考古遗址为目的而开放的，包括了谭家坡遗址、陈家坪遗址等。遗址公园在 2012 年开放，但随着铜官唐瓷景区在 2018 年的开放，遗址公园进入了长达 2 年多的休整期。当地有商家认为，这在客观上有利于将更高比例的游客引到唐瓷"铜官窑古镇"。如此一来，实际上当一个外地人来到铜官看文化遗产时，真正能够看到铜官窑与过去有"真实"联系的景观，唯有博物馆和石渚湖了。

虽然，唐瓷"铜官窑古镇"并不是铜官唐瓷集团开发的唯一区域，但却是其优先开发区域。作为一个大型商业开发项目，"铜官唐瓷"在开发之初的定位就很明确，那就是历史价值利用。铜官窑唐瓷公司总经理曾告诉我："我们看中这主要是因为它有文物价值，还可以打造旅游资源来干这个事，要说我们会看中它的多少地产优势，完全没有。"如果先撇开其所说的地产价值不谈，历史价值确实是这一地区的重要内容。如前文所说，整个铜官窑的历史实际上是以唐代为追溯对象的，并通过当代对接"一带一路"倡议而具有了现实意义。在这一过程中，其历史感最重要的体现就根植于出土文物上面。

可以说，没有出土文物，就很难说清楚铜官窑的位置与其发展历史。然而，最早的出土文物并不在现在的石渚湖地区。虽然"黑石号"的文物直接印证了跨国贸易的存在，但只有凭借地方文物出土，才能确定一个从地方向全球扩展的体系。了解这一点，有助于我们重新理解石渚湖的历史价值及其多重意蕴。首先，它是出土文物集中的地点之一；其次，它是铜官窑地区商贸集中的区域；再次，通过石渚湖所联系起来的海上交通，铜官窑由此进入"一带一路"的话语体系之中。

因此，唐瓷"铜官窑古镇"并不是一般的"迪士尼式"的旅游度假地，虽然其规划确实参照了此类度假区。唐瓷"铜官窑古镇"不但从出土文物的角度具有了"真实"的历史，而且其从20世纪50年代到当代的考古与文物保护也有一段完整的历史。这种历史具有一定的不可替代性，只要它在现代仍然具有见证中国伟大复兴的价值，铜官窑的地位就不会被忽略。

因此，唐瓷"铜官窑古镇"中的"古"，其定位比老街的"老"与"旧"更加明确。但有意思的是，定位更加准确的历史指向，却成了一种引导社区消解的时尚。相比于老街中仍然存在"街"的形态，唐瓷"铜官窑古镇"弱化了铜官作为一个"古镇"的内核，而明确以"度假区"来重新赋予它新的内涵。在2017年5月16日举行的"长沙铜官窑与'一带一路'"座谈会上，时任唐瓷"铜官窑古镇"总经理明确提到："我们正在打造一个铜官窑传奇，通过这个项目，让旅游成为生活，让历史成为时尚。"

2. 以娱乐为中心的历史拼接

2016年，唐瓷"铜官窑古镇"项目刚刚开始动工，租用了望城区政府办公大楼7楼作为办公基地。2017年，我参与了铜官唐瓷企业园区娱乐项目的招标会。这次招标会招标的内容比较"新颖",招标的并非"古代文化"项目,而是一些科技感很强的项目。在铜官老街的建设中,政府往往通过设定"修旧如旧"的标准来引导街区设计整体风格的变化,尤其是一种"仿古"的风格。而对于唐瓷"铜官窑古镇"来说,投资建设的项目则非常多元。此次来参与竞标的有3家国外的企业,他们就5D影院、飞行影院这2个项目进行竞标,并各自展示了为大影院特技专门制作的动画片《魔法釉传奇》《美丽湖南》,其中一家企业还为5D影院提供了硬件设施的策划案。

以新媒体手段来展示古老文化,其实是近年来的一个趋势。这种形式可以更为生动地达到以往手段所达不到的效果。但是,在应用新媒体手段的同时,如何处理数字媒体技术与传统艺术之间的关系,是一个重要问题。新媒体技术确实可以更好地挖掘文化的价值,并重新把文化价值通过艺术的方式展现,因为它们可以扩展艺术的表现形式,打破时空限制,并补充和完善原本艺术在具体形态上的效果。① 不过,这并不意味着它可以取代传统艺术,或者替代传统文化内容本身。对于唐瓷"铜官窑古镇"来说,问题并不在于对于5D影院、飞行影院的建设,而是这些影院在以铜官窑和古镇为重心的同时,也逐步形成了一个以技术为核心的时尚消费。这个过程的典型代表,就是"机器人博物馆"的建立。

"机器人博物馆"位于景区进门的右边,其位置十分显眼。它周围则是"5D影院",而"飞行影院""黑石号剧院"也集中在石渚湖景区附近。在这里,我们不必对这类设施进行评判,但不难发现,其设计方式与人们对铜官窑整体以"古"为中心的历史诠释有着密切的关系。虽然新媒体扩展了传统铜官窑历史文化的展览方式,但技术本身已经开始形成自己的独立话语。实际上,这些项目对标的是西方的主题公园,尤其像环球影城、迪士尼之类的大型公园建设。而问题在于,这些主题公园大多没有一种主打的"历史"脉络,甚至隔绝历史才是其本身的目的。例如,祖金在对迪士尼的研究中,就清楚地分析了这种取向,并强调这是一种可以通过技术达到的想象,他有时称之为电子想象,"迪士尼成功于这种整体性想象的创

---

① 鲁雯:《数字媒体艺术的跨学科趋势》,《文艺研究》,2011年第3期。

造，把集体渴望的无力感投射到企业景观的力量中"。[①] 营造这种景观的一个主要特点就是阻断现实，让人们受控于技术的同时，排除了现实生活的尖锐矛盾。我们可以看到一种由文物而生的"真实"历史，"铜官窑古镇"实际上又把这种历史导向了一种脱离现实的想象境地。

对于铜官窑来说，以"历史"替代一种未来想象，实际上是有张力的。但无论是项目的设计者，还是经营者，很显然并没有意识到这一点，进而简单地把"古镇"当作了另一个"迪士尼"。从其内部景观的命名来看，"5D 影院""飞行影院""机器人博物馆"等名称明显强调了技术对未来幻想的展现，是一种典型的"迪士尼模式"。让人感觉时空错置的是，一批"古香古色"的名称也同时出现在此建筑群中。

如果技术面向的想象与铜官窑古镇本身的历史存在张力的话，那么历史想象本身也存在着张力。在这方面，最显著的代表是以搬迁为基础的 4 座古宅。在唐瓷"铜官窑古镇"中，经营者从全国各地收购了 4 座不同的古建筑，搬迁到了景区内，当作景区重要的景观资源。这些古宅所表达的主题均为地方戏曲：君生戏楼出演"大唐乐舞"，花鼓戏楼出演"湖南花鼓戏"，听雨轩出演"长沙弹词"，丹凤戏楼则是"皮影戏"。另外，还有诸如梁元帝行宫、欧阳询书院、曾氏祠堂、都司衙署、杨福田将军府、文山草堂等装饰古拙的人文景点。但是，这些建筑不但与铜官窑、湖南的关系都甚为模糊，甚至于与其所代表的历史与当下的展览主题之间也充满了张力。

如果说整个唐瓷"铜官窑古镇"是一个艺术景观，那么这种艺术就是以后现代的方式呈现的历史拼贴画。它通过拼接各种历史元素，试图如迪士尼那样的主题公园，以浓缩的观感吸引顾客。其艺术造成的震撼感，并不在于围绕铜官窑所建立起来的想象，而在于对铜官窑的解构。铜官当地原有文物的历史"真实感"并没有被突出，而是拼接了大量由大资本自外地购买来的"历史碎片"，而在本地"真实"的历史生活景观被挤压甚至覆盖掉之后，单纯物理意义上的地方空间俨然成了一块被漂白的画布。

3. 消失的本地名号

在唐瓷"铜官窑古镇"，大量景观的命名方式颇有古风的意味，如芙蓉

[①] Sharon Zukin. Landscapes of Power: From Detroit to Disney World. Berkeley: University of California Press, 1991, p. 222.

街、楚街、石渚溪街、舜子街、草市，等等。但是，一个有意思的现象是，围绕铜官窑本身的命名却又在逐步消解。景区用了大量的陶瓷作为景观装饰，但除了"泥人刘"作为铜官窑代表性国家传承人得到了突出之外，其他的陶瓷器物全部都没有被用来命名。

景区大门口摆放的是一个巨大的铜官窑作品。然而，这么大一个铜官窑作品不但没有命名，也未说明出自何处。景区内，也有为数不多的陶瓷装饰，基本都是一些零零碎碎的陶罐，这些产品确实不能算作美术意义上的作品，仅仅被当作一种"工业复制品"。因此，这类陶瓷产品不能单独称为景观，而只是基础设施的一部分。同时，所有这些陶瓷产品并未标明，产于铜官何处、出于何人之手。

唐瓷"铜官窑古镇"的投资无疑直接影响到了铜官镇的就业市场。虽然其建设区域内（石渚湖附近）定居的居民并不多，但其实他们早就已经不从事陶瓷行业了。与其说他们与铜官窑有关系，不如说"铜官窑古镇"建设带来的大量就业机会才是最实在的。在该项目建设期间，很多本地居民重新回到家乡，从事建筑工作，然后又逐步转移到了与铜官窑有关的文化旅游业中。

与这一过程相反，唐瓷"铜官窑古镇"在建设中对铜官窑陶瓷的需求其实在淡化。对此，一位从事陶瓷生产的本地老板有些愤愤不平。他说道：

> 这个企业说是做陶瓷文化旅游。你去那里看，能看到铜官街上的几样东西？又不从我们当地买东西，都是从外面运回来的，那我们就有意见了。后来我们就要陶协（铜官陶瓷行业协会）去反映情况，铜官窑的东西当然要是本地人在本地做嘛。①

从这个情况中可以看到，实际上唐瓷"铜官窑古镇"在景观建设时，并没有从专业技术上去发掘"铜官窑"的当代价值。当然，这本身可能也有市场的原因，铜官窑现有陶瓷生产的成本可能比其他地方工业生产成本更高，而景区建设所需要的材料更适合批量化的采购。

景区设计本来可以同与铜官窑有关的其他产业联动，例如征集和购买

---

① 受访人：匿名；访谈地点：铜官当地一家制陶作坊；访谈时间：2019年3月。

老街铜官窑的作品,并通过命名和署名的方式,把整个景区打造为一个当代铜官窑作品的"画廊"。甚至在一定条件下,每一个瓦罐都可以通过命名的方式追溯到另一个景区之外的铜官窑生产地和生产者,即使这类产品并不能被当作艺术品。但是,很显然,唐瓷"铜官窑古镇"只是充分借用了铜官窑的符号价值来打造景区,更倾向于利用"铜官窑"抽象的历史感,而不是铜官本地实实在在的生产。

在逻辑上,本地名号消失与历史拼贴画是相通的。这让我们想起比利时画家马格利特的著名画作《这不是一只烟斗》。他在一张绘有烟斗的图片上写明,"这不是一只烟斗"。福柯从这幅作品中看到了"一首图形诗已经形成并随后解体。这里有失败的证明和反讽意味的痕迹"[1];奥尔威格则提醒道,"我们应该注意不要把我们对观念的表现与我们表现的对象混淆起来"[2]。实际上,铜官窑正在以一个相反的方式讲述着差不多的故事。《这不是一只烟斗》的张力来自于标题明确地对对象予以了否定,而铜官窑则是通过一种对名称的遗忘,来展现一种本来时刻存在的事物。

无论这种现代艺术带来的解构效果是不是有意为之,也无论人们是否能意识到这种现代艺术的张力,其中隐含的张力确实真实存在于铜官镇关于铜官窑景观该如何建设的话题中。游客、陶瓷生产者和本地居民都得面对具体的唐瓷"铜官窑古镇"。人们既不知道它是成功了,还是失败了,也不知道未来会成功,还是不会。无论如何,围绕着铜官窑的生活本身肯定是在消解过程中的。

在唐瓷"铜官窑古镇"之外,围绕着它还出现了几个重要商业地产项目,如3座豪华的星级酒店。在这些酒店的周围,既有民国风格的开放式街区"芙蓉街",又有栋封闭式管理的湖景洋房或叠拼别墅。在新的城市建设中,大资本的进入更进一步把人们推向一个大型的消费主义风景拜物教的表演中。消费主义在把游客或者说消费者变成文化"异教徒"的同时,也同样把当地的小资本、小生产者卷入这场游戏当中。因为与大资本竞争力不从心,他们同样以怀疑的眼光在观望这场消费主义的集中展演。

---

[1] 福柯:《这不是一直烟斗》,桂林:漓江出版社2012年版,第13页。
[2] Kenneth R. Olwig, "This is not a Landscape: Circulating Reference and Land Shaping", in Hannes Palang Helen Soovali, Marc Antrop and Gunhild Setten, eds., European Rural Landscapes: Persistence and Change in a Globalising Environment, Dordrecht: Kluwer Academic Publishers, 2004, p. 44.

第三节　消费主义与景观塑造

21世纪以来，旅游业发展和商业发展成了铜官窑景观建设的主旋律。在这个转变过程中，铜官窑逐渐脱离了一种考古学专业的概念范畴，而成了一种文化符号。这种文化符号并不十分明确，它在表达一种与地点结合的历史时，仅有作为文物属性的出土铜官窑器物为其奠基点。而当铜官窑被卷入新的城市建设时，因城市发展和资本增值的需要而被赋予了新的含义。

在当代市场经济的建设中，城市发展不仅需要通过城市用地增减挂钩完成政府对城市用地的商业开发，而且还要通过小城镇建设来补足产业结构失衡，并应对城市化进程的新变化。近三十余年来的城市化使得中心城市的结构开始出现调整，基础设施的完善让人口可以脱离城市中心的高地价束缚，从而形成新的郊区或城镇开发动力。正是在这个背景下，商业资本开始进入城市非核心区甚至郊区寻找新的机遇。资本希望迎合政府政治上的需要，推进城市更新或者乡村建设，但同时也是在为自己寻找新的盈利空间。这个过程当然是双向的，地方政府主导的城镇或乡村建设成为一种政绩性景观，无疑须通过招商引资方能实现。

两者通过对地方文化符号利用，重新塑造了城市消费者对自身的想象。同消费主义的逻辑一样，重要的是差异而不是地方性，游客通过消费建立的是自己的社会身份文化，而不是旅游目的地的地方文化。当铜官窑从具体的地方文化遗产逐步转变成为一个面向长沙、全国乃至世界游客文化脉络的旅游景观时，它就必须面对如何满足游客差别化消费需求的问题。从一种文化景观到旅游业中可以被游客消费的风景，是一个巨大的转变过程。消费主义迅猛发展，分化了地方文化遗产指向国家的价值。越是能赢得更多消费者，就越能证明文化景观的价值。

然而，铜官窑差异化面向旅游业消费者也面临着多重困难。市场越巨大，其差异化体系就越复杂，单纯通过文化遗产本身的差异化努力并不能满足这一需要。进而，围绕着文化景观，物的差异性被极大限度地建构起来。除了创造大的空间景观之外，围绕具体的物件，还必须尽可能多地设置系列化的小景观，以满足差异化市场细分的需要。

一、私人参与的景观再造

目前，作坊式工作室是铜官制陶者生产或创作的主要生产单位。所谓作坊，是由作坊主带领学徒或帮工在生产中实行简单协作的生产场所。作坊主既是老板，又是技艺较高的师傅。从一定意义上来说，作坊也是技艺传承的空间和组织方式。在这里，作坊的成员一般是作坊主的直系亲属，尤以夫妻为多，此外还有为数不多的学徒和雇工。学徒在作坊边学习边工作，艺成之前一般不拿酬劳。在坊主的指导下，徒弟们参与各种订单的生产。与此相对的，则是以现代师徒制为核心的工作室制度。两者的差别并不大，都强调了一种沉浸式或"具身化"的学习方式。不同的是，中国的师徒制传统上大多倾向于父系继承的原则，与亲属制度紧密相关。而现代的工作室中，这种倾向性已经不太明显。现代工作室从传统的垂直方向的代际发展，转到了以夫妻横向关系为中心的核心家庭的发展。

无论是作坊还是工作室，一个重要的问题就是手作生产的问题。罗琳思曾研究过中国皮影戏的师徒系统，发现在中国政治经济变革的进程中，传统手作产品在工业化与市场化的双重冲击下，面临着从传统师徒关系的整体性学习向分工变化的过程。这种转变在铜官也同样存在，市场分工正在对工作室学徒共同体产生冲击。一方面，工作室被认为通过个体化的精细生产，可以赋予手工产品以更多的个体性特色，并通过向艺术品的转化而重新扩大产品的差异性，进而满足消费主义的要求；另一方面，这种个体性的特色创造又促使工作室进一步完成在市场分工中的定位。工作室既要合理面对细分的市场前景，在艺术创作和商品生产之间聚焦商品消费的核心命题；同时，工作室也需要调整内部的结构，寻找"具身化"的艺术熏陶和分工下的技术培养之间的平衡。

当然，中国艺术的工作室模式发展还不甚成熟。在非物质文化遗产保护的政治性与市场经济的商业性之间，很多工作室既不能分清传统的作坊与现代工作室之间的差异，也不能适应分工与职业化带来的组织结构的调整。在这样一种状态下，工作室在积极赋予铜官窑差异的同时，也面临着共同体认同的消解。从个体层面上看，以血缘维系的共同体工作室往往是内在创作的主要想象主体。而在面对市场与职业化的分工时，工作室又往往处在被动的地位,并不能通过积极参与角色分工来塑造自身的独立性地位。在这个过程中,一种作为中间商的工作室也同时出现,并承担了在工作室向传统作坊转变的过程中面向市场的角色。继而我们可以看到,铜官窑生产的差异化就处在传统作坊和现代工作室间摇摆的过程中,以至于目前铜官陶瓷的生产组织模式,以作坊式工作室方式运行的较多,规模较小,一家一户独立生产,企业产品转型较为快捷,也适合当前经济低迷的市场状况。

在实践中,传统的作坊仍然是铜官窑制陶者的主要生产单位。这样的作坊面积一般不大,在150~200平方米左右,设备投入也比较简单,主要是以手作来完成一些小订单。因为都由个体家庭所有,规模较小,人员有限,分工并不细致。作坊主一般负责依据市场需求设计产品造型、带徒弟、烧成、销售等工作,身兼数职;妻子一般负责调配色釉、管理员工;聘用的员工一般从事某种专门的技艺,比如拉坯、制作种子模;学徒一般是练习雕塑造型、拉坯修坯、搅拌泥浆等诸多工序中的技艺和工作。

周师傅与其妻子经营的"和万月"工作室就属于这类例子。工作室依山而建,沿曲折山路向上行走,左侧钟乳石墙壁上攀援着生长的爬山虎,片瓦木墙,雕镂窗台平行分布着六个小的空间,房檐上悬着红黄相映的灯笼,与门口的对联相呼应。庭院的池塘内种着荷花,鱼群嬉戏其中。从庭院放眼望去是一望无垠的湘江,木墙上钉挂着门牌,说明它的身份:"长沙市示范性劳模工匠人才和创新工作室""长沙学院文化创意设计实践基地"。推开石狮子门钮对称分布的木门,迈过斑驳印刻的门槛,便可见"和万月"的门匾高挂在房屋的正中间,取"和兴窑""万兴窑""月兴窑"首字而成。

门匾下面便是大小不一的木质玻璃柜,陈列着各类作品,既有仿古铜官窑陶瓷,又有现代陶艺创新作品。在暖黄色灯光的映衬下,它们既显现出窑变釉的呈色绚丽,又烘托出青釉的古朴。底层展柜中陈列着各类小型摆件,造型奇特有趣。侧身而立,往左的荣誉墙记录着手艺人这些年的成就,往右的门牌镀上工作室三字,室内的书柜上摆满周师傅经常翻阅的书籍,长沙铜官窑书卷占据大部分,是仿古素材的来源,也是创新的突破口。除此以外,《山海经》《湖湘木刻版画》《经典剪纸》等书籍中的元素也被运用到各类作品中,如茶杯的十二生肖剪纸图案、壶碗的草木鱼虫元素等。

案桌上放着木质工具箱和零散图稿，创作在此处开始。旁边一座一椅，放置着小型电动拉坯机，圆形台面随右侧拉杆的开启而转动，3个小钵里分别装满泥浆、泥土和所需工具。与之相比较的是角落里已经荒置的手摇拉坯机，曾经也借助它完成各种产品的定型。室内左侧四方的烤火炉连接着一段烟囱直通窗外，冬天可用来取暖或烘干湿土。

工作室的后方木架上，摆放着大量的生坯器物，壶或碗，碟或杯，过长廊，掀布帘，可见一间光线较暗的屋子，这便是烧制间。烧制间排列着体积1立方米的气窑，窑口处贴着一张窑神的照片，延续了当地"供窑神"的传统。窑炉一旁还有各色的塑料桶，用来配制不同的色料。从烧制间而出，重新回到大厅，再往门右侧而行，光线越来越强，里面的两处隔间便是展示室，乳白色展柜上摆满了周师傅的各类获奖作品。随玄关往左走，各类茶壶嵌在小型壁柜中，壁柜对面的作品更抢人眼球，无论是"回头望"造型的《期待》，还是一旁编藤稻谷的《稻香》；无论是《长沙窑的想象》，还是《一个文物的诞生》；无论是《共生》，还是《闹枝头》……它们都包含了作者不同的创作理念。最里处的两间房屋便是周师傅一家的起居室。融创作、展示、生活于一体，这便是手艺人工作室整个的空间布局。

在装饰布局上，当地很多作坊式工作室颇为一致。在某一个空间，一定会搁置或悬挂着各类荣誉证书、参会参展或外出访问交流的照片。从某种层面来看，陶瓷的价值成为一种被官方定义甚至是被甄选的过程演示。

也有一些作坊，由于特殊的社会背景，更具有倾向于现代工作室的形态。2004年底，出身于陶瓷世家的刘坤庭从广东回到铜官，以义务带学徒的形式在当地开办了第一家个人工作室。当时的业务都是他自己在沿海工作时的资源，招收的学徒最多时有十七八个。就这样，刘坤庭在袁家湖家中做了五六年，2011年成立"泥人刘"陶艺有限公司，刘坤庭本人担任技术总监。同年，刘坤庭被认定为国家级非物质文化遗产传承人。随后，政府将陶瓷文创小微工作室的孵化与大力发展文旅产业相结合，着力扶持一批具有特色的工作坊。2013年，在政府的扶持下，"泥人刘"陶艺有限公司在铜官陶瓷一厂拓展了生产研发场地，由儿子刘嘉豪（第四代传承人）管理运营。另外，在铜官老街的店铺，也有了更为明确的空间安排和责任分工。其中，"泥人刘"陶艺馆由刘坤庭的弟弟与弟媳负责经营，主要销售"泥人刘"工作室的产品，多以捏塑为主，也有一些茶器、花器，另可进行陶艺教学和体验。店铺中的"铜官柴烧"空间则由刘嘉豪与其妻子共同经营，店内以柴烧茶具为主，并通过个人创办的公众号"坐北朝南"进行线上宣传推广。

对刘坤庭而言，泥巴是童年时期最重要的玩具。爷爷刘子振擅长捏塑，幼时的刘坤庭就跟着爷爷去单位玩。在办公室里，刘坤庭开始接触到铜官的泥巴，每次尝试着去捏一些小东西，不管捏得好不好，爷爷都会夸奖他，奖励他几毛钱去买糖吃，渐渐地对捏塑产生了极大的兴趣。初中毕业后，16岁的刘坤庭特招进铜官陶瓷公司研究所，负责设计器型，做雕塑，在研究所里，刘坤庭做的是一名技术员的职位。1983 年，刘坤庭再次回到学校，在浙江美院跟着周轻鼎老师学了 4 年的动物雕塑。重归校园，刘坤庭受到学院派的影响，开始在技法表现上探索，表现题材逐渐发生变化。1987 年时，铜官成立陶瓷总公司，刘坤庭就在总公司内担任助理工程师，主要从事传统工艺美术陶瓷的研究与设计。在这一阶段，他主要从事出口陶瓷的制作，以炻瓷为主。在刘坤庭的生涯里，1993 年是一个重要的转折点。当时因为地方政策的原因，家里条件不允许做陶，刘坤庭在这年便南下前往广州，一待便是十年。刘坤庭分别在广东环宇集团、顺晖有限公司、深圳元好集团担任技术主管、技术总监与设计师，从事艺术陶瓷的设计与技术开发，设计出口日本和欧美市场的产品。对刘坤庭来说，这十年有过创作中的享受与技艺上的成熟，也有外销时因为产品质量不过关而大量亏本的辛酸瞬间。与外商的接触，让刘坤庭也清楚了解到外面的市场需求。2005 年时，望城区政府号召铜官手艺人回乡创作，刘坤庭选择重回家乡。在铜官开始创作时，刘坤庭依旧选择产品外销，与之前的客户保持紧密的联系。大约五六年后，他开始被政府关注，得到政府的扶持。2011 年，刘坤庭成立了属于自己的公司"长沙泥人刘陶艺有限公司"。他表示："现在开办的公司，研制和生产长沙铜官窑传统工艺美术陶瓷产品，在传承和发扬长沙铜官窑历史产品技艺的基础上，创造了复色彩窑变釉，形成贴花、刻花、书画、镂空等装饰于一体的独特格局。在铜官传统陶瓷技艺的基础上，研制开发新型产品，拓展销售市场，扩大企业规模。"稳定下来后，刘坤庭又继续捏塑的创作，他现在正在摆脱学院派的影响，形成自己的作品风格。

还有一些经营者处在作坊与现代工作室发展的过渡中，或以中间商的角色向下兼顾工作室艺术生产的角色。2014 年，铜官老街创立了一家名为

"小镇陶艺"的工作站,主要是全方位宣传推广中国手工陶瓷艺术家及其作品,创始人雅总曾是湖南广电某企业的老板。在铜官生活几年,雅总由一位记录者转型为制陶人。忆及此过程,他说道:"社会上有闲钱的时候,这些艺术品才有市场,2018—2019年,全国的陶瓷艺术品行市都不好……起初(2018年)我找到长沙窑收藏家林安老师测量古物的尺寸和曲线,又请到铜官老艺人拉坯,因为跟当地几位陶艺大师的交情不错,就管他们要了一些铜红色釉和青釉。"就这样,雅总综合了铜官多位"非遗"代表性传承人的"秘籍",成功烧制并销售了一批仿唐执壶。访谈中,雅总直言道:"我的客户很多都是广告媒体的老总,一个罐子卖到上千元,他们乐意要,那是因为这里面凝结了铜官当地大师们的手艺。绝对值得收藏。"

此外,铜官镇也聚集了一批制陶的学院派年轻人。在老街外围有一个独立的小楼房,我曾在那访谈过一家名为"静土艺方"的工作室主人小邝。该工作室位于老街后段,位置有些偏僻,但装饰风格和氛围与老街融为一体。房子以前是村上的造纸厂,地基较低,需要下楼才能进入一层。以前此房属于村集体财产,已经几乎成了废墟。小邝将之加高了一层,铺上了石棉瓦,上下面积约为200平方米。一楼规划为陶瓷培训基地和陶瓷工作室,二楼被划分为生活区和茶室,两面墙壁都连接着窗户。茶室面积适中,靠窗处摆放了牡丹图案的古典沙发,旁边则是安放了一个落地式的中式台灯和中式书架。

小邝是湖南郴州人,于2013年来到铜官,最初是在国际陶艺村的陶艺实训机构工作。据他说,那年初的道路还是乡间泥土路,当时街上做陶的人也不多。铜官陶瓷公司只有为数不多的几个厂子在生产,大多租给了私人办企业。"我在八厂的陶艺研学机构负责教学,来者基本都是与陶瓷相关的艺术设计类专业学生,实践研学短则3天,长的达半个月或一个月,吃住一体。"小邝介绍道。

2016年起,小邝自己独立开店,靠着"静土艺方"工作室的两层楼做培训、做产品。其陶艺教学班每期具有一定的针对性,有零基础班和专业班,其中以零基础学生居多,也有慕名而来想要提升专业技能的。开展教学工作的原因在于小邝想要"做人气""做口碑"。目前,他主要做茶器,尤其以提梁壶为主。小邝曾向我介绍自己的作品:《摩羯》灵感来于摩羯鱼,是铜官窑的小怪兽器皿,属于纯民间产物,他以挂盆的形式做了一个装饰性软装泥板摩羯鱼,并在原有的摩羯鱼造型上做了一定的修改;《警事花开》作品的镂空装饰纹样寓意做事做人要谨慎,三思而后行才能花开富贵;《花生》以球体的形状,参考花生的机理,寓意生生不息。此外,他还有一个独一无二的技法,俗称笔筒画,专称线描法,用笔筒画东西,先确定好画面布局,再进行画面绘制,也可将此方法应用于镂空技法上,只在不需要的地方用尖刀抠走。当我问及他对铜官发展前景的相关问题,他表示,这里的年轻制陶者都希望得到更多的支持和关注。

> 在这个行业里,做作品参展是必需的,要有人把你推上去才行,以前都是花两三万(元)去参展。参赛是陶艺界的活动,如果自己不会做推销,拿了冠军也没用。比赛是展现自己的一个地方,还要看比赛的影响力大不大,如果影响小,再怎么参展也只有那么点影响。我自己是参加一些技能赛,比如绘画、雕塑、拉坯……①

从小邝的谈话中不难看出,私人的陶瓷技艺和陶瓷制造实际上参与了铜官陶瓷景观的再造过程,并且也是使它呈现出多样化个性的重要源头。但是,私人陶瓷创意也是需要资本投入的,而由于相当多的个体创业者所持资本额度过小,导致他们在技能训练、产品开发和市场渠道建设方面面临的压力都比较大。

二、作为地方市场的品牌

如果说消费主义所需求的差异化景观是铜官窑融入市场的关键,那么差异并不只是手作上的,而且还作为一种文化标识。这种文化标识不是由经济过程所决定的被动反应,在消费主义的影响下,差异化就是生产过程本身。人们参与到了文化象征系统的差异性生产中,并又积极投入到了文化标识的消费中。在这里,建立一个表意系统非常重要,与商品相比较,它扩展了象征交换的范围。当铜官窑在面对消费主义浪潮时,我们不仅要看具体器物的差异是如何被生产与展览的,还要看负载于器物之上的表意系统是如何发挥作用的。

---

① 受访人:小邝;访谈地点:静土艺方陶艺工作室;访谈时间:2017年8月。

这种表意系统一般需要一个核心想象或者图像。通过创立这一图像，把具体的实物交易转化为一种包含各种潜在观念的交易，并极大地丰富了差异的塑造。① 它使得差异可以脱离具体器物形态的限制，充分融入场景对其意义的影响。同一个形态可以通过建立不同的表意系统，带来完全不一样的差异感，不同的场景可使不同器物为了生产差异而进入到不同的景观之中。这一过程包含了上文所述作坊与工作室对器物差异的生产，同时也包含了不同景观环境下对器物意义的重新阐释。当然，在这样一种消费中，象征系统的建设是关键，而最容易建设的象征系统外化形式则是品牌。

尤其是作为非物质文化遗产而创造出的文化产品，在对接市场中，更是把品牌作为了文创的前提。在这里，市场是一个向外扩展的消费系统，而不仅向内指代产品生产。张少春曾在分析文化遗产资源化的社会文化逻辑时指出，扩展品牌与产品的过程包括"科学化""去地域化""现代化"等环节。② 它们有助于将品牌策略性地嵌入更大规模的消费文化市场。但是，此类过程并不意味着差异性消退，相反，品牌是用来建构产品差异的。品牌的识别度，尤其是视觉识别度及其推广，成了文化遗产资本化的重要影响因素。③ 与此同时，品牌发展也贯穿在文化创意产业发展的始终，其发展的不同阶段被类比为品牌生命的周期。④ 不过，品牌的发展是一种策略，而不是创作。这意味着，品牌超出了产品本身，而需要与更大的表意系统结合。这种表意系统既包含了更大社会范围内所蕴含的文化，同时也向内进入了情感的领域，使得情感共鸣以及情感价值越来越被重视。⑤ 在其影响下，表意系统被要求承载更多的叙事任务，展现为一种"通过民俗叙事建

---

① Stephen Daniels, "Marxism, Culture, and the Duplicity of Landscape," in Richard Peet and Nigel Thrift, eds. New Models in Geography: The Political-Economy Perspective, London: Academic Division of Unwin Hyman Ltd., 1989, p. 199.
② 张少春:《非物质文化遗产的资源转化》,《思想战线》, 2015 年第 6 期。
③ 何佳、王朝阳、周丽敏:《南京剪纸非物质文化遗产文创品牌的构建》,《包装工程》, 2018 年第 6 期。
④ 牟宇鹏、郭旻瑞、司小雨、周玲、汪涛:《基于中国非遗品牌可持续性成长路径的案例研究》,《管理学报》, 2020 年第 1 期。
⑤ 梁明珠、贾广美、徐松浚:《村落遗产地品牌个性对游客忠诚的影响》,《旅游科学》, 2018 年第 1 期。

构民俗认同"的品牌优势建立过程。① 也即，品牌成了文化遗产介入市场、社会关系的重要窗口。

在铜官窑，有关品牌的问题一直也是一个热门的话题。品牌意识的发展在铜官窑的振兴中被多次提到，并成为非物质文化遗产发展的重要内容。然而，在当地一些企业看来，铜官并不是很注重品牌的推广。例如，有本地商家抱怨道：

> 政府也没有专门去引导这一块（品牌），可能像参加茶博会，也算是一个品牌推广吧……在这一点上，"唐瓷"比政府做得好，至少那些铺天盖地的广告让大家知道了铜官窑。我在很多公交车上看到过铜官窑的广告，但那基本是"唐瓷"的。②

建立品牌促进文化产业的发展，一直是铜官发展期旅游业的核心措施。作为一种工作要求，它甚至被放入到了基层的社区与生产管理中。望城区政府宣传部（文产办）、工信局（陶瓷企业办）等机构常以专项项目支持的方式来推动品牌建设。这些项目明确要求以公司或品牌的名义参加，个人通常不能申报。在诸多竞赛中，建立品牌也是评选的基本条件。为了继续开拓地方陶瓷产业，从2019年起，望城区政府与铜官陶瓷行业协会共同举办了"茶器制作技艺大赛"。大赛规定，参赛对象可以是个人，但必须要在铜官从事陶瓷生产一年以上且仍在铜官继续从事陶瓷生产，奖项金额设置较高，一等奖1名6000元，二等奖2名4000元，三等奖3名3000元。基层政府和组织对全国范围内的茶博会也很关注，每年都会组织铜官茶器品牌外出参会，并为参会企业提供差旅补贴及展会现场的相关费用。

就个体或者产品创作者来说，作坊与工作室对器物生产的影响，也可通过品牌和艺人身份来展现。一些艺人本身就是重要的"品牌"，许多器物都被重新以"印章"的形式打上了个人化的品牌标签。

"富兴窑"品牌创立者、湖南省工艺美术大师彭望球就属此类例子之

---

① 刘垚：《民俗消费视阈下上海非遗老字号品牌的认同重构》，《广西民族大学学报》，2019年第3期。

② 受访人：匿名；访谈地点：某制陶者作坊；访谈时间：2019年8月。

一。他曾给自己创作的茶具陶艺品赋予文化意义道:"湖湘本蛮夷之地,尤以梅山蚩尤为盛,'吃得苦''霸得蛮'已成湘人口语。而长沙铜官窑自唐扬名以来……得以再现铜官大器包容、敦厚、沉稳之特征,得以品饮之时再现湘人情怀。"从满足日常生活的大缸,到成为茶艺文化的缸杯,彭望球在创新的过程中,不仅在物质形态上改变了陶瓷的大小,更在文化内涵上赋予了湖湘文化的象征意义。"别太满"是彭望球给自己的人生态度。1986年,16岁的彭望球从铜官子弟学校初中毕业,因为幼年时父辈在陶瓷厂工作,彭望球对陶瓷制作耳濡目染,外公刘子振也给他留下许多深刻的记忆。毕业后,彭望球便开始捏塑的学习。1989年,彭望球离开铜官,去往深圳的一个私人企业制作雕塑,企业产品主要销往西方市场,大都是万圣节的面具和鬼怪捏塑。一年后,彭望球又去到深圳福田的玻璃缸厂做园林雕塑。1992年,彭望球到了海南,学习大型雕塑的制作。1995年,他跟随表哥刘坤庭一同去往汕头,做过几年的设计总监,对于设计与陶艺也有了新的看法。他认为,设计要考虑实用性、经济性与美观性,在设计过程中,不能把自己看作设计师或者艺术家,而是要弱化主观意识,强调格局意识,能够真正地服务大众,凸显服务意识。回到铜官后,彭望球在五年时间里取得了许多成就,对于铜官窑文化的传播与发展充满期待。

另一个类似的例子当属"草木烧"品牌创始人曾德国。他专注茶壶制作十几载,注重产品的更迭。在茶壶造型上,他以德化器形为基础,创作出"美人尖""思亭""石瓢""高升""西施"等造型,并不断改进完善,按期推出新款,保持市场的活跃度。在茶壶釉色上,曾德国选择铜官特有的绿釉,加以安化冰碛岩,在烧制时,融入草木灰,回归品牌本身名称。"美人尖""西施"代表壶身优雅秀美,"思亭"取凉亭形状,"高升"寓意仕途顺利等。在茶壶名称上,他也力图传达出自己的创作心路,与消费者的兴趣爱好、性情倾向、价值观念保持密切联系。

与此同时,非个人的品牌也被创建了起来,这些品牌往往对接更大的市场。例如,长沙窑复兴计划的首推者吴琪,曾提出"湘茶配湘器""府窑""新长沙窑"等品牌概念,试图由此来实现传统工艺复兴、品牌复兴、文化复兴与产业复兴。"府窑"的名称来源于"长沙府铜官窑",由以茶器生产为主,主张"传古意、创新品";"新长沙窑"不同于传统长沙窑的制作,沿袭长沙窑的传统元素,再将器型进行创新,符合现代的审美方式。

"府窑"公司以流水线生产为主,产品制作区别于传统作坊一体化生产,各类"设计与技术中心"则致力于系列产品的创新与技术的研发,成型、彩绘与烧成车间各司其职,分工明确,工作效率高。吴琪将品牌理念进行拓展,在茶器制作的基础上,还发展出了一系列的"府窑"文创产品。他在铜官老街设立的美学生活馆,作为品牌展示与销售的窗口,包括陶瓷艺术、文创设计、美学生活、主题驿站、手工体验、玩家圈子在内的多个模块,艺术氛围也极为浓厚。

虽然品牌被认为是提升产品和促进非物质文化遗产发展的重要内容,但也没有脱离消费主义对差异性追求的窠臼。不管品牌如何建设,生产者都得面对市场需求的差异性与创作的完整性之间的张力。如果创建品牌是融入市场的关键所在,也是一个必然的过程,那么铜官窑的品牌生产,就始终面临着一种艺术与商品之间的潜在张力。

大部分希望朝向创作艺术作品方向发展的手艺人,倾向于从面向市场的工作室抽身出来。而那些认为自己生产的是日用品和消费品的工匠,则积极地投身商业市场之中。从而,在铜官窑的文化遗产利用方面,存在着一种潜在的趋势:传承人越具有艺术性,越是抗拒策略性地操控一种品牌;越是倾向于建立品牌,反倒在积极地进入市场。铜官窑面临的冲突并不单纯是品牌战略的问题,而是器物既作为品牌又作为艺术,器物生产者既作为品牌持有人又作为艺术家的双重差异生产的矛盾。

小　结

资本的进入带动了铜官窑文化遗产的开发进程,具体表现为以旅游为目的,建立了一大批供游客消费的景观。这些消费景观各有不同,一些是在政府推动下建立的,一些是大资本直接动手开发的。就政府来说,围绕铜官窑遗产建立的现代街景,既是地区行政区划的一部分,同时又是展现政治理念的重要场合。在促进消费的同时,街景既要符合干净整齐的管理需要,同样也要有革命合法性的红色景观。而对于大资本来说,铜官窑的文化遗产是兴建大型度假区的重要象征,其景观是可用来进行文化创意、激发消费欲望的。由此,从大企业市场经营的目的出发,为了满足市场差异化的需要，选择了一种马赛克式的景观拼接方案。马赛克式的景观拼接可以让消费想象发生堆积，时空穿越或错乱的体验皆是为了实现消费服务的目标。

不过，铜官窑作为器物，并不是直接嫁接在宏大景观之上的。铜官窑仍然与生产者紧密相连，这是大工业生产所无法替代的，也是遗产价值的核心所在。在宏大历史景观的创造中，不同人群关于铜官窑的博弈，集中于铜官窑景观展开，包括私人建立的景观与品牌。无论是工作室的小型展示布置，还是围绕品牌创建的遗产展示，手艺人都吸取和使用了与政府、大资本同样的景观逻辑。如此一来，在文化遗产变成市场资源的过程中，实际上是在人们对景观的消费中实现的再生产，并由此形成了由上而下、由下到上相结合的立体景观系统。

在文化遗产变成经济资源的过程中，地方社会的各种主体博弈，使得景观再造进程变得更为丰富多彩。文化遗产及其景观化过程，也由此卷入更为复杂的地方情景与生活政治中。然而，这种景观再造过程并不总是一帆风顺，且能无条件维持稳定的。无论情景创建怎么不遗余力地指向一种稳定的历史，或者通过一种宏大的历史叙述导向一种崇高的审美震撼，这些已经消逝的"过去"作为一种情景，都设定了特定的时空进入契机。人们从日常生活中抽身出来，进入设计好的景观中，知道自己进入景观的机会及其特殊性，也明白自身与文化遗产见面的特殊背景。因此，文化遗产与文化持有者之外的人碰头，是一种类似于仪式的时刻。一旦文化遗产的影响是基于个体化的自我而产生的，仪式领域内所附带的共同体的道德强制性就消解了。①

文化遗产变为经济资源的过程并不是遗产景观化的程度问题，而是根植于景观本身的文化诠释问题。一种被具体符号化的表达作为"审美背景"确实发挥着决定地方经济、土地甚至信仰的作用。② 无论景观设计得如何精巧，无论景观设计背后的权力多么强大，单个景观（建筑）仍然综合了意义的多元性，并形成了一种持续的流变平衡。尤其是在快速变迁的现代化

---

① Nezar Alsayyad, Consuming Tradition, Manufacturing Heritage Global Norms and Urban Forms in the Age of Tourism, London: Routledge, 2001, p. 8.
② Gwendolyn Wright, The Politics of Design in French Colonial Urbanism, Chicago: University of Chicago Press, 1991, pp. 8 – 13.

语境下，这使得在权力关系中塑造景观并不能提供一种权力的绝对性，市场的接受程度成了文化持有者和资本都无法回避的一个变量。中国当代的城市化建设，以及以现代化为导向的社会主义乡村振兴，都不宜单独谈论景观的国家政治指向。

当代中国特色社会主义市场经济与现代化建设中，包括推进美丽乡村与城乡一体化建设，客观上加快了不同景观相互重叠的步伐。乡村既要成为城市的"他者"，成为城市消费者可观赏、体验的"诗"与"远方"，同时又要成为自身的"他者"，也即主体反思的直接对象，进而形成一种新的地方认知。这其中包含的张力，正源自于旅游景观化中对大众娱乐消费的迎合，与艺术景观化中对创作身份的追求。两种景观都有其各自的市场，不同景观的市场化过程交叠在一起，虽可能形成文化创意的新叙事，但也难免会有潜在的冲突。

第六章
产业发展中的技艺传承与创新

随着以铜官窑为名的各种活动和景观越来越多，如何定义铜官窑也变得越来越复杂。不同的社会主体和人群都有自己的定义，并宣称自己的定义才是最恰当的。这种定义的"权威性"并不一定非得来自高层的政治影响或大资本的推动，虽然前文我们一直在讨论这两种力量。实际上，一个小的器物，当它被生产出来并参与整个铜官窑景观的建构时，就获得了一种身份，而其生产者也就参与到对铜官窑景观的再定义中。人们可以通过整体景观规划，抑或具体品牌、身份设计，来进一步引导他人（如游客）对这些具体的小器物重新进行归类、评价，但却无法改变它们已经存在于整体景观当中这个事实。

不过，一个比较现实的问题是，即使出土文物为"铜官窑"定位了一种历史身份，却没有确切的"真名"。无论是在考古学专业的圈子里，还是在当下的旅游景观建设中，"铜官窑"的名称都存在被置换的可能。不过，这并不妨碍人们对"铜官窑"这一名称保持想象张力的缄默。这当然不是说"铜官窑"不存在，也不是要批评"铜官窑"想象建构的过程。事实上，如本书第五章所述，"铜官窑"的张力并不来自于简单概念的肯定或否定，而是来自于不断被价值化的过程，不同价值评价之间时常有矛盾，甚至相互消解。

那么，如果我们将目光重新聚焦铜官窑陶瓷产业的技艺本身，就应当进一步追问，在这样的价值矛盾和张力影响下，传统文化遗产如何平衡传承与创新？要回答这个问题，似乎应该从当代铜官窑器物的创作出发，来看器物生产与价值评价中展现主体积极建构的过程及其方向。

第一节　铜官窑风格的再定位

一、以古为师与以新为艺

人类知识的每一分支都建立在分类的基础之上，艺术的历史"纪念性"也如此①。目前，对古代铜官窑器物的分类及器物的命名，均来自考古学界。这些分类让铜官窑进入了中国陶瓷史册，但考古学界定义的铜官窑主要是唐代的。时隔多年，铜官陶瓷器在形态上早已发生了改变。如今铜官市面上的陶器，不仅有人们熟悉的缸、坛、瓦、罐，也有款式新颖的茶器、花器、雕塑和装饰创意陶。这些产品，既有常见的传统造型，也有一些打破常规设计的异形。它们都产自铜官，也都被称作"铜官窑"产品。由此，我们有必要在既有铜官窑的景观与器物分类基础上，来讨论其生产与风格之间的关系问题。

随着人们的观念和国家政策发生转变，复制和仿制文物，只要不冒称文物，不仅是允许的，而且还受到鼓励。在市场中，随着人们消费品位提升，仿古或是从文物中抽取文化元素进行再创作的产品，获得了空前的青睐。虽然考古界对铜官窑的器形和制瓷工艺有一套固定的解释，从取土到坯体成型，再到装饰上釉，每个过程都有着严格的工序，但在当代铜官，仿古陶的制作非常盛行。

第一种仿古的思路，是仿得越像古物越好。

在这方面，刘志广所经营的"广发鑫"可算典型的例子。

"广发鑫"是铜官老街仿古制陶的第一家店铺，刘志广善于运用陶瓷装饰手法，将唐代的铜官当地诗文书写在器物上。例如，经典的"海上诗路"与"路上诗路"系列作品（与"海上丝路""陆上丝路"谐音），就有很大影响。"海上诗路"共9把执壶，一字排开在玻璃展示柜上；"路上诗路"

---

① 巫鸿：《中国古代艺术与建筑中的纪念碑性》，上海：上海人民出版社2009年版，第21页。

共 12 件陶碟，整齐挂在一旁的墙壁上。每件器物上写着一首诗，"这些诗是当时窑工所记载的"，刘志广非常肯定地说道。在他收集到的 140 首诗词中，有 120 首是比较完整的，在全唐诗中都没有记载。刘志广对每一首诗都加以自己的理解，为之增添了全新的诠释。

图 6 – 1 "海上诗路"执壶图　　　　图 6 – 2 "路上诗路"陶碟

资料来源：笔者拍摄于 2019 年 2 月。

铜官窑传统拉坯的方法讲究"手工拉坯、一次成型"，仿古拉坯也是"广发鑫"的一个绝活。熊赛玉受雇于广发鑫，是铜官顶尖的拉坯大师，技艺精湛，他拉的坯基本不用修整和打理。此外，"广发鑫"将模印贴花装饰手法和褐绿彩饰应用得恰到好处。模印贴花上有很多的外来元素，如铜官窑经典执壶上的胡人与椰草纹元素，展现着异域风情。有些也包含着本土文化，如花草鱼虫等元素，尤以鸟纹为主。

第二种仿古的思路，是仿其意又追求创新。

在这方面，周世洪的"和万月"表现得比较突出。

在"和万月"工作室中，周世洪运用最多的元素是小鸟、摩羯、狮头等。其作品主要分为两大类，第一类属于原汁原味复制的铜官窑，第二类属于以铜官窑文化为基础的手工艺品及陶艺创作。在制作工艺上，周世洪多运用捏制与盘筑的手法，如他创作的现代陶艺《稻香》（图 6 – 3），整体作品通过手工捏塑与盘筑泥条的手法，隐淡人工痕迹。在裸烧的部分中，加入本地的"底土"，色泽较深，在质感上凸显稻谷的颗粒感效果。土质较硬，容易表现出镂空装饰的效果。如《闹枝头》（图 6 – 4）陶塑作品，树干采用盘筑泥条的手法，枝条相互攀援，几只捏塑而成的小鸟并列在枝头，展现出一派生机盎然的场景。周世洪也擅长于将传统技法与现代工艺相结合，在作品《共生》中，现代镂空、刻花工艺与传统雕塑、泥塑等多种技艺方法组合在一起，亦是陶瓷装饰技法的共生。

图6-3 稻香

图6-4 闹枝头

资料来源：笔者拍摄于2019年2月。

在釉色选择上，周世洪偏爱于铜官特有的青釉。《闹枝头》上捏塑的小鸟通体施青釉，背部点缀黄褐彩，口部呈张开状态，惟妙惟肖地再现出叽喳喧闹的画面，与主题中的"闹"字相契合。作品《唐韵烛台》（图6-5）以成对的形式出现，在釉色上分别施青釉与绿釉，使得整个作品充满古韵。在作品题材上，周世洪通常选取铜官本地的风土人情或历史故事，来表达陶瓷文化或传达自身的情感。如在《期待》（图6-6）中，作品的题材来源于古代窑工被征去守边关，或是去外地贩卖陶瓷。这组作品表现家人急盼远方的窑工归家的心情，用长沙窑的狮子符号进行创作，作品中狮子翘首回望，急切的感觉栩栩如生，从而传达出"期待"之感。在《荷韵》（图6-7）中，他围绕"锦绣潇湘"的主题，依据湖南的风土人情，选择荷花这一题材，整个作品采用编制工艺，陶器上铺陈着一张荷叶纹样的捏片，荷叶上两只栖息的捏塑小鸟，寓意生机之象。在《一个文明的诞生》（图6-8）中，罐子呈现出残碎状，展示了出土的铜官窑陶器的残破和不完整性，人们通过这件作品，可以窥见唐代铜官窑制陶的辉煌历史。

图6-5 唐韵烛台图

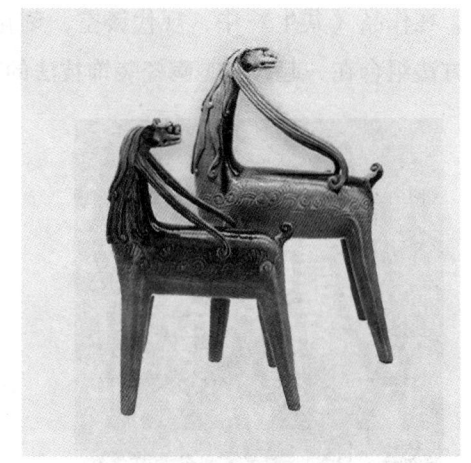

图6-6 期待

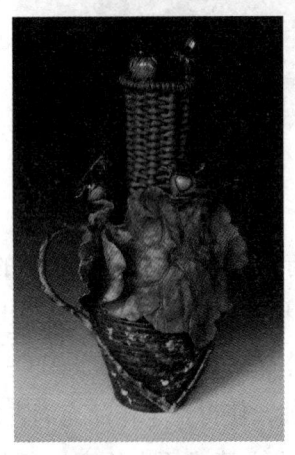

图6-7 荷韵

图6-8 一个文明的诞生

资料来源：笔者拍摄于2019年2月。

第三种仿古的思路，是提取某些传统技术元素而不追求器物风格与古物一致。

在这方面，胡武强的"胡家窑"即是如此运作的代表。

胡武强本人给"胡家窑"的定义就是"纯手工、古釉料、柴火窑"，其鸡血红作品独树一帜。在纹样上，胡武强擅长运用动物与植物花草元素，如"大型贴花盘口壶"（图6-9），壶身上面有着荷叶的模印贴花与小青蛙的捏塑，荷叶内卷，青蛙蹲于荷叶之上，画面生动形象。如"单龙壶"（图6-10）的壶把采用龙形捏塑，使壶身更具腾云之态。云纹与椰枣纹也是胡武强选择较多的纹样。

在造型上，胡武强选择以壶为主，包括盘口壶、提梁壶、小口高脚壶、六角壶、烛台壶、鸟形壶、葫芦壶等，另还有一些瓷枕、贴花筷筒、油灯、石兽等。在釉色选择上，除了独特的鸡血红，他还采用了绿釉、青釉，并将这些釉色综合搭配。如"大型贴花盘口壶"，整个壶身施绿釉，腹部形成块状鸡血红。"云纹壶"（图6-11）的腹部采用蓝色点彩进行点缀。"六角壶"（图6-12）壶身施绿釉，古朴沉韵。"双龙壶"通体施青釉，再以蓝彩进行点缀。"龙柄提梁壶"，釉色丰富多彩，鸡血红点缀其中更添意蕴。

图6-9 大型贴花盘口壶

图6-10 单龙壶

图6-11 云纹壶

图6-12 六角壶

资料来源：《胡武强陶艺宣传册》，笔者翻拍于2018年7月。

二、技法与风格回归日常

在铜官陶瓷市场上,茶器算是一大宗产品。自唐代以来,湖南一直是全国茶叶和茶具的重要产地之一。当代,铜官陶瓷市场的个性化茶器颇多,店主们大都围绕"如何将一种实用器物设计蕴含个人符号"进行着不同的考量。同时,经营茶具的店铺往往兼售湖南安化等地的黑茶,制陶业与茶企业联合,在铜官已是一个极为普遍的现象。

首先,一些作坊通过提炼传统制陶工艺中的部分技术,塑造铜官窑器物新的风格,从现实技术与艺术审美上进行衔接。

在这方面,"草木烧"作坊是个例典范。"草木烧"专营茶具,主人小曾于2012年从德化来到铜官。初到铜官,他发现古代铜官窑的传统器型很难使用在现代生活中,铜官也没有一家专门做壶的作坊或企业。一番考察后,他选择了制作陶壶。在器形上,他制作的茶壶始终显露出一种精细纤弱的风格:容器的肩圆润,身纤细,并显现出铁质感。按小曾的话来说,"器物设计的起点是追求简洁的外轮廓","传统的器型不一定好卖,与时代生活、品味相一致的产品才会有销路"。

在纹饰上,他没有选择从古铜官窑陶瓷中获取元素,而是从湖南省博物馆的汉代漆器上寻找灵感。在釉色上,他认为在铜官窑的几种颜色中,青釉视觉冲击感稍逊,黑釉、酱釉、红釉不可大批量生产。唯有绿釉,不仅在古代铜官窑器物上出现较多,而且在近现代的铜官大件陶器,如陶狮、陶缸、琉璃瓦上使用广泛,与现代人的审美较为相符。小曾研制的绿釉,既有活泼一点的,也有雅致一点的,在他看来,绿釉是铜官独有的色系,最能代表铜官。

在泥土的选择配比上,小曾也是严谨细致。冰渍岩壶是"草木烧"的特色产品,这类岩石产自安化,经研磨成粉,可作为原料来生产茶具。将岩粉与铜官原陶土进行调配,经1300℃以上的高温多次烧成,器物可呈现出玄铁般的质感。据小曾介绍,这样的陶壶会释放出锌、硒等人体所需的微量元素,品尝时易感茶的浑厚味感。每次研制的新品,小曾都会为其取名,如"思亭""石瓢""高升""美人尖""西施"等。

"思亭"因形似凉亭而得名,整个壶身通体施乳白釉,与陶土原色相融合，形成块状层次感，造型小巧规整。"石瓢"整体造型稍作拉高处理，壶盖平压在壶口之上，壶口不外露。壶嘴为管状中短流，壶底置有三足，呈三足鼎立之态，釉色呈现为单色系的黑釉。

"美人尖"造型如美人般形态纤细，壶把呈耳状。壶盖与壶身融为一体，通体施绿釉，壶底釉层堆积成铜红色，釉色晶莹亮丽，壶身呈现开片状肌理。

其次，有些较大的店铺，通过仿制与复制来重塑自身的风格特征。

在这方面，"府窑"表现得很突出。"府窑"是一家中小型陶瓷企业，主营茶具等礼品。"传古艺，创新品，倡导有文化的生活理念，创造自然的生活方式"，这是府窑的企业精神，其产品在现代简约造型的基础上透露着古朴。例如，海上瓷路系列（图6-13）包含一壶一罐一公道杯，另还有六小杯，以铜官窑传统青釉为主，融入釉下彩绘，纹饰采用经典的飞鸟纹，壶嘴呈龙头状，添有竹竿提梁，生动再现唐代陶瓷文化。

图6-13 海上瓷路系列茶器

资料来源：府窑供图，2019年2月。

瓜形茶叶罐（图6-14）则是模仿了铜官窑经典器型瓜棱壶的外轮廓造型。茶叶罐的腹部有六条凹线，外通体施绿釉，无彩绘纹饰。铜官印象产品（图6-15）采用铜官传统青釉，釉下画有几笔褐绿彩，点缀在茶器上，碗盖立着小鸟捏塑，与盖部融为一体，整个造型简约流畅。

图 6-14　瓜形茶叶罐　　　　　　　图 6-15　铜官印象茶器

资料来源：府窑供图，2019 年 2 月。

"潇湘八景"系列是"府窑"主打的特色新品。潇湘雨夜压手杯（图 6-16）杯口造型莹润丰盈，握于手中时，微微外撇的口沿正好压合于手缘，大小适中。其釉面为青绿色，黑色釉彩采用流釉工艺自杯口往下流，状如雨滴。"潇湘八景之江天暮雪"（图 6-17）茶器包含一壶一公道杯六小杯。壶体线条舒缓柔美，丰润饱满，上敛下丰。公道和小杯器身设计现代简约，却又不失典雅，其素青色的釉面上，黑釉彩采用流釉工艺自口沿而下，产生不规则、自然、悬垂如滴的质感。

图 6-16　潇湘雨夜压手杯　　　　　图 6-17　潇湘八景之江天暮雪

资料来源：府窑供图，2019 年 2 月。

再次，围绕"茶"的形态，新的铜官窑风格在更大范围内被激发出来。在这方面，彭望球创建的"富兴窑"及其所制作的茶罐可作代表。彭望球从小学习陶艺，从事这个行当已经三十余年。如今，他制作的茶叶罐，善于让釉产生窑变的效果。其罐面往往是一幅完整的雪山画面，远处与近处的雪山富有层次感，符合人的视觉效果，近处清晰，越到远处，画面则愈发朦胧。彭望球介绍，窑变在现代技艺中已经非常成熟，他根据自己对陶瓷艺术的理解，给古老的铜官窑塑造出瑰丽多变的色彩，让人们能够接受并喜欢。茶叶罐"鸿运当头"是富兴窑的一款特色产品，设计的巧妙体现在罐盖上，拿起盖子会发现其似一顶官帽，在2017年的一笔订单中，这个官帽茶罐的订单销量就超过了5000件。彭望球试图让铜官窑更具艺术性的同时，还将产品实用性分类细化，尽力做到极致，他所设计的茶罐因艺术性和实用性之融合，价格偏高却又非常畅销。

富兴窑在对铜官陶瓷技艺的把握上，增加了现代审美元素，器物容易融入现代人的生活。在彭望球看来，这是对家乡艺术一种更有效的传承，"这种创新精神非常重要，同时创新一定要源于生活，我认为长沙窑文化的根就在这里"。在富兴窑作坊里，"公道杯"也是堪称典型的作品。这款器形（图6-18）口沿较大，杯身呈直桶状且两侧有圆柱形钮，便于拿握，杯盖陷于口沿内，盖钮为倒斗笠状。采用铜官陶泥制作而成，显露出陶土粗糙质感。在富兴窑店铺内的墙壁上，装饰着几只侧把壶，这是彭望球的得意之作。侧把壶（图6-19）呈圆弧状，壶身左侧为长握柄，壶身经素烧而成。同为侧把壶，鸟纹装饰的那只则采用唐代长沙窑元素，釉色均匀且呈青色，因烧制时坯体和釉面膨胀系数不一致，产生细微开片。

图6-18　公道杯

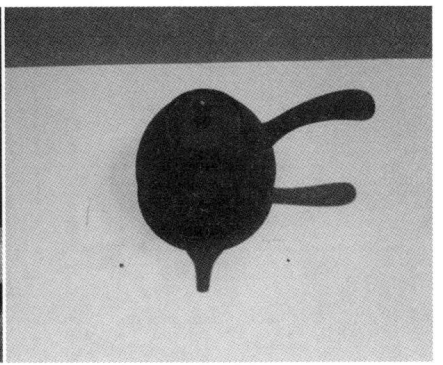

图6-19　侧把壶

资料来源：笔者拍摄于2019年2月。

此外，还有些店铺为了形成自身的新风格，主动融合其他的中国传统元素，从而在跨地域文化中形成了新的风格。

在这方面，"土金堂"的店主金和浩即是重要代表人物。"土金堂"主要以十二生肖茶壶制作为特色，金和浩不断改良，反复推敲，十二生肖壶已经创新到第七代。第一代生肖壶（如图6-20）由壶盖、壶身、壶底与茶托组合而成，壶盖内嵌，盖沿与壶口平齐，壶嘴为管状短流，壶柄设计呈半弓形，顶部为生肖形状的捏塑，壶耳上置有一孔，倒茶时，运用壶内外气压差原理出水，将手指按住小孔，水停止从壶嘴流出。壶身为直腹，施绿釉，氧化铜发色堆积而成铜红色，壶身下部露出底部素烧陶土，底部垫有一酱釉茶托，茶托为废弃再利用陶罐，内嵌细碎玻璃铺成荷叶纹样，再上釉素烧而成。与第一代生肖壶不同，第二代生肖壶（图6-21）壶盖平盖在壶口之上，不露壶口，半弓形壶柄设计的弯曲度减小。第三代生肖壶（图6-22）将壶身塑高，并特意将生肖捏塑放大。最新的第七代生肖壶（图6-23），造型更加规整利落，整个壶身上窄下宽，壶盖平盖在壶口之上，盖中心为一绿釉小执壶造型，壶嘴加长，呈管状中流，壶柄对比之前，半弓形弯曲度减小，顶部为生肖捏塑，造型精致，壶身通体施绿釉，下部釉层流动，堆积而成铜红色，垫有不规则状茶托。金和浩在造型、釉色上不断试验，始终利用绿釉作为装饰色彩，倾斜时运用壶内外气压差原理出水，不仅传承了铜官窑技艺，也增加了产品的科技感。

图6-20　第一代生肖壶（鸡）　　　图6-21　第二代生肖壶（猪）

图 6-22　第三代生肖壶（鸡）　　图 6-23　第七代生肖壶（狗）

资料来源：笔者拍摄于 2019 年 3 月。

柴烧和窑变也是"制作特殊物品"的重要技术之一，并且很符合现代人对拥有"特殊物品"的欲望。正如有制陶者所说："现在用柴火烧制器物的少了，柴窑中的每一件产品都是独一无二的。"在这方面经验丰富的制陶者刘嘉豪提到，"柴烧"是其经营品牌的主打元素。2014 年之前，柴烧茶器的人还很少，只要产品稍微有点个性就可以在市场上抢占先机。几年后，刘嘉豪发现这类生产者逐步变多了，因此器皿的价值不能再停留在工艺上，还得延伸到文化层面。在闲暇散步时，他常到水边捡石子，寻找灵感，然后将石头上的纹理运用到茶壶设计上，让茶壶更具现代性。每次烧窑时，刘嘉豪都会将全过程进行记录，以便将偶然产生的窑变最终变成可控的技术。他说："'浑然天成'很适合来形容烧柴窑的过程，将带有与自己体温相匹配的泥胎装入窑内，温度、火焰、湿度、还有落灰，都是太多不可控的因素。"正是这些不可控因素，使得柴窑烧制出来的陶瓷釉面温润、手感厚重、与众不同。在造物者的引导下，消费者慢慢认同了这一不同寻常的色泽和质感。回归到传统的烧成工艺后，每件作品都获得了独一无二的身份，"柴烧"和"气烧"自然也就变成了一种"品位区分"。

图 6-24　柴烧茶壶（刘嘉豪制）

资料来源：笔者拍摄于 2018 年 7 月。

三、生活审美的多维释义

从器物到技艺,再从技艺到艺术,甚至于铜官窑本身即作为器物包含了复杂的"制作"过程。一方面,它以当下的评价系统为基础而存在,包括了以"工艺美术"为核心的知识生产过程,以及由此而来的艺术话语建构;另一方面,它又通过家庭继替参与景观竞争,并因此卷入到关于历史叙事权的博弈中。这些都是在名为"铜官窑"的分类体系中产生的,并且使得铜官窑经历了从器物向景观,从地方历史生活景观向文化遗产转变,再向供消费者消费的现代城镇景观融合的过程。

与一般的景观不同,这一过程的特殊性在于其历史特性并不是由景观本身决定的。或者说,景观包含了物质的客观年代,那些由遗址和出土文物组成的客观化历史时间,并不能为"铜官窑"成为观赏性的风景提供存在的合法性。一般而言,保护文化遗产首先是保护历史遗存,也就是景观的物质基础,其次才是保护空间范围内的非物质文化。铜官窑所涉时间的模糊性,与"非物质文化遗产"中祛除了物质属性"遗产"一样,更加需要强调文化记忆,而不是物质实体本身。

虽然遗产"记忆"贯穿于所有种类的遗产保护,但铜官窑把"保护历史"中的这一对关系颠倒了过来。一方面,作为非物质文化遗产传承的铜官窑,必须强调文化记忆在当下的延续,这意味着,时间必须拥有新的历史印记,历史延续比物质景观更重要。景观中的物质成分变成为了物质性风景,它们需要不断在当下被重新"阅读"。而另一方面,铜官窑又直接涉及一种尘封于历史时空之中的器物,即出土文物。这类出土文物在时间、地点与形态上相对确定,不能随意篡改。这种确定性赋予了铜官一种"文化资本",使得它有可能在市场条件下再次重新变成有价值的生产、创作。名为"铜官窑"的出土文物为新景观的历史属性提供了坚实的证据,从而让当今的人们相信,这是一种有历史价值的景观。换句话说,古代人和当代人共同参与到了对当代"铜官窑"景观的建设中。

在这两个方面的作用下,铜官窑既是地方的重要历史印记,可以清晰地追溯到某种宏观历史叙事,同时它又极力否认自身仅仅是历史性的,而更倾向于被塑造成传承历史的当代典范。铜官窑的创作者们在宣称自身拥有某种历史传统的同时,又不认为简单的生产就能证明历史的延续,而必须通过某种新的叙事方式或者隐喻,才能达到这一目的。于是,我们看到,传承与创新并不是因为它作为非物质文化遗产而产生的矛盾,而是铜官窑本身就必须面对的本真性追问。

无论是陶器的技术、形态或审美,生产者都需要通过某种刻意的方式才能塑造其历史合法性。在铜官窑琳琅满目的"仿古"景观及其审美之中,这一点表现得十分明显。吊诡的是,"仿古"所包含的历史"虚假性"又被所有人忽略,历史的"断裂"直接被转化、包装成了一种"创新"的当代话语。"仿古"提供了一种近乎狂欢式的历史建构运动,所有人都参与到了一种"自觉"的历史创造之中。这种积极主动建构的历史,当然包含了对历史"虚构"的怀疑。但是,人们通过把这种"虚构"绑定到了另一种正统性话语上——也就是"传承与创新相结合",消解了"仿古"所带来的张力。在所有言说无法解释的历史断裂之处,人们都以一种"创新"话语去圆融"仿古"的逻辑矛盾。在此过程中,重要的不是人们如何想象历史,而是人们如何相信自己想象的就是历史。

一旦进入到这种"信仰"的世界之中,利用铜官窑传统技艺进行现代创作的手艺人及其产品经营者,也就找到了把想象的历史融入到现实建构中的积极方法。也由此,铜官窑就变得既不是一种传统意义上的物质文化遗产,也不是简单地对非物质文化遗产的破坏。现代性创作证明,铜官窑的基础仍然存在,"仿古"只是从形态、主题、动作、精神方面进行了创新。具体而言,究竟保留哪些传统技艺元素,又从哪些方面进行创新,则是一个包含了手艺人主体性的问题。

第一种处理传统技艺元素与现代艺术创新的思路,是当地手艺人常说的"随性"。刘坤庭、刘嘉豪父子的做法即是这方面比较有代表性的例子。

工作状态下的刘坤庭衣着也很随性,人们常见他穿着一件破了洞的棉质旧衣认真工作。一聊起铜官窑的话题,他总免不了兴致盎然。他说:"北有泥人张,南有泥人刘。泥人刘就是我爷爷(刘子振),从小爷爷引导我们做陶瓷。"[1] 他表示,是爷爷启发了他,让他走上了陶瓷之路,但是,在这

---

[1] 刘子振擅长小型泥塑,泥塑在处理上注重神韵,在釉色上采用原矿釉,如黄泥、潮泥、柴灰等。他设计制作了形态惟妙惟肖的十八罗汉塑像,在长期的艺术实践中,他还总结了"老中青幼、贫富胖瘦、喜怒哀乐"的12字口诀,"站七、坐五、跪三半"的尺寸标准以及"武人无颈、美人无肩、文人无肚"的"三无"原则。

段路途中,他也有了属于自己的"变与不变"。

在"不变"的方面,一块是仿古(其中,拉坯是基本功),另一块就是捏塑(其中,捏小动物是基本功)。做好小动物后就开始做人物,最开始是学做人物的头像,再开始做人物表情。每个阶段做什么,都形成了一个口诀式的形式。这套办法与学院派有着很大的区别。在探索的过程中,刘坤庭也有了一些"变化"的东西。他说:

> 我利用泥的一些泥性来做创新,主要是对泥的柔韧性的把握,对泥变化的一种理解,不是完全传统的,接近现代陶艺,以前铜官窑的东西都是随性捏的,讲究熟练程度,现在主要是结合市场,变成大众认可上的一种创新。我的风格主要以幽默风趣为主,题材上都很质朴,主要是反映当地的民俗民风。①

图 6-25 刘子振作品

---

① 受访人:刘坤庭;访谈地点:刘坤庭工作室;访谈时间:2016 年 8 月。

第六章　产业发展中的技艺传承与创新 | 239

图 6-26　刘坤庭作品

图 6-27　刘嘉豪作品

资料来源：笔者拍摄于 2016 年 8 月。

儿时在铜官的生活在刘坤庭的心中留下了悠闲美好的记忆，他喜欢去画童年时代那些天真快乐的孩子，以及那时小镇上的风土人情。作品《乐》即生动刻画了孩子捉迷藏时的情景，每个孩子脸上都洋溢着快乐与童真。这也是从十八罗汉像到"童格"风格的变化。十多年前，他的创作重点还是艺术品，但随着市场的转冷，特别是高端艺术品的需求缩减，其创作重点开始转向一些实用器皿。他特意向我介绍过一组自制创新茶壶，烧制茶壶时，陶土的收缩率大，难度高，经过将原有的陶土进行科学配比，减小了陶土的收缩率，烧制稳定性大大提高，做出来的茶壶密合度很高。

提起自己的儿子刘嘉豪时，刘坤庭充满了期待。作为一名"非遗"代表性传承人，他很希望儿子能继承自己的技艺。起初，刚从学校毕业的刘嘉豪觉得家里制陶的技艺很老套，后来慢慢从茶器入手，将自己在艺术设计专业学到的"点、线、面"知识与传统工艺结合，追求一种他称之为"产品的神韵和思想情感的表达"。近些年，刘嘉豪创作的重心主要在茶器上，其产品的市场认同度很高。他还开设了一个公众号，在宣传产品的同时，也介绍了长沙窑铜官窑的传统烧制技艺。在与刘嘉豪的聊天中，他表示：

> 我对曾祖父的神仙捏塑、十八罗汉像越来越感兴趣，这是中国文化的精髓。但未来的三到五年，我想专注地去打造茶空间，继续研究茶与器的兼容。茶器是一种实用性的产品，而捏塑是一种摆件，捏塑烧制的成功率会比茶器稍微低一些，器型大点的东西，在烧制过程中更难，流通也可能会难。①

在这里，刘氏父子对铜官窑的制作思考，无疑都包含了市场考虑。对于刘坤庭来说，他认为自己在创作上脱离于市场而更接近艺术，而刘嘉豪认为要跟着市场做，通过打造品牌去做一些实用性的产品。但是，"随性"首先出在了市场的对立面上，它表明个人并不跟着市场走，而是跟着自己的观念走。与此同时，刘坤庭作品的艺术性也并不完全来自于"随性"，而是有现代陶艺技术的成分。这种技术并不是个人的"随性"，而是一种大众型的技艺需求，也就是一种被大众认可的方式。

由此，表面上看，一种当代大众公共评价本身就是一种潜在的市场，它要求手艺人不能太"随性"。但是，"随性"恰好回应了当代铜官窑"仿古"生产中传承与创新之间普遍存在的张力。"随性"实际上是手艺人主体性的一种表达。不过，虽然刘氏父子两人都把"随性"放在了市场的对立面上，但侧重点又有所不同。对于年轻一辈来说，"随性"的创作可能会脱离于铜官窑景观的传统技艺，而更愿意强调传统技艺本身的传承。

第二种处理传承与创新关系的思路，是尽可能地强调"原汁原味"。在这方面，胡武强可算一个典型代表。

胡武强的特色技艺是烧制"鸡血红"，他为此还专门写过一本题为"陶粹"的小册子。现在铜官的手艺人烧制陶瓷，大多以电窑和气窑为主，用龙窑烧制的人非常少。电窑与气窑的工艺程序是可以控制的，窑内的温度

---

① 受访人：刘嘉豪；访谈地点：刘坤庭工作室；访谈时间：2016年8月。

比较均匀。在这样的条件下,烧制"鸡血红"作品是较容易,但也正因为窑内温度和均匀程度都是按标准化程序控制,每一窑烧制出来的产品也就基本相同,颜色显得呆板、缺少灵动的变化。在胡武强看来,这样的"鸡血红"没有"灵魂"。他通过多年的实验研究,用铜元素在还原焰下通过窑变,产生了鸡血红色。2003年,其作品《火凤凰》获得了中国首届文物仿制品暨民间工艺品展金奖。但是,由于鸡血红的烧制全凭经验,所使用的釉料配方、釉料浓度、釉层厚薄、烧结温度、窑内氛围等条件,要刚好互相满足时才能出现这种惊世骇俗的铜红,因此就是再高明的窑工也没有把握烧制出两件一模一样的作品,或让同一件作品不同部位的红色一样均匀。即使是胡武强也不能保证每一窑都能成功地烧制出"鸡血红"。他说:"若是技术掌握得不错,可以增加'鸡血红'出现的概率。"

胡武强对自己的定位很明确,就是做仿古陶。店里产品的特点就是全手工、古配方、每件东西都是柴火烧制。在铜官镇,像这样"原汁原味"地保持古铜官窑的传统制作方式者已不多。通过参加各种比赛,胡武强名气大增,也引起了艺术界、收藏界对他的关注。这更加增添了他传承传统技艺的信心。关于传承与创新的关系,他曾表示:

> 现代的科技很发达,照相比画画来得更真实,但为什么画家的画比照片值钱?我们做陶的也是一样,物以稀为贵,像我的"鸡血红"是古配方、手工制作、柴火烧制,会做这些手艺的人越来越少。如果陶瓷完全的机械化,虽然比手工快,但是没有手工的意义了……我今年已经七十二岁了,但身体还算好。只要身体状况允许,我会一直坚持亲自做窑,坚持发展陶瓷事业,把铜官窑古法烧制的秘诀传给后代。①

不过,胡武强也指出,所谓的"原汁原味"主要在于"仿"而不在于"古"。他明确"不做旧",在器型、产品类型上,以现代风格为主。其创新性同样也包括了技术层面的创新,通过技术创新才能提高产品出现"鸡血红"的概率。因此,"原汁原味"也并不是一成不变,而是通过部分的创新让"鸡血红"的核心传统技艺更好地传承。

---

① 受访人:胡武强;访谈地点:胡武强家中;访谈时间:2019年3月。

当然，除了这种传承与创新相结合的方式，也还有其他的结合方式。例如，前文所述刘志广的"广发鑫"，即偏重于用新的技术，从产品类型、器型、贴花、印花、釉下彩以及古诗题写等方面，力图呈现出仿古物的"古意"。

第三种处理传承与创新关系的思路，是运用当地原材料而在产品制作方面尽可能地强调"原创性"。在这方面，学院派的刘兆明是典型代表。

谈到铜官窑的作品创作，刘兆明更强调是创作者在铜官进行创作，而不是指创作铜官窑的姿态。刘老师坚持三原则：原创性、艺术性与唯一性。在他看来，铜官窑有很多人仿造，要么复古，要么模仿。而现代人的审美观念已经发生了改变，陶瓷产品也必须与时代同步，创造出新的符合现代人审美观念的装饰艺术风格。因此，应该尽量用现代设计优化铜官窑的装饰图案。唐代陶瓷器物上的装饰图案顺应了当时外销出口的需要，除了有中国传统风格的纹样、文字等装饰外，还有异域文化风格。现代新铜官窑的装饰手法则可以融入平面构成、立体构成、色彩构成等设计方法，或在器型上进行比较大的造型突破，或将唐代铜官窑的装饰纹样进行抽象化处理，这些都是可以尝试的创新手法之一。现代铜官窑陶器设计的混搭，应该是以古代器物的造型、装饰、制作工艺等为精华，并在现代设计理念的指导下，与平面设计、工业设计、环境设计、软雕塑设计等结合或引申。刘老师一直在尝试不一样的方法，将现代设计理念带入制陶工艺，这也是他来铜官创办工作室的初衷。

图 6-28　刘兆明的陶艺作品

资料来源：笔者拍摄于 2017 年 7 月。

就创新来说，刘兆明从"专业"的视角出发，以其"专业"身份赋予了解释创新的权威性，而这种权威性是民间手工艺人所不具备的。正因此，当胡武强等当地手艺人在强调其"柴烧"的艺术特色时，实际上有争取对创新的解释权之意味。如果把这种竞争放在铜官窑景观再造过程之中来看，不难发现，制陶者们其实是在试图平衡传承传统技艺和现代市场需求的关系。不论是当地人对出土文物为主题的历史叙事，还是陶艺工作者对现代审美与与创新的想象，都为铜官窑的景观再造赋予了多维释义。

第二节　工艺审美的本土评价

以铜官窑为核心的景观建设意味着，它不仅仅是生活中出现的器物，还是被观看的对象。观看本身就是一种解读，观看预设的主体参与为评价提供了可能。更为重要的是，这种评价之所以可能，在于铜官窑创造了一个从私人评价进入公共性评价的过程。在这个意义上，铜官窑的生产与对铜官窑的评价融为一体，作为物质的铜官窑进而容纳了一种社会话语的张力。

由此，每一件"铜官窑"总是引导人们积极地参与到铜官窑的评价之中，对其物质性的评价尤其如此。与此同时，人们对铜官窑的言说又总是否定作为实物的铜官窑。只有当其与那些建立铜官窑景区所用的石头、木材和砖瓦分开，与那些塑造街景的陶器、瓷器相互区别，铜官窑才真正得其所名。

当然，无论人们如何评价铜官窑，首先仍然需要生产。作为工艺品鉴赏与评价的一部分，生产本身从就在参与评价。这意味着评价并不是被动的事情，铜官窑的物质性使得它与传统的绘画艺术相区别。对铜官窑而言，其生产者与评价者的角色很难分开，因为器物生产卷入了太多的过程，以至于抽离"原料"的创作几乎不可能。进而，由于相比于绘画等传统艺术而言，对手工艺品的鉴赏需要更综合的知识，而不仅仅局限在"视觉"艺术上面。

一、工艺知识萃取本土性

鉴赏手工艺品所需的综合性知识内容很多。其中，有一个方面非常重要，就是它的"原料"。工艺品制作原料可以有土、纤维、玻璃、金属、木材、皮革等，这些类别是西方工艺品类型划分的标准。但是，无论其原料是什么，它们都在一定程度上与物质联系起来。作为陶瓷器物的铜官窑，当然也具有强烈的物质指向性。

1. 珍贵的泥土

作为"工艺"的铜官窑，从"泥土"、"釉料"到"窑火"，产品生产的每一个环节都需要用到特定的物质。不同的物质仅仅只是一种原料吗？其实，它们是作品意义建构的重要环节。例如泥土，它就涉及不同地区的土、不同土的加工方式，这些因素都直接影响到最终作品的呈现。

制作陶器的手艺人对土的用法是十分讲究的。例如，在周世洪作坊的展示区有一张长桌，摆放着三件作品。这些作品从泥土的配方上就有所不同。作品《稻香》在创作时，为在质感上达到稻谷的颗粒感效果，需较硬的土质，因此，其作品泥料大都选用本地的"底土""枯土""料土"。"底土"是做坯子的第一种土，烧出来颜色偏灰，"枯土"烧出来的颜色偏红。"底土"与"枯土"土质较硬，含沙量多，烧制后支撑力好。"料土"则偏青白色或者青灰色，黏性好。这些土主要受温度控制，烧到一定程度，差不多就是一个颜色。

不同泥土的配置是铜官窑生产的技术之一。这要求制陶者掌握一系列调土的知识与技术。泥土调配作为地方性知识的一部分而被特定的人群掌握。首先表现在其对泥土的区域选择上，有一些泥土需要从本地挖掘。本地手艺人雍建刚就表示："过去铜官制陶用的泥土都是就地取材，基本上是根据经验来配比的。当地的'潮泥'，烧出来就是黑的，可以用来做釉。山上的黄泥含铁，烧出来会泛黄。"泥土的选择与配比，本身就是一种技术秘密，经验丰富者才能调出各种颜色。

铜官窑以土为"生"的地方性特点，使得当地人对"地方知识"[①] 的掌握成为生产铜官窑的关键。但是，随着铜官窑从本土器物向"工艺美术"转变，制陶手艺人除了对原料重视，也同样开始重视一系列的工艺技术知识。与此过程相伴，技术具有了相对的独立性。从此，技术作为一种生产

---

① ［美］克利福德·格尔茨：《地方知识——阐释人类学论文集》，杨德睿译，北京：商务印书馆 2014 年版，第 193 页。

知识，既是一种本土化的地方知识，同样也是一种专业化的职业知识，超越地方边界的"外人"与物也都可以被纳入铜官窑景观的"地方性"语境之中。

不少手艺人都会强调选用泥土与技术配套的重要性。例如，当地一位重要的手艺人表示，泥土有的含铁多、有的含铁少，要会挑选和对比。他倾向于要先继承铜官窑的传统泥料工艺，再来创新。说到"继承"，他们会选择在附近农村挖泥土；而说到"创新"，则会选择外地的料土、白土，可以根据自己想要的效果来调和、配比。一般而言，茶壶容易出现壶身、壶盖相碰撞导致声响刺耳的情况，但有少数艺人懂得将木头和石墨按某种比例调配，烧制的产品不容易开裂，且碰撞声不那么尖锐。但是，这种泥土若用机器球磨，又很难烧制出想要的机理感。因此，从某种程度来看，混合泥土的新技术还必须配合传统的手工和泥、打磨，才能让产品呈现最佳品相。

由于配泥在陶瓷制作技术领域越来越重要，也就使得跨地域的泥土买卖成为了必要。当然，作为专业技术的配泥与作为"地方知识"的选泥并非截然对立，它们往往被同时强调，以适应一种综合性的"工匠"身份需要。

首先，其表现为专业性的技术话语在描述作品中占比越来越大。在调研中，"府窑"的管理人员介绍其产品时就对所用的泥土特别强调。他们介绍，"府窑"的产品之所以能做到更精细，是因为在陶土中添加了另外一种成分，铜官本地的泥土最多烧至1200℃，超过这个度数，就容易起泡。但是，在泥土里加入一些铝之后，因为铝石耐高温，就能烧到更高的温度。再比如，高岭土是不含铁的，但陶土含有微量铁元素，白陶中有一半高岭土，一半陶土。细陶白一些，配色上釉后，可以用来做礼品，更显精致。耐火土可以烧制，化妆土是白瓷土等等。

其次，这种专业性的介绍也融入地方话语之中。其具体表现为，当地人开始重新对泥土的特性进行解释。例如，《铜官古韵》的作者刘铁柱就认为，铜官当地做陶瓷的原料包括如下几种：黏土，又称为"底土"；料土，又称之为高岭土，属于质量较好的泥土，纯度高，价格比较贵，收缩系数大，容易碎；煤料土，又称枯土，含沙量比较多。这些土，需根据自己要做的东西属性相互搭配起来，称为配料。如做艺术陶，料土就得多一点。

做大缸，基本上就用黏土，虽较为粗糙，制作出来会有气孔，但耐用。

再次，综合性的技术实践被越来越多的人所选用。例如，"广发鑫"的刘志广认为配泥技术要注重综合性。他表示："做小货配泥是煤土加料土，大货配泥是锡土加枯土，艺术陶及其他陶艺制品需进行天然选料。我保留着传统的制陶工艺，从配土到制泥，从揉泥到成型，从制釉彩绘到烧成，所有烧制工序都是手工制作，使用传统手法。"通过这种综合，传统手艺能够适应现代性潮流与国家的科学性话语。本土的传统手艺与现代技术的综合，使得它们能够满足市场差异化的需求。由此，有些铜官窑生产者更进一步从原料与配料技术中走出来，转而强调后续的其他技巧。如当地的女性陶艺家雍应元，她主要致力于雕塑创作，在对泥土的需求方面就较多元化。她表示，做雕塑的泥需要粗一点，力度强一点，现在购买的红泥价格每吨约600元左右，白泥约900元。红泥含沙量比较大，做雕塑合适，而白泥较细腻，在精致刻画的部位需要用到。

当然，无论是何种技术，本土性原料与职业技术都不再是本地特有的，而指向了一种超越地方的属性。这种属性在国家赋予的"传承人"与"技工证书"中，表现得更为明显。由此我们看到，铜官窑的生产，其物质性的展现需要在本土、技术与国家管理之间形成。这使得以地方名称为特征的"铜官窑"形成了一种"本土性的想象"，这种想象并不是基于媒体宣传而建构出来的，而是从一开始就融入进了物质生产之中。个体生产已经不再是个体的事情，在原料、技术等方面都需要与超出铜官范围的、更大的社会网络打交道。

2. 多变的釉料

除"土"以外，釉是瓷器生产最为关键的另一个因素。从视觉艺术上看，铜官窑产品不同艺术性的呈现，就与釉直接相关。不同的釉可以产生出不同的颜色。例如，黑釉又称土釉，呈乌黑色，颗粒细腻；黄釉的主要成分为黄泥、柴灰与石灰，呈黄土色；绿釉是铜粉与白玻璃末配比，高温呈色发绿；红釉是铁末与杂色配比，高温呈色发红；更有青釉、蓝釉、酱釉等釉色。釉不仅仅是一种原料，更是视觉艺术创作。对釉的调配与在器物上施釉的方法，决定了最终成品的颜色呈现。

一些独特配方的釉成为了铜官窑艺术特征的重要表现形式。如铜官窑的"鸡血红"，又称为釉里红或铜红釉，不仅与矿物色剂的使用有关，而且与装窑摆放的位置、窑温、烧成气氛等有一定的关系。一些手艺人对色彩有自己的偏爱，如有人将蓝釉运用到器物上，形成星空窑变釉的特色产品。究其缘由，是因为铜官还是以陶为主，其细腻程度无法跟瓷相比，既然比不了，艺人就转换思路，追求一种内敛的表达方式。从外表看是一个粗糙的陶器，但是俯身品茶时，却能够看到内壁幽蓝的色彩。一位名叫谭艺的制陶者还自创了一种蓝釉，其所产茶杯外面体现陶的粗糙、古朴，里面则像星空一般细腻、典雅。还有制陶者专注绿釉，认为"绿釉"才代表铜官，虽然青釉与酱釉是铜官窑里最常见的，但这些色彩不符合当代人的审美，产品没有厚重感。学院派刘兆明对于色彩审美也有一番属于自己的话语，他认为，如果一件陶瓷产品颜色很漂亮，就是因为其颜色没有发生变化。除了蓝釉以外，所有的颜色都是窑变产生的，很神奇。手艺人可以朝着"窑变"去努力，因为最后的结果不可预期，而是一种偶然的效果。但偶然中，又有技术积累的成分。

如果以绘画作为类比，可以发现在绘画中通过使用不同工具和色彩，能创作出不同的艺术效果。其关键在于，一种中介性技术的介入，并不直接作用于艺术品视觉效果的创造，但却是最后艺术效果的重要影响因素。对于铜官窑来说，配置釉本身也是一种对色彩的管理。这种管理与艺术创作可以分开。釉可以被按照一定的配方生产出来。重要的是配方，不同的人使用同一个配方可以生产出相同的釉，但是如何使用釉来创作，则是另外一回事。这种技术与创作的表面上的分离，是铜官窑颜色管理与绘画中色彩创作区分的重要标志。

3. 神秘的技术

不同的釉，其背后是不同的配方。不同的配方被人们当作一种技术性的秘密精心保护着。这种秘密性意味着，使用釉的技术是一种可被重复的技术，而这种技术与物质的结合，又是整个艺术创作的基础。这实际上引发了一个矛盾，即艺术的精神性与技术的物质性之间的矛盾。文艺复兴以来，西方艺术始终走在与物质分离的道路上。艺术不仅可以单独反映一种审美批判，而且也可以与沉思和解释性串联起来。而这种解释性只有在公共文化之中才能发挥作用、产生意义。正是在这一点上，艺术的精神品质就与工艺品制作中的技术性产生了严重的冲突，并促使后者采取了一种"神秘化"的策略。这种"神秘化"不仅仅是一种被动的保护，还来自一种积极的建构。

现在,很多铜官窑的创作者都会选取一种技术为切入点,作为自己产品传达精神的突破口。这些技术有些是对传统技术的强调,有些则是对传统技术的改进,还有一些是对新技术的使用和创建。例如,一位名叫沈颖利的制陶人,就特别强调把"釉上"与"釉下"结合起来进行创作。她表示,釉下彩专注釉料颜色,选取唐代比较典型的器形,像提梁壶、瓜棱壶等,作为创作的基础。釉上彩则融入现代的一些装饰元素,主要是工笔画一类。在彩绘这一块,沈颖利将釉上与釉下进行结合,作为一个亮点和一个独特的方向。铜官窑是釉下彩发源地,无论是过去还是现在,釉下彩在表现过程中颜色比较单一,只有褐绿彩,变化不大。而现代创作把工笔画技法融入进来,形成釉上与釉下的结合,不仅可以使画面表现得更为精细,也更加适合现代人的审美需求。还有一部分创作,则选择在原有铜官窑的器形上面,采用卷泥片的装饰手法,捏制一些人物、花卉、动物,将其融入生活中的场景。卷泥片比较随性,也会带来很多不同的肌理,使产品更具艺术性。

还有一类属于传统的技术,如"印坯"。在雍建刚的工作室,这一技艺依旧在应用。印坯是陶瓷生产中的一种成型方式,用于异形器物的日用陶制作,方形器物可采用机械印坯机。整个模具分为上下两个部分,先用"弓"将泥块土墩切成长方形的泥片,将其放入上半部分模具中,手握拳状压紧泥片,与模壁贴合,让泥土逐步平整、光滑,一些有缝隙的地方再用多余泥巴来进行填补。然后,采用刮泥片的小工具进行修整,整个泥片的厚度约1.5cm,等上半部分的泥土变均匀后,再开始完成模具下半部分的制作。接着将上下两部分的斜口合起来,需要人工继续搬起一部分模具叠加在剩下部分的模具上。待基本重合后,便将开始切下来的多余泥片重复利用,搓成泥条状贴在两部分模具的斜口处,以填补其缝隙。接下来的一步尤为关键,用双手捧住模具的下沿部分,运用巧劲将模具往上拉,瞬间功夫,模具就与炉体分离开来。此时的钵体基本成型,这一过程称之为"脱模"。脱完膜的炉子放在浴霸灯的照耀下慢慢烤干,待水分都蒸发的时候,便可以上釉烧制。炉子凸起处放置炉桥,上面放钵子,下面放炭火来烹饪,这类产品是为餐饮行业专门定制的。

通过技术的被动或主动神秘化,原本作为原料的物质以及作为可重复操作的技术,就被转化为一种对精神性的追求与对意义的沉思。进而,这些产品就在最难界定的部分被定义为了一种向艺术看齐的精神追求。这种对技术物质性的解构,带来的结果之一就是创作本身的不可评价性。这里说的不可评价,指的是一种个体性意义表达的合法性建立。原本来说,当技术成为一种面向物质的可被重复的过程时,那么熟练度与成熟度等就可以轻易介入到技术的评价中。而一旦技术神秘化完成,那么技术就脱离了必然的客观评价指标,继而进入到了个体精神性表达的空间中。

二、工艺美术事业的扩展

铜官窑物质性特征的重要性并非仅仅来自于铜官窑,也不仅是关乎整个陶瓷器物的问题,且是根植于更为传统的对手工艺品的认识层面上。虽然铜官窑在中国陶瓷史上被定位为民窑,并且大多以生产日用品为主。但在当下,工业化大生产在进入日常生活领域后,铜官窑整体上进入到了一种转向手工艺品的过程中。为什么手工艺品可以和工业品区分呢?重要的不是手工艺品与工业品的对立,更为关键的是艺术与工业的对立,这一主题是西方工业革命以来的一个主要的论点。要想理解这种手工艺品的定义,必须把其放入到"艺术品"与"手工艺品"定义的对立中。同样,铜官窑的价值评价也是与整个手工艺品在艺术中的定位相一致的。

对手工艺品与艺术之间关系的讨论已经持续很久。尤其是在西方,传统的"美术"(Fine Art)也可以理解为一种"高雅艺术",在内容上特别倾向于指代绘画和雕塑的艺术形式,而与此相对的则是"工艺"(Craft)[1],它的范围比较大,也比较难以界定。铜官窑实际上归属于后者,即"工艺"的范畴。以铜官窑为代表,在艺术与美学的影响下的对物质的评价需要一种综合性的知识,我们可以把这样一种知识系统当作"工艺美术"。

工艺美术是一种生活的美术,也是一种生产的美术。[2] 它既指具体的工艺品,又包含工艺技能,有时也作为一个专业或学科的名称。[3] 在手工艺时代,工艺美术是以用和美相结合为特征的造物与设计。在机械批量化生产

---

[1] Sally J. Markowitz, The Distinction between Art and Craft, The Journal of Aesthetic Education, 1994, Vol. 25, No. 1, pp. 55 – 70.
[2] 田自秉:《论工艺美术学》,《装饰》,1991年第4期。
[3] 李砚祖:《物质与非物质:传统工艺美术的保护与发展》,《文艺研究》,2006年第12期。

时代，工业化生产与手工艺生产之间产生了一系列矛盾。在这一环境下，工艺美术的定位也随之变化，它专指那些手工技艺性强并具有一定艺术性的传统型产品。

从历史上看，"工艺美术"一词最早出现于日本明治维新以来的产业界和教育界。在产业界，日本第一、二回国内劝业博览会出品分类目录采用了"百工"这个含糊的词汇，并列入"美术"一类，第三回采用"美术工业"，第四回又改称为"美术工艺"，名称一直不确定，直到1917年安田禄造在出版的《本邦工艺的现在及将来》一书中对这些术语给予了详细的阐述和辨析。[①] 在日本教育界，1877年附属于工学寮的"工部美术学校"虽存在时间很短，却是日本近代设计人才的摇篮。1887成立的东京美术学校，在其1888年校则中规定设置了绘画科、雕刻科和图案科，1890年再度将"图案科"改为"美术工艺科"。

自鸦片战争以来，中国的产业和教育近代化显然受到西方国家的影响，包括日本"工艺美术"的名实关系。在19世纪末20世纪初洋务运动后期，随着官商合办模式的推行以及带有承包性质的事业的展开，不仅催生了民族工商业的产生，还引进了日本工业生产技术和工业产品设计概念，即"工艺美术"或称作"美术工艺"。"工艺美术"这一复合概念，最早见于留学日本的鲁迅和其他学生写给家乡的一封提及日本美术教育的公开信。之后，这个概念逐渐被中国学术界所接受。1917年，姜丹书在其《美术史》中，就将美术分为工艺美术、雕刻、绘画和建筑。[②]

20世纪20年代至40年代，工艺加美术成为当时新兴专业学校中的新专业，并出现了相关的教材和理论介绍。中国高等学校教育开始设立工艺科目，如上海美专工艺图案科、国立中央大学艺术教育系图案科、广州市立美术学校图案科等，工艺教育逐渐作为美术教育的一部分。把手工艺谓之工艺美术，也体现了工艺即美育的一部分。30至40年代，在理论和实践方面，随着工艺美术书籍的大量出版以及民族企业的发展，关于工艺美术的研究取得了一定的成就。在理论方面，主要的成果有两点：其一，工艺美术出现了两大类别，即产业的工艺和欣赏的工艺两类，所谓产业的工艺

---

① 胡平：《"中国手艺"不会成为绝唱》，《美术观察》，2007年第7期。
② 杭间：《中国的工艺史与设计史问题》，《装饰》，2008年第1期。

即大机器工业生产的设计与制造。欣赏的工艺即手工艺,这实际上将现代设计和传统工艺统一划入工艺美术范畴;其二,产生了具体的设计方法学——图案学理论,主要是针对平面图案和立体图案进行的理论研究。工艺美术的主要社会实践也包括两方面:一是现代设计方面,如职业设计师和设计工作室的批量出现,设计对象包括现代广告、产品商标和包装设计等;二是传统手工业的延续,如民间的各种手工业的生产与销售等。

20世纪50年代至70年代初,政府颁布了一系列经济体制改革方案,形成了以集体所有制经济形式为主体、城乡结合、专业生产与副业加工结合的生产体系,使得战时被破坏的传统工艺美术生产得以逐步恢复。在70年代初至90年代中期,随着改革开放以来经济体制的一系列改革,传统工艺美术行业迎来了新的发展机遇。在这个时期,政府大力推行对外开放政策,工艺美术行业的出口量倍增。从20世纪末至今,随着信息技术的快速发展,传统工艺美术进入新的发展阶段,民营、个体企业逐步成为工艺美术行业的主体。

从"工艺美术"发展史中,我们可以看到,"工艺美术"是在西方现代性影响下从日本引进的概念。同时,在近百年的本土化过程中,中国的"工艺美术"与社会发展、经济建设共同前进,融为一体。由此,我们才能够理解,铜官窑的保护与开发其实是一个中国特色的传统城市化进程,它背后包含了一系列合法化、制度化的配套体系的建设,而不仅仅局限于"非遗"层面。

就"工艺美术"的分类来说,造型、技艺和材料是构成工艺美术产品的重要因素。2006年9月,国家发展改革委员会主持的第五届中国工艺美术大师评选中,将传统工艺美术归为11类:工艺雕塑、刺绣和染织、织毯、抽纱花边和编织、艺术陶瓷、工艺玻璃、编织工艺、漆器、工艺家具、金属工艺和首饰以及其他类,为工艺美术种类进行了详细的划分和阐释。[1] 在这一分类中,我们看到了围绕知识系统的合法性而整合的多种社会实践。

此外,政府还采取了一系列工艺美术保护措施。例如,2006年颁布的《国家级非遗文化遗产保护与管理暂行方法》明确规定了非物质文化遗产的评判标准、保护原则和具体的保护工作,体现政府传承与发扬工艺美术的

---

[1] 李砚祖:《物质与非物质:传统工艺美术的保护与发展》,《文艺研究》,2006年第12期。

决心和毅力。其次，销售和生产工艺美术产品的企业和生产方在面对竞争激烈的市场时，力图发掘工艺美术独特的工艺价值，提升消费者的购买欲望，创造新的消费需求。再者，对于手工艺人来说，工艺美术产品和手工技艺是他们赚取劳动报酬的方式，他们既希望通过手工技艺创造经济效益，同时也具有传承传统工艺的独特使命感。对于消费市场而言，消费者希望手工艺产品既能在一定程度上适应现代生活需要，同时也能满足他们追求潮流、求同存异的心理需求。此外，对于学术研究者而言，他们要求工艺美术能在学术层面上做到创新，这种创新是对生活的适应和对工艺美术本质规定性的确认。

如此一来，官民协同与产学联动成为一个以"工艺美术"为知识核心的生态体系。工艺美术生态体系逐步变成了自然-经济-社会的复合生态系统，包括地理格局、水文过程、气候条件等自然景观，基础设施、土地利用、交通运输、产业结构等经济景观，人口、文化、历史、风俗等人文景观，其格局、过程、功能的多维耦合，是由物理、化学、生物、区域、经济、文化的组分在时、空、量、构、序范畴上相互作用的结果。①

然而，以"工艺美术"作为知识系统组织起来的生产消费体系，在与社会对接的过程中并非没有争议。事实上，就如何保持"工艺美术"作为知识系统的独立性问题，一直存在争议。早在1956年，中央工艺美术学院成立之际，在办学的指导思想上就产生过类似的分歧。院领导邓洁认为，学院的办学方针应适应国家经济建设的需要，学院应是作坊形式，师傅带徒弟，培养的学生直接为手工业生产服务，理论结合实际，专业教学密切结合生产；而以庞薰琹为代表，则认为工艺美术是文化艺术事业，创作设计的源泉是生活，产出和利润基本上不在其考虑之中，他理想中的工艺美术即是艺术设计。②

与此同时，高校作为承载"工艺美术"知识生产的重要载体，也存在持续至今的困境。如从教学方法上看，工艺美术教学多以传授知识与技能为主的师徒式、灌输式为主。如今的师徒式、灌输式教学很大程度上只是既有知识的单一传播，不利于工艺美术的多元化发展和专业创新型人才的

---

① 詹嘉：《景德镇陶瓷制作与生态景观的演变》，《南京艺术学院学报》，2019年第12期。
② 李砚祖：《社会转型下的工艺美术》，《装饰》，2014年第5期。

培养。从定位上来看，如何协调"技"与"美"、功能与审美之间的关系一直以来都是工艺美术所探讨的主要问题。现如今的工艺美术教学，往往忽视了传统的"技"与当代的"美"的有机结合，而片面追求工艺美术的艺术性或技术性。

回溯"工艺美术"学科及其知识生产，我们不难发现，若要将对器物的评价从私人评价上升为公共性的评价，首先需要建立起一套具有公共性基础的知识系统与知识生产的制度规范。因为，这种公共性的知识系统主要是通过"工艺美术"学科来体现的。当然，"工艺美术"学科与知识系统及作为工艺美术的器物生产一样，并不是一个定义明确的过程。我们甚至可以换一种方式去理解工艺美术与社会建设之间的关系，把"工艺美术"作为现代性背景下重新评价传统器物生产过程的一种可能性基础。在这种视域下，"工艺美术"就成了评价过程的合法性根基。

三、以艺为工的造型生产

在工艺美术专业的推动下，以"铜官窑"为对象的视觉特征从人们的日常生活中被进一步抽象化，并被应用到了诸多领域。生产铜官窑视觉形态的，不仅仅是那些民间手艺人。铜官特色被抽离，还在不同程度上进入到了一种严肃的知识生产领域，尤其是高校与学界的知识生产之中。这些被民间戏称为"学院派"的人，从不同层面上进一步挖掘了铜官窑的"文化基因"，并以"设计学"的名义为铜官窑扩大了应用的范围。

这些被称之为"新长沙窑"或"新铜官窑"的器物，大多来自各大艺术设计专业院校。学院派更为重视的是器物视觉元素，包括色彩、纹样和质感，他们通常将多种视觉元素进行拼贴，尤其是对所谓的"文化基因"的提取，采用解构与重组、借用与拼贴等不同的形式法则进行现代艺术设计，这种符号的扩展并不是随意的。在设计学的参与下，形态特征与符号转移不但有着明确的"传承"，同时"设计"也宣传了一种符号阐释的"合理性"，使得铜官窑景观更为立体化。

第一种以艺为工的做法是在符号的阐释中通过借鉴以达到解构与重构的目的。

例如，秦思思的作品《苍山泱水》，将铜官窑陶瓷的诗歌作为隐喻元素，与现代陶瓷茶具器形进行结合，山与水的形态经过抽象变形，壶盖部分呈现山的形态，壶身蜿蜒的曲线似池水。① 茶具材质选择粗陶，质感偏向拙朴，宽阔的"肚量"凸显"深水"的意境，釉色选取铁锈釉与青灰釉。第二件作品"均"壶，借鉴诗词"泽雨无偏，心田受润"，隐喻了雨水、阳光、空气、土地都是自然的恩赐，倡导"均平"的生活方式，故取名为"均"壶。壶盖的设计选取"田"字进行拆解，造型方正、整齐，转折起伏的线条呈现一种力量感。

刘芳芯将铜官窑凤凰元素的造型运用于现代陶艺实践中。凤凰姿态优美，口衔绶带，是富贵华美的象征。她将作品取名"荣华"，"荣华"一词既指草木花开，也指富贵荣华，是对作品象征意义的诠释。② 抽象后的凤凰造型被分成三部分，分别为头颈胸、身体和尾部，并用简单的几何图案概括。其中将凤凰的身体被概括成一个长方形，尾部成三角形，头颈成矩形或圆形，以此拉开造型的主次关系。在釉色上，以白色为底，顶部施加厚厚的绿釉，釉质在高温烧制中充分流动，最终达到饱满的视觉效果。

汤维的作品《福"祝"》，运用几何造型手法排列成型。通过重叠式样来营造一种吉祥的氛围，将"福"字圆形泥片进行插空黏合，使得造型秀丽，结构富于变化。作品《山水成趣》的设计灵感源于铜官窑的地理位置，将山水作为造型元素，通体施绿釉，同时运用中国山水画的构图体系，将三者景贯穿一气。作品《鱼龙百变》和《雕花》，则是借用了铜官窑陶瓷传统神兽纹样、宝相花纹样进行装饰。③

很显然，以"铜官窑"为名的造型创作，一种普遍的做法就是根据既有的分类，从形态或纹样上抽取所需元素，然后把这些内容融入自己的创作之中。无论是对外形抑或是纹样的抽取，实则都是一种符号化的过程，它在一定程度上脱离了既有的含义系统，而在承载转喻的基础上进行新的隐喻叠加。通过解构与重构，创作通过符号的阐释作用，进而形成一种新

---

① 秦思思：《陶瓷茶具的隐喻性设计研究》，中南林业科技大学设计学专业2015年硕士学位论文。
② 刘芳芯：《神兽符号在陶艺创作中的运用》，青岛科技大学艺术设计专业2019年硕士学位论文。
③ 汤维：《长沙窑模印贴花特色纹饰的研究与创新》，湖南师范大学艺术设计专业2018年硕士学位论文。

的意义的冲撞场所。当然,一般人并不会解读这种符号阐释的冲撞性,而把这种冲撞理解为一种异化的审美。这种审美直接面向不同的"专业",对接于不同的使用场景,并回应不同的市场需求。这种相互成就使得解构与重构本身成为了差异性消费创造的重要过程。

第二种以艺为工的做法是通过借用与拼贴来使用"铜官窑"的显性符号。

例如,袁子壹创作的"唐风新韵"系列。侧把壶的把手与壶嘴是比较常见的茶具构件造型,以实用为主。其公道杯造型线条圆润,杯口借鉴了唐代茶杯造型的圆形翻口。①

潘英的作品"这湘有礼",采用铜官窑"泡壶大碗茶"的器物组合方式,将器皿分为三个部分,分别是白碗、温酒壶和大茶罐。大茶罐与小酒壶配合,可根据时序变化选择冰镇冷饮或温酒热饮。其中,温酒壶的造型借鉴了酱釉双鱼背水壶和瓜棱形壶,施釉时不及底。②

王宝升的"伯乐"系列咖啡套具,整体造型上借鉴了铜官窑瓜棱腹器形,造型饱满、稳重。颜色参照了铜官窑的青釉、褐釉、绿釉及铜红釉,并进行适当的组合。③

从以上作品中,不难看出创作者对"铜官窑"装饰纹样、釉色质感、制作工艺的技术性内涵的强调。符号的挪用并不一定通过细腻的解读而展现,而是通过符号背后工艺技术对物形的直接影响来呈现。

第三种以艺为工的做法是将"铜官窑"在不同媒介中进行转用。

肖会君的作品,尝试用插图的形式,还原并对比长沙铜官窑非遗传承人和学界专家对陶瓷器物上诗词的不同解读。他以诗文"去去关山远,行行胡地深。早知今日苦,多与画师金"为例,对这首诗词的解读,专家认为呈现的场景为昭君出塞;而传承人则认为是窑工外出贩卖陶瓷。又如,对"云纹碗"上纹样的解读,专家认为碗内的图案是经阿拉伯数字变形而

---

① 袁子壹:《现代长沙窑茶具设计研究》,东南大学艺术设计专业 2016 年硕士学位论文。
② 潘英:《这湘有礼——基于湖南农耕文化的本土设计研究与实践》,湖南大学艺术专业 2014 年硕士学位论文。
③ 王宝升:《长沙窑的现代化生活陶瓷设计研究》,湖南大学设计艺术学专业 2009 年硕士学位论文。

来；传承人刘志广则认为，该图案是唐代窑工对当地云彩的绘制。① 在此，铜官窑的常见元素被创作者以"插画"为媒传达出来。

周任妩茜的作品《长沙窑游戏设计》，以数字化的形式展示了铜官窑的历史文化、文物信息及陶瓷技艺等内容。通过手游形式进行传播，更容易吸引年轻群体的关注。游戏作品界面清晰简洁，色彩轻快明亮，从现实意义上为铜官窑文化传播的数字化转型提供了思路。②

图 6-29　周任妩茜作品

资料来源：周任妩茜《长沙窑互动娱乐游戏界面设计》，湖南师范大学艺术设计专业 2018 年硕士学位论文。

---

① 肖会君：《多视角融合的长沙窑本土知识可视化设计研究》，湖南大学设计学专业 2017 年硕士学位论文。

② 周任妩茜：《长沙窑互动娱乐游戏界面设计》，湖南师范大学艺术设计专业 2018 年硕士学位论文。

2018年，得受访人告知，笔者参加了"铜官窑古镇杯"文旅创客大赛。在查阅相关书籍资料的同时，结合当地老者们讲述的铜官故事"清明时节放风筝"、"铜铁兑糖"、"瞎子摸鱼游戏"，以此为基础设计了系列图案，并将其应用于帆布袋、笔记本等信息载体。这件作品获得了此次比赛的银奖。

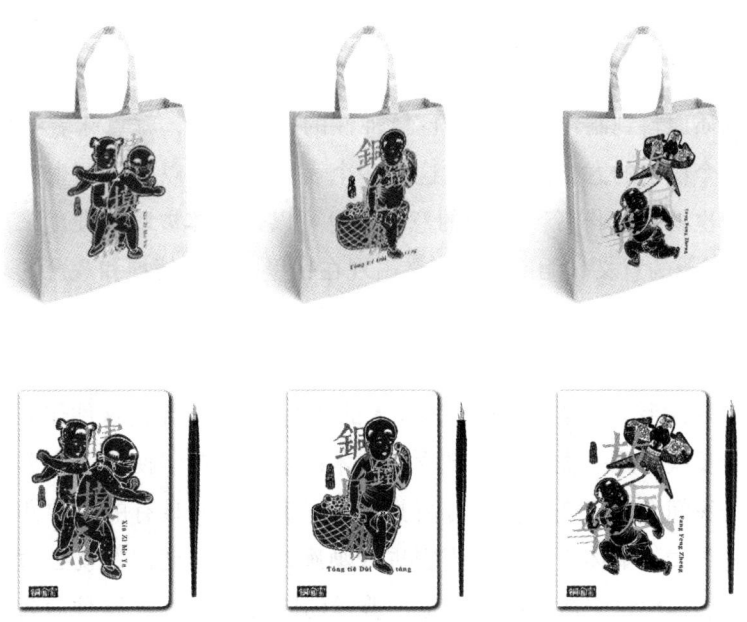

图6-30　笔者作品（部分）

大众媒体的使用为铜官窑文化特征的输出提出了新的要求，尤其是在人们对铜官窑文化的感知已经可以超越距离而传播的当下。铜官窑产品的媒体化需要进一步把铜官窑特征嵌入媒介生产的机构化操作之中，在媒介的框架下以不同的形态讲述"铜官窑"的故事。更为重要的是，以大众媒介为平台的再叙事往往形式更为多样，它远远超出了既有的以物为中心的再创作过程，表现为更加注重综合性的影响。在强调媒介转换的过程中，铜官窑也成了一种更具流通性的存在。

第三节 传承中的分、继、合

一、家业与技术发展分支

从物质原料到制作技术，一旦精神性的指向完成，就意味着物体本身具有了一个稳定的意指。当然，这样一个表意过程可以是强调生产者主观意图的，也就是"作者"赋予的意义；也可以是物体被动激发出来的，即"读者"赋予的意义。无论这种意义出现在哪里，一种精神和观念的表达都倾向于以统一性的面貌出现。也就是说，当身心以二元对立的姿态出现时，它们也以同样的方式统一在了一起。

无论一件手工艺品背后经过多少人的"制作"，也无论这件作品的精神内涵是否反映的是一类主体的观念，艺术品永远倾向于使用一个名字。哈特对印度民间宗教仪式图像的分析指出，手工艺品所具有的精神性可以来自于一种仪式的集体表达，但当它进入画廊时，它的创作者就必须变成了一个名字，即使这个名字的含义是"普通的印度妇女"。[1] 这种命名的统一性是与艺术品的独立性相关的，艺术品在拒绝纯粹物质与可重复的技术性的同时，也拒绝了一种被随意分隔的可能性。也就是说，在对艺术品精神内涵的追求上，主体的分隔和机械加工中的技术分工一样，被设想为是一种与物质层面相关的品质。换句话说，主体的分隔消解了精神存在的可能，而主体的独立成了精神的自由。

虽然哈特揭示了手工艺品的分工在向艺术品的独立转化的过程是一种性质的跳跃，但是手艺本身与美学教育不同，它涉及明确的传承过程。虽然这一过程在家庭作坊中被认为更具有沉浸式的美学熏陶的形式，但是传承本身仍然占据了突出的地位。更为重要的是，当这种传承涉及一种被认为是"先天"的血缘关系时，"传承性"也就脱离了简单的技能培训，而具

---

[1] Lynn M. Hart. Three Walls: Regional Aesthetics and the International Art World. in George E. Marcus and Fred R. Myers eds. The Traffic in Culture: Refiguring Art and Anthropology. Berkeley: University of California Press, 1995. pp. 127-150.

有一种家族精神的统一性。正是基于这一情况，铜官窑作为非物质文化遗产同很多遗产传承一样，都使用了"世家"的概念来对工艺品的精神性进行解释。

就铜官窑来说，现有的非物质文化遗产代表性传承人，都与"陶瓷世家"相关。

例如刘坤庭家族。其祖辈刘子振是湖南省第一届工艺美术大师，有"泥人刘"之称。父亲刘四泽，生前也从事陶瓷的制作。弟弟刘昆仑，在家是老小，目前和妻子在老街帮忙打理店铺，平时制作一些陶瓷花器和香炉，另外也负责泥人刘陶艺馆的陶艺体验。妹妹刘晓燕，1982年时就随爷爷一起在铜官陶瓷总公司研究所工作，主要负责修坯，还捏制一些花草陶塑。现在，家族第四代传承人刘嘉豪不断推陈出新，作品广受欢迎。

"世家"的概念为手艺的精神内涵提供了一种主体性解释的可能。铜官制陶的世家被当地人赋予"刘氏家族""雍氏家族"等称号。在这种模式下，精神性内涵与价值就可以通过技术传习而获得。在"非遗"代表性传承人申报时，一项关键的指标也指向了"传承谱系"和"技艺特点"。这在刘坤庭等世家的传承与"分支"发展案例中可见一斑。

且说清末民国时期，铜官窑传统的陶瓷烧制技术得到了全面继承发展，胡颐顺作坊的业主胡顺生是当时的代表，被誉为"窑状元"。刘子振是胡顺生的得意门生，在传承铜官窑陶瓷烧制技术中，将泥塑成型练就得炉火纯青，成为家喻户晓的"泥人刘"。刘氏家族的第三代刘坤庭，在祖父刘子振及父亲的直接培养下，继承了传统的陶瓷烧制技术，成了正宗的传人。先后被评为湖南省十佳杰出传承人、湖南省非物质文化遗产传承人、高级工艺美术师等，成为传承技艺的领军人物。第四代传人刘嘉豪，师从父亲刘坤庭，亲自设计、动手建造了一座烧氧化焰的柴火龙窑，开发烧制的创意新作在全国参赛获得两项金奖、三项银奖。

二、继承家业与推陈出新

刘坤庭在描述自己的技艺传承时，使用了一个标准的"三段论"格式，即"传""承""新"。他对"技术"的理解注重如下几点：

首先是功底扎实。从小跟随祖父、父亲学习传统的陶瓷烧制技术和"泥人刘"的泥塑技艺，练就了快速捏塑、即兴雕塑等过硬的基本功。总结了传统人物造型的"老中青幼、贫富胖瘦、喜怒哀乐"12字口诀,"站七坐五跪三半"的尺寸标准,及"武人无颈、美人无肩、文人无肚"的"三无"原则。刘坤庭能在8分钟内用陶泥塑制一个神采兼备的人像。

其次是继承传统。唐代铜官窑的拉坯技术,贴花、雕花技术,铜红釉的烧制技术;祖父创造的塑制人物用成人的头面、儿童的身段,即"童格"的造型技术,刘坤庭都完全继承。2009年7月为迎接祖国60周年华诞,刘坤庭用"童格"的风韵制作了60尊神态各异的寿星,赠送给政府,作为向祖国庆寿的礼物。2015年,他根据铜官窑艺术陶瓷神韵创作的《国韵》《少年乐》《渔歌》《秀时尚》等作品获得全国金奖,分别被美国、日本、罗马尼亚等前来铜官观光旅游的外宾收藏,成了中外文化交流的使者。

最后是推陈出新。在传统技艺的基础上,融入时代的气息,创制了新颖独特的陶瓷作品。大型陶瓷浮雕壁画是在传统花草浮雕的基础上,用艺术的手法大胆拓展创作的。一幅长65米、高4.5米的大型陶瓷浮雕壁画《渔哥互答》创造了陶瓷行业壁画之最,镶嵌在岳阳市文化艺术中心,得到了不少国内外专家的赞赏。香港商会定制的复色镂空大型浮雕壁画《三十六计》,也是刘坤庭运用铜官窑釉下多彩和窑变釉烧制方法而制成的,是陶瓷行业的首创,堪称鼎尖之作。

彭望球13岁时就跟外祖父"泥人刘"刘子振学艺,主攻陶瓷雕塑与陶瓷造型。在产品造型、泥釉、印模等方面卓有成绩。通过现代工艺和传统工艺结合,其产品创造了一种崇尚自然、返璞归真的高雅意境,技艺令人惊叹。

彭望球论述技艺的方式与刘坤庭有着相似之处。他认为,首先要能熟练操作长沙窑铜官陶瓷技艺中濒临失传的捏坯、拉坯等手工技术,并传授给后人。其次,在制釉、烧成方面,要能运用现代科技与传统工艺相结合,烧制出如结晶釉、窑变釉等多种陶瓷工艺产品。最后要发展陶瓷雕塑技术,他本人的雕制作品得到了许多陶艺大师的赞美和人民群众的喜爱,为铜官陶瓷技艺的传承作出了一定的贡献。

在刘坤庭、彭望球关于技术的描述中,有几个特点是值得注意的。首先,他们表明了技艺在历史中的分离,其次是表达分离后的继承,最后则是在这一继承上所形成的自身的成就。两者稍有差异的是,彭望球更强调技艺在时代之中的分离与继承,而刘坤庭则更强调技艺在代际中的分离与继承。

这些传承之所以更倾向于"技术",正是由于其传承后的个人不但被认为可以单独建立自己的风格,甚至可能与传承人的风格迥异,而且其作品的艺术性也不会被打上其传承人的标签,师徒中的继承也可能仅仅是某一种单独技术的传习。

但这种差异的背后,表达的正是艺术品精神独立性与技术传承的重复性之间的张力。就技术本身来说,其重复性让传承更为标准化,传承的结果也更明显。但就艺术品来说,一个非物质文化遗产的传承需要一种长久生活感的沉浸与艺术审美的熏陶。正是在这一点上,"世家"的称号本身更像是一种综合,它倾向于技术与艺术的双重面向,具有了继承精神性的主体可能性。进而,血缘传承就与遗产传承取向同步。

例如,刘嘉豪提到传统与艺术的关系时说:"传统与艺术是没有界限的,传统也是艺术的一种表达形式。"对于柴烧,他也有自己独到的理解:"柴烧所产生的效果,是电、气所达不到的。在整个烧制的过程中,人的参与性会比较强,做出的东西也会有情感。"在刘嘉豪眼里,他的父亲是一个专注做事的手艺人。他说:"我对父亲的印象就是他一直埋头做事,也没有跟我多说些什么,一天基本上十来个小时都是在做东西,也潜移默化地影响了我。"不难看出,他对情感的强调,实际上已经超出了技术的范围。从以技术为主的"柴烧"出发,指向的一种情感性可以重新放到"家"的逻辑中理解。一种亲密的情感被用来描述一种"电、气"无法替代的技术本质,这种技术进而实际上是一种家庭共同体的记忆。

刘嘉豪还曾提及,从他记事开始,家里的生长环境以及他所处的生活状态,都受到爷爷或者爸爸的影响。尤其在人物捏塑,包括小动物的捏塑等方面,都是很"随性"的感觉,做出来的东西也很可爱,大都是一些神话人物的造型。从家庭记忆出发,"世家"为技术的传承提供了本土化的精神内核。

一方面,就地方而言,"世家"与单纯靠"技术"而生产铜官窑的外来者不同。这种不同根植于创作者从个体记忆到家庭记忆,从家庭记忆到社会公共记忆的脉络之中。这里,家庭被认为是承上启下的关键,它连接着个人私密的记忆与本土性的公共记忆之间若即若离的关系。对"世家"的传承人的强调,不仅仅在于对"技术"的强调,也是铜官窑作为地方性景观的必要的组成部分。

另一方面,"世家"也被打上了"中国化"的烙印,这与中国人对"家族"整体性的公众想象息息相关。进而"家族"在作为国家非物质文化遗产评选时的条件之一，实际上同时具备了地方与中央的两层隐喻。尤其是在20世纪末以来国家整体的大规模城市化与市场化建设中，私有化的推进在一定程度上消解了家族传承中具备的某种地方连续性，跨地域的体系首先把个人纳入到了消费市场中。当城市化进入新的阶段后，中国城市需要一种新的隐喻来重新进入国际市场的循环中。在这一背景下，"世家"既是一种本土性记忆的情感建构，同时也是一种国家正统性记忆的政治博弈。

三、创新之分与艺脉相连

与此同时，作为政治博弈的一种显现，宏观的政治博弈也同样以微观的家庭政治博弈进行表达。虽然家庭的继替与艺术的传承相关，但手工艺与艺术品的张力依然发挥着影响。这意味着在传承过程中，艺术品精神的表达可以出现"反叛"，表现出代际间明显的割裂。

例如，在"雍氏家族"中，雍应元跟着父亲学做陶瓷时慢慢认识到，要传承，但也要独立。从创立"承林陶艺"后，她便开始了自己的创作生涯。雍应元擅长用传统的雕塑手法塑造女性的美，作品题材多以母女、佛像为主，与生活密切相关，充满写实性。独立后的雍应元，对于手工这一行业，也有着自己的思考。她表示："我没有考虑品牌，只要作品获得客户满意，我就很满足。"手作是传统的东西，现代机械虽有很大市场，但不能代替手工，手工艺品有它自身的价值与味道。雍应元没有过多的宣传产品，她相信购买是一种缘分，顾客与自己都能取其益。她认为，陶瓷这个行业往往需要有个人特色的东西，就不用去参考别人的。就像父亲的每件作品，都是反复修改、调整得来的。别人可能模仿出其中一款，但其经验与特色是很难学到的。而她即使跟在身边学习很多年，也不可能完全一样，所以她发挥自己的特长，以女性雕塑为主开创了一片新天地。

在调研时，我了解到，相关政府部门给予的优惠政策可用在一个"家族"身上，因此，雍应元本人开设的陶艺作坊就不能获得再次扶持，即使她的作品与父亲的不一样。在她的作坊"承林陶艺"里，我们确实可以看出她具有对自己作品明确迥异的意义定位和艺术追求。这种自身的艺术性与对自身独立性的要求一起，反而促进了一种对血缘家庭延续的"反抗"。与此同时，虽然这种"反抗"表达了一种不同的精神追求，但是就其形态和技法看,他们又重新统合在了一起。在创作上,雍应元与父亲在塑像形态与技法上都有着相似的描写。每次创作前,父女俩都会思考作品主题,把功夫用在雕塑的形体、表情与质量上面。在做体型较高的人物雕塑时,不用干泥巴做,同时需掌握技巧,底下干一点就往上做一点。做伟大人物塑像的时候,要讲究其气魄,即使是很微小的动作,都要体现出人物的情感,比如走路的步伐,身体的扭动以及面部表情,这些细节都要格外注重。

图 6–31 雍起林创作的主席像

资料来源:笔者拍摄于 2017 年 8 月。

图 6–32 雍应元的创作

资料来源:笔者拍摄于 2017 年 8 月。

由此，虽然雍应元曾表示反对"世家"的概念。但是，她独立追求艺术技巧并重塑"铜官窑"艺术时，依然卷入了作为情感记忆的本土性"世家"与作为政治性博弈的国家正统性"家族"之间。继而，这种博弈变得更像是一种策略性的战术，其最终希望实现的仍然是一种"艺术性的"继替，而不是一种区隔。

此类故事，也就将我们重新带回一种家庭继替的动态思考之中。麻国庆在关于中国家庭亲属关系的研究中，曾分析其"分中有继也有合"的特征，并认为这是中国家庭继替的基本结构。① 而对于中国手工艺品的非遗继承来说，这种模式同样适用。其特征在手工艺品的继承中不断更新，最后统一融合在新的作品中，具体表现为精神价值在继替中独立，精神记忆在传承中连续。由此，在家庭的"分、继、合"中，技术与艺术得到了统一。

在当代中国，只要论及文化遗产，传承与创新就是两个最常被提到的词汇。而且，传承与创新的关系问题，还经常与是否要适应市场的问题搅和在一起。其实，就产品的生产与创作来说，与传统分裂的创新动力是一种艺术品审美独立的主观冲动，继承传统则又是艺术品独立的必然前提。手工艺品在向艺术品转变的过程中，这种"分"与"继"也就最终成为了一种主体创作"合"的过程，成为了当下遗产传承与创新辩证发展的内在动力。

小　结

在考察作为物的铜官窑生产中，不难发现，生产者的主体性始终贯穿在生产之中。无论器物的分类差别为何，历史的脉络如何转换，以及外部的政治经济关系如何互动，铜官窑永远都是在人的手中生产出来的。这就意味着，这些结构性的与抽象的知识系统，必须重新还原为主体对生产的认识，才能够参与到铜官窑景观的创作中来。

这种主体性认识首先以"风格"的形式表现出来。一方面，风格从面

---

① 麻国庆：《永远的家：传统惯性与社会结合》，北京：北京大学出版社2009年版，第99页。

向历史的文脉中吸收养分，风格特征普遍要求具有历史的厚重感。这使得仿古成为了一种必要的过程，即使不是主要的风格。"仿古"与"做旧"开始出现差异，实际上是一种重塑历史的审美认识，具有很强的主体意识。另一方面，新的风格也必不可少，比如工业与当代艺术风格。这一方面是创新的风潮下的要求，另一方面也是铜官窑产业发展的历史所致。当代的艺术生产者大多经历了从工业生产到作坊的转变，进而一种艺术风格的再创造就成为必然的趋势。

在这两者的结合中，风格实现了从模仿到设计的转变。或者说，这一转变由以铜官窑生产为中心的群体构成，其实践经人总结后，上升到了一种新的理论知识的高度。在这个升华过程中，学院派手工艺人起到重要作用。他们虽然既不具有"地方知识"，也无地方非遗传承人的身份，但参与到了铜官窑价值系统的创建中，并为整个铜官窑景观再造和陶瓷产业振兴做出了贡献。他们直接参与了旅游景观的建设活动，包括设计旅游纪念品和通过新媒体方式进行景观的数字化改造。同时，他们也与学院中更为艺术化和理论化的知识分子结合，从而为建立更完善的价值评价系统做了准备。

在风格多样的铜官窑产业振兴中，我们看到了一种工艺的新的发展。工艺的发展与遗产的发展在这里可以被认为是相互交织的问题，而"工"与"艺"的关系也是遗产保护与开发中的重要变量。作为"工"，遗产具有手工业的特征，并且以传承技术为重要内容；而作为"艺"，遗产的再创造就变得因人而异，其精神内核是无法传承的，即使在"世家"之中。这种独立精神与传承技术之间的张力，无法通过既有的评价系统使其整合，继而催生了新的评价系统。这一新的评价系统，一方面促进了工艺美术事业的发展，另一方面也实实在在地产出了一批新的铜官窑艺术作品。后者具有自身多样化的技艺手法，包括"解构与重构""借用与拼贴""临摹结构与直觉体验"，等等。

具有主体性的手艺人参与铜官窑景观创作，在性质上可以说介于工艺与手艺之间。生产者通过对物质的利用、对技术的把握以及对艺术的能动性理解，重新解释了自己的创作实践，并在这一过程中回应外部社会的变化。通常，本地手艺人难以看到外界对艺术品系统性的阐释，但每一个基层的个体在实践中，其实都在努力协调景观中的多元互动关系。换句话说，他们的积极性创造并不仅仅是在为一个景观服务，而同时把其自身也建立成为景观的一部分。正是在这样的过程中，铜官窑才不只是一个古代遗址、一个文化符号或者一个商品，还变成了一种当代生活景观。

手工时代传统制陶业传承下来的一些技艺，不仅是一种"回忆"，更意味着制作者在这件器物上投入的时间和精力。对消费者来说，这也意味着拥有消费这些人工的能力。即使是看似"常规"的器物，也在无形中引入了"人力的投入"，从而把器物转化成了文化传承的象征。例如，"柴烧"和"气烧"变成了一种审美"品位区分"①，在生产者和消费者眼中都成了"艺术品"与"工艺品"，其差别值得鉴别。

然而，虽然"新铜官窑"对一个学院的艺术践行者具有极大的吸引力和合理性，但是铜官窑从一开始就并非是在审美领域内部建立的一种具有合法性的风格，而是利用"风格"建立一种合法性的想象。人们如何想象历史的连续性，是铜官窑风格的核心。追求风格独立的创新趋向，一旦彻底脱离铜官窑传统历史生活风景的向心力，也可能引发一系列的认同问题。

总之，铜官窑变成文化遗产后，不可能返回到西方艺术品分类系统中常说的"个体性生产"，而深深嵌入以本土文化为基础的文化权力网络之中。这种传承与创新的矛盾性关系，最终还会深深地嵌入到家庭乃至个体生命史的变化。其中，代际传承与变化问题表现得尤其突出。在艺术追求和生活审美上，中国家庭分家与整合中"分、继、合"的亲属关系也有清晰的表现。铜官制陶技艺虽然本身也在产业化中变成了一种景观，但其传承与创新的关系无论是落实到具体技术上还是审美上，同样体现出了一种"分、继、合"的辩证变化趋势。

---

① ［法］皮埃尔·布尔迪厄：《区分：判断力的社会批判（上册）》，刘晖译，北京：商务印书馆2015年版，第92页。

第七章
结 论

　　景观再造是现代社会中的常见现象，其中相当一部分是围绕文化遗产而展开的。本书考察了湖南长沙铜官窑陶瓷技艺变成历史文化遗产，以及围绕它们而展开的景观再造过程中，不同主体围绕文化资源、权力和资本而展开的互动。这些互动涉及文化遗产的物质形态、历史叙事及其背后一整套社会文化体系，如特定的空间、生产技艺、社会组织与信仰仪式等。由于历史生活场景往往是立体、多面和复杂的，而且往往随人们的生产、生活的变化而变化，由此随着岁月流逝，一些信息附着于文化遗产留存下来，一些则可能变得模糊不清。

　　这种历史线索有迹可循与模糊性相统一的特点，使得后人有了根据自己的需要重新考察、挖掘、解释乃至构建历史叙事的可能。而这种回溯、建构历史叙事的过程，既包括了国家目标及其权力的运作，也包括了地方社会中不同人群的互动。尤其是在市场经济当中，资本的力量不仅必定介入其中，而且还往往扮演着十分重要的作用。这些因素叠加起来，不仅会影响到文化遗产的历史叙事，而且也会影响到其当代利用，如物质与审美消费，传统技艺的传承与变革，以及所有这些活动背后的人的生活。由此，在当代学术研究中，关注人类社会组织机制及其文化再生产的人类学学者们，对景观再造有着浓厚的研究兴趣。

第一节　文化遗产景观再造要素

　　文化人类学聚焦的景观，有可见的物质空间外表，但更多侧重于隐含了人与人互动、有意义表达的空间。湖南长沙铜官窑陶瓷技艺景观再造的经验表明,由于有人与人的互动,景观中包含了意义阐释及其背后的社会结合方式、经济关系乃至政治权力网络。同理,这种视野下的景观也就不只是静态的物,更重要的还在于人在物里面"填充"或者说"重塑"社会、经济、政治价值的动态过程。谁能够在多大程度上、以什么样的方式塑造其意义,其不仅是美学再造的过程,也是一个权力实践的过程。人们给物赋予意义,使之成为社会意义上的"景观",既包括物理干预,也包括意义阐释;既包含了地方性主体,也包括超越地方性的社会文化网络;既包括当下现实的考虑,也包括历史遗存及其再解释。

在这个意义上可以说,景观再造过程就涉及"财富、权力、信息、知识、文化"关系①,及其重新整合与再生产的"综合实践"过程②。具体地说,景观不仅是客观的、可供人欣赏的物或精神产品,也包含人的主体性、社会关系网络、权力、资本较量在内的"制作"与"生成过程"③。在景观的命名竞争中,文化遗产的认定与社会认同生产、意义再造以及面向市场的宣传等因素都会综合发生作用。因为有竞争存在,所以界定哪些东西属于"原汁原味",哪些东西属于再造的"虚假历史"④,也就成了潜在可能发生争议的博弈对象。

21世纪以来,中国的遗产保护也成了一项重要的国家话语。在文化遗产的名义下,如同湖南长沙铜官窑陶瓷技艺一样,不少原本属于地方历史或者现实生活中的景观,以各种方式被认定为文化遗产,并且基于文化遗产试图发展出相关的产业,使其变成可供人消费的景观。于是,"开发"和"保护",往往被搁置在了一起,却又不乏张力。表面上看,遗产确实面临着被"保护"的境地,尤其是以物质为主的遗产。物质性的文化遗产以其独有的属性难以被挪用,因为它们在现代社会中往往被认为属于国家和社

---

① [法]亨利·列斐伏尔:《空间与政治:进入都市的权力》,李春译,上海:上海人民出版社2015年版,第102-107页。

② Tim Ingold, The Temporality of the Landscape. World Archaeology, 1993. Vol. 25, No. 2. pp. 152–174.

③ 参见 Stephan Feuchtwang, ed., Making Place: State Projects, Globalisation and Local Responses in China, London: University College London Press, 2004, p. 4; Tim Ingold, Making: Anthropology, Archaeology, Art and Architecture, London: Routledge, 2013, p. 21.

④ D. Harvey, Consciousness and the Urban Experience, Oxford: Basil Blackwell, 1985, p. 15.

会的公共财富,不能用于市场交易。

由此,景观再造所能使用的文化遗产资源,更多地来自对其象征或物质遗产之外技艺的开发利用。实际上,资本开发的对象就不是被保护的物质遗产,如湖南长沙铜官窑出土的文物,而更多是通过建立一种现代技术与传统艺术之间的连接,抑或只是其文化标签。在将后者产业化的过中,新的物质形态和新品牌不断地被生产出来。至于从事"开发"的主体,则往往不但有生活在该地的本地人,还有来自外界的投资者。随着"开发"内容因资本满足市场差异化需要而扩展时,就会进一步模糊原本就有一定模糊性的历史生活景观及其叙事,甚至人为"设计"出新的内容。而实际上这已远远超越了所谓文化遗产"保护"原本涉及的对象。

正是因为这样,有关文化遗产保护的"本真性"问题也就被提了出来。"本真"的文化被认为是自然天真的、纯净的、不矫揉造作的,具有道德乃至宗教神圣性①,一旦发生改变,就不再本真,而成了"假"文化遗产或"伪"民俗。② 但吊诡之处在于,正是过着现代生活的人在要求文化遗产的持有者保持本真文化。于是,有研究者不禁感叹:究竟是"谁的原生态?为何本真性"③?

当然,近年我国也有研究者指出,无论是物质文化遗产,还是非物质文化遗产,都可成为乡村振兴的重要资源。其中,在对文化遗产进行文化创意的基础上进行产业化开发,或者直接利用文化遗产进行旅游业开发,是十分流行的模式。④ 虽然有研究者从理论上反复提醒,应该注意文化遗产的类型化问题,不同类型的文化遗产因为特征差别很大,应采用不同的方式加以对待。⑤ 但实际上,不得不说文化遗产产业化模式雷同的问题还是比较突出的。类似于湖南长沙铜官窑陶瓷技艺历史遗产在景观再造过程中,借鉴、搬用乃至复制"迪士尼"主题乐园的开发模式的现象,具有相当的普遍性。不过,这些问题显然并不仅仅是产业链优化或者产权、经营权配

---

① Regina Bendix, In Search of Authenticity, Wisconsin: The University of Wisconsin Press, 1997, p.51.
② [美]阿兰·邓迪斯:《伪民俗的制造》,周惠英译,《民间文化论坛》,2004年第5期。
③ 刘晓春:《谁的原生态?为何本真性》,《学术研究》2008年第2期。
④ 辛儒:《我国非物质文化遗产产业化经营问题探讨》,《生产力研究》,2008年第6期。
⑤ 参见翟辅东、肖曾艳:《隐性旅游资源显性化的概念和应用》,《旅游学刊》,2004年第6期;吴露生:《历史镜头前的非物质文化遗产》,《世界遗产》,2010年第3期。

置可以解决的问题。① 甚至于，这也不仅仅是批判资本或地方政府权力介入，即可解决的问题。不少文化遗产因为资本和地方政府都无兴趣介入，而导致实际上没有保护或暂时有保护但传承后继无人的情况，也并非鲜见。②

质言之，无论是强调将文化遗产当作经济社会资源加以活化利用③，还是强调"本真性"对于文化遗产具有灵魂、准则性的意义④，应该始终贯穿于文化遗产保护的过程之中。⑤ 从原则上来说，都是不错的思路。但以人类学强调他者的视角看，它们在操作层面可能绕不开文化持有者自身的主体性问题。只有文化持有者不仅愿意参与活化利用或者保护其"本真性"，而且积极发挥能动性，方可能将传统文化遗产进行创造性转化，或整体性地保持"原生态"。否则，这要么沦为旁观者的一厢情愿，要么就是外来者打着传统的名号任意折腾。

其实，如果历史地、动态地来看，文化遗产及其附着于其中的传统技艺是在历史当中产生的一种"社会记忆"和技能。⑥ 而社会记忆的重要特点之一就在于，它总是在一定的场景下形成，而又在另一些场景下发生变化，会留下一部分，会遗忘一部分，还会被不断翻新。⑦ 尤其是在新旧文化交替时，任何文化的主体都会尝试主动适应性新的社会环境需要⑧，而试图去做出一些改变。

谈及文化遗产及其传承、变化的社会性，并不是说这纯粹是一个社会层面的问题。那些认为在文化遗产产业化利用的过程中，政府行为只是辅助因素的观点⑨，是不太经得起检验的。事实上，政府权力的运作不仅重

---

① 肖曾艳：《非物质文化遗产产业化的困境与突破》，《学术论坛》，2012 年第 1 期。
② 王文仙：《非物质文化遗产产业化保护研究》，《当代经济》，2012 年第 1 期。
③ 方李莉：《有关"从遗产到资源"观点的提出》，《艺术探索》，2016 年第 6 期。
④ 徐嵩龄：《遗产原真性·旅游者价值观偏好·遗产旅游原真性》，《旅游学刊》，2008 年第 4 期。
⑤ 刘魁立：《非物质文化遗产及其保护的整体性原则》，《广西师范学院学报》（哲学社会科学版），2004 年第 4 期。
⑥ 赵世瑜：《传承与记忆——民俗学的学科本位》，《民俗研究》，2011 年第 2 期。
⑦ [法] 莫里斯·哈布瓦赫：《论集体记忆》，毕然、郭金华译，上海：上海人民出版社 2002 年版，第 129 页。
⑧ 赵旭东、张洁：《文化主体的适应和嬗变》，《学术界》，2018 年第 12 期。
⑨ [美] 迈克尔·波特：《国家竞争优势》，李明轩译，北京：华夏出版社 2002 年版，第 68 页。

要,而且是不可忽视的。国家对文化遗产的认定及其扶持政策,会影响到其保护和利用,以及与此相关的公共利益和私人利益。① 但是,政府权力运作的方向、实践方法并非总是完全一致,相对于中央政府而言,地方政府常更注重文化遗产的产业化利用所可能带来的经济和社会效益。同样,地方社会也不是铁板一块的,不同群体围绕文化遗产产生的互动,也可能会涉及不同利益取向的张力,虽然它们常与"地方知识"和地方认同纠缠在一起。②

第二节 权力、资本与景观再造

无论是何种文化遗产,从历史的角度看,如同湖南长沙铜官窑陶瓷技艺一样,必定都曾在某个时期是当地人的一种常见生活景观。既然对当地人而言,文化遗产在历史上只是日常生活的某个组成部分,那它原本就不是专门准备某一天供外人欣赏的景观。然而,日常生活景观含混,使得它并不具有标准化的特点,而往往充满了弹性,这也使得它可能拥有多种不同的解释。在历史长河中,当它真正变成一种文化遗产之后,不仅会进一步加深当地人地方认同、地方文化象征的自豪感,还会与现实的利益发生更深刻的关联。如何给文化遗产命名,本身就变成了一种权力。

就当代中国常见的文化遗产景观而言,它们都经历了一个历史生活景观再造的过程。而且,这个过程往往首先就与国家权力介入有关。在近代以来,尤其是中华人民共和国建立之后,国家权力不断有效地向基层社会延伸,一些与历史生活景观有关的文化遗产及其衍生出的信仰、风俗、仪式和行业组织等,也便或多或少地被纳入现代国家改造、再组织化的过程。这样,文化遗产的历史叙事往往也就既有延续的一面,同时又必定充满了断裂的历史。文化遗产所在的空间,尤其是生活空间,以及与之相关的传统技艺,都会随着社会的变化而变化。在此类景观被纳入国家权力改造社

---

① 彭兆荣:《遗产政治学:现代语境中的表述与被表述关系》,《云南民族大学学报》(哲学社会科学版),2008年第2期。
② 参见郑佳佳:《哈尼梯田景观标识的人类学研究》,2018年云南大学民族学专业博士学位论文。

会的进程之后，其中所有的社会关系都按照一种新的标准被重新规划、调整，景观也便随之客观上被纳入一个再造的过程。如湖南长沙铜官窑陶瓷技艺一样，当地方技艺变成了国家以集体经济组织，甚至国有企业的形式发展经济的一种生产要素时，传统技艺本身也无疑随之变成了现代国家工业发展的一部分。

当国家权力在历史中因为发展目标和治理方式发生改变时，地方技艺在生产过程中的组织方式也几乎同步发生改变。作为文化遗产的地方技艺，在当代最大的变化则莫过于国家权力从社会基层的生产、经营微观领域退出。在此背景下，地方技艺如同基层社会经济领域中的其他生产要素一样，重新回归到了市场。但是，即便是回归到了市场，地方技艺也并非就从此与国家权力没有关系了。在市场经济条件下，国家依然是市场规则的制定者、监督者，而地方政府更是当地经济发展的宏观规划者、直接推动者，无论是激活本地人的发展潜力，还是招商引资，都是地方政府重要的工作目标。如湖南长沙铜官窑陶瓷产业所关联的地方政府，其初始动机都是聚焦于经济发展，以成就我们所熟知的"政绩"。不管是城市还是乡村，在地方经济发展中都需要建造景观或者将旧的景观进行升级——在很多时候，这两者甚至就是同一回事。关于这种政治与经济相结合的特殊发展模式，一个共同的需要就是用可视的景观来承载地方政府的努力。而这些景观仅仅依靠历史上留下来的文化遗产本身往往是不够的，还需要更大规模地加以再创造，才能在规模和市场价值上更好地满足地方经济发展的需要。

除了宏观的权力影响之外，在景观再造的微观层面，权力同样也发生作用。只不过，在微观景观再造方面，起主导作用的未必是政治权力，而可能是社会权力，或是不同社会主体围绕权力竞争而展开的博弈。无论是本地拥有小资本的手工艺人，还是从外界通过招商引资而来的大资本，在具体的生产、经营中都离不开对国家政策的把握，以及地方政府对产业的支持。再者，由于具体到单个的、基于文化遗产的器物生产具有不同的价值，且与传统技艺或历史生活景观的联系也是价值的一部分，实际上景观在微观层面出现了等级化的特征。不同的社会主体为了提高自身产品的等级和价值，无疑就涉及微观的权力博弈。由于历史叙事存在多样性和模糊性，重新建立自身产品与文化遗产之间的联系，意味着试图接续一部分历史，同时又选择性地舍弃一部分，甚至有意识地隐藏一部分。但是，能否接续得令人信服，或隐藏得恰当，在很多"场域"中并非能够由各个社会主体自身所左右，家族、技艺传承乃至历史叙事的技巧都是不可忽略的因素。正如湖南长沙铜官窑陶瓷技艺变为文化遗产，再成为地方经济发展和景观再造的重要资源的过程所展示的那样，哪些人能够获得更多的社会关系网络甚至地方政府的支持，也与社会资本的积累密不可分，家族与家族之间乃至家族内部个体之间，权力竞争的一面也时有表现。

当国家权力退出社会基层经济生产、经营领域之后，文化遗产及其所附着的传统地方技艺在现代市场经济条件下成为生产要素，也就变成各类产业的组成部分，甚至于本身即变成一种文化产业。与历史上作为生活景观的生产、经营本身就与市场有着密切联系不同，此时它所融入的不再是历史上以小农经济为主的市场，而是以市场作为配置资源的基本手段的现代市场经济。也正因此，不管是延续了多少传统的成分，抑或主要是当代创新，地方技艺不再是小农户以工补农、遵循小农经济"糊口"逻辑的生活景观，而是人们在市场经济中寻求利润的一种生产要素。由于它与"经济资本"一样能够产生利润，也就具有了布尔迪厄意义上的"文化资本"价值，而围绕它展开互动的各类主体所形成的社会关系网络，即可算一种"社会资本"。

正如当代湖南长沙铜官窑陶瓷产业所呈现的，以文化遗产为基础的城乡建设，其中相当一部分就体现为景观再造。各种景观再造又离不开对历史叙事框架的借用，以至于发生了一连串的地方景观遗产化、文化遗产景观化的转换。围绕景观再造形成新的历史叙事，往往将作为器物的文化遗产所具有的历史连贯性加以抽象，甚至从根本上将之抽离，直接搭载上其关于久远历史的想象。这种想象为资本开发利用文化遗产创造了条件。常见的基于文化遗产的旅游业，在消费主义的引导下，欣赏文化遗产变成了一种消费能力的表现，观看历史变成了一种"购买"历史。同理，其他文化产业发展的方式，也离不开对文化遗产的开发利用。复又加之，不同的社会主体在文化遗产的产业化过程中扮演何种角色、收益如何，往往差别甚大，这也就引发了新的权力竞争。它们既涉及本地人与外地人、政府与地方居民、大资本与地方政府之间的复杂博弈，也涉及本地人与本地人之间的复杂博弈。日益复杂化的博弈进一步促进了多样化、差异化的景观再造过程，不同阶段、不同关系主体联结着不同的利益群体，既为了满足市场差异化的需求,也为了满足差异化竞争的需要,想方设法推动着新旧景观的更替。不过,有意思的是,无论这种景观如何变化,各种社会主体都需要认可一种基于文化遗产的历史叙事或者与传统技艺本身的关联,以证明自己的"正统性"。

第三节 产业化中的技艺张力

不管是非物质文化遗产,还是附着于物质文化遗产之上的文化因素,传统的地方技艺在其历史被现实不断抽象、抽离的情况下,总是可能产生某些"问题"。出于权力政绩、权力竞争或资本盈利的需要,很多情况下与文化遗产有关的地方技艺会被嵌入一种重新组合了的历史记忆之中。由此一来,先且不说"保护"和"利用"之间是否可能有矛盾,单是地方技艺本身即可能出现某些不可忽视的张力。

如考古所呈现的湖南长沙铜官窑陶瓷技艺,原本作为一种历史生活景观无疑有其整体性,并与某些特定的物质表现形式相关联。但是,一旦地方技艺卷入了国家指导下的集体化和市场化的过程,也就具有了超越地方的意义。在新的景观建设中,地方政府和大资本有意无意将地方技艺推向了一种大型消费主义景观。在消费主义面前,游客或其他文化产业的消费者变成了与地方技艺面对面相接触的"他者"。然而,这些将地方技艺及其产品作为文化产业来消费的"他者",并非特定地方文化的虔诚信徒,毋宁说他们是"异教徒"。因为对地方技艺所依赖的特定地方文化缺少根本性的认同度、情感性"依恋"[①],而将地方技艺作为文化产业消费,自然就避免不了不同的消费者有不同消费需求的事实。市场需求具有差异性,那么,地方技艺在变成文化产业的过程中,与之相连的景观再造也就不得不主动提供差异化的产品。由此而来,地方技艺作为一种文化遗产或者附着于文化遗产的东西,其国家属性、地方属性以及超越地方的市场属性之间,就不可避免地形成了张力。差别仅在于,张力是大还是小,以及从保护的角度来说,其作为文化遗产处在能接受的范围之内,还是不能接受的范围。

---

① [美] 段义孚:《恋地情结》,志丞、刘苏译,北京:商务印书馆2018年版,第5页。

在原本大体风格一致的地方技艺为满足市场需要而走向差异化的过程中，器物本身的变化其实就相对不重要了。较之于原来用同样的地方技艺做出不同的器型，如湖南长沙铜官窑中常见的碗、缸、塑像，当代地方技艺差异化发展呈现的策略是相反的。也即，其产品器型较为雷同，如茶具市场行情较好时，相当一部分生产者一拥而上都生产茶具，但每个具体的手工艺人又试图在技艺上、在产品细微设计上突出与其他生产者的差别。从物质性功能看，这些产品都相差不大，但其象征又千差万别。由此，基于文化遗产而发生的文化产业，其产品的物质部分与表意系统出现了分化，在市场上发生交易的除了商品的物质形态之外，更重要的是"象征交换"①。与此同时，景观的差异如何生产或呈现，也就越来越集中于表意系统，而不是其物质性的结构或原材料。

表意系统创造的象征变成主要交换对象，极大地丰富了文化遗产创意产品的差异。它也让象征差异可以或多或少地摆脱物质形态限制，给景观赋予独特的意义。再加上，在市场中建立品牌识别度在一定程度上依赖"现代化""科学化""去地域化"②，也就使得文化遗产创意产品更倾向于与更大范围内的表意系统进行结合。其地方性品质与超越地方性的表意系统之间，张力变得更大。与地方性品质相联系的，不管是原材料还是传统技艺，含义总是有限的，但市场化的表意系统却需要尽可能多地承载能够吸引人眼球的叙事。由此，在文化遗产的产业化利用过程中，出现了一种吊诡的现象：手工艺人越具有传统艺术性，越不希望在市场上变成一种大众化的品牌；越是力图以文化遗产的物质形态或地方技艺为基础建立品牌者，在积极地融入市场、变成大众化产品的同时，传统技艺其实就越是退居到了次要的地位。通俗地说，地方传统技艺保存得好，商业上未必成功；商业上成功，往往未必真与传统技艺有多少深刻的联系。

湖南长沙铜官窑陶瓷技艺及其社会功能的历史变化过程表明，地方景观变成文化遗产，再又变成一种产业，会使得一个地方的景观变成了外来

---

① ［法］让·波德里亚：《象征交换与死亡》，车槿山译，南京：译林出版社2012年版，第5页。

② 张少春：《非物质文化遗产的资源转化》，《思想战线》，2015年第6期。

游客或其他消费的"他者",成为他们的"诗"与"远方"。但问题在于,这些景观同时也就成了自己的"他者",它们不再是当地原来日常生活中熟悉的认知、生产对象,而是融进了包含大量的游客或其他消费者需求期待的认知、生产对象。文化遗产及其附着于其上的地方技艺,在迎合旅游业或其他文化产业中消费者的需求时,与作为技艺本身的生活化、艺术化创作追求之间往往是有张力的。

生活艺术与工业技术对立,在西方艺术界是一个常见的话题。在其常见的分类中,艺术带有高雅的特征,而工业技术带来的工艺,则属于大众。① 但问题在于,一旦基于文化遗产的地方技艺及其产品,其表意系统创造出来的象征大大地超出了原有地域及其"地方知识"的界限之后,不管是生活艺术创造还是工艺美术,客观上都被摆进了一个公共的评价系统,其价值等级的高低不再与生产者甚至地方技艺本身有关,就如湖南长沙铜官窑陶瓷技艺所呈现的,其之后来更依赖于学院派那套所谓的科学化"专业知识"体系。原本地方技艺崇尚与日常生活相连的朴实之美,在新的市场视域下,需要接受高度专业化、抽象知识化的学院派评价和定级。而后者的审美,往往与地方技艺所依赖的"地方知识"相去甚远。在这里,与西方艺术界常见的分类、对比有些出入的是,原本产生于工业化时代之后、基于工业技术而形成的科学化"专业知识",似乎显得更加高高在上,而基于地方社会日常生活的技艺及其艺术创造,变成了大众化的,需要接受"专业"人士打量、评分,且常为之看不起。

当然,简单地谴责科学化"专业知识"以及掌握这种知识的学院派否定地方技艺及其艺术创造的做法,并没有什么太大的价值(也非本书的目的)。因为,更深刻的张力确实存在于地方技艺的产业化创作之中。可能是由于位处边缘位置的人群更寄希望于依靠地方社会文化资源扩展其发展空间,并且,客观上越是善于这么做的社会主体越能实实在在地创造出这种空间,他们努力尝试利用旅游业或其他文化产业的形式,将自己的文化资本、社会资本转化为经济资本,也就并不是一件多么值得非议的事情。但

---

① Sally J. Markowitz, The Distinction between Art and Craft, The Journal of Aesthetic Education, 1994, Vol. 25, No. 1, pp. 55–70.

是，不管是何种文化遗产，也不管其物质原料与制作技艺如何，指向日常生活或艺术本身的精神性创造与指向市场利润的规模化复制，两者间潜在的冲突总是存在的。

第四节 "分继合"与文化自觉

附着于文化遗产或本身即是文化遗产的地方技艺，其传承往往与以家为基础的亲属关系网络有着密切的关系。如湖南长沙铜官窑陶瓷技艺传承与历史变化所表明的，经父母传子女，再延伸到（外）孙子、（外）孙女，技艺得到延续，而又往往不乏变化。在论述基于家的中国社会结构关系时，麻国庆曾指出其分、继、合的辩证关系，谓之"分中有继也有合"。① 这种辩证关系，在文化遗产的地方技艺传承中也同样存在。

由此，对于文化遗产中传统技艺传承与创新的关系，就不宜用静止的观点看问题。事实上，没有哪个民族、哪种文化是自盘古开天地以来就没有任何变化的，问题只在于是在什么样的条件下、如何发生变化的。这正如马克思曾指出，"人们自己创造自己的历史，但是他们并不是随心所欲地创造，并不是在他们自己选定的条件下创造，而是在直接碰到的、既定的、从过去承继下来的条件下创造"②。这是辩证唯物主义关于历史的"过去"与"现在"的辩证表达。在此视野下，历史是人创造的，没有一成不变的历史，同时，人以及由人而成的社会文化事项也都是历史的，也即辩证运动和变化的。

缺乏辩证唯物主义眼光，则难免要么认为历史变幻无常，要么将历史看作纷繁日常表象下某种本质上静止不动的东西。例如，美国著名的保守主义思想家希尔斯在论及传统时表示："就其最明显、最基本的意义来看，它的涵义仅只是世代相传的东西，即任何从过去延传至今或相传至今的东西"，"无论其实质内容和制度背景是什么，传统就是历经延传而持久存在

---

① 麻国庆：《永远的家：传统惯性与社会结合》，北京：北京大学出版社2009年版，第99页。

② ［德］马克思：《路易·波拿巴的雾月十八日》，《马克思恩格斯选集》（第1卷），编译局译，北京：人民出版社1995年版，第585页。

或一再出现的东西"。① 言下之意，历史与现在的"同一性"是传统之为传统的根由，一旦有实质性的改变就成了非传统。与此观点针锋相对，但却同样缺少辩证眼光的观点则认为："那些表面看来或者声称是古老的'传统'，其起源时间往往是相当晚近的，而且有时是被发明出来的。"② 其中所说的"传统"似乎可由人任意打扮。

当然，实际上极端古板或随性者总还是相对较少的，更常见的现象是不少研究者倾向于以己为中心，认为他者的历史是一成不变的、原始的，自己则不仅已然而且应该生活在历史进化先进的一端。这种缺少辩证唯物主义的思维，即使在强调从他者的眼光看问题的现代人类学家那里，也极为常见。由此，后来被马克思主义人类学家沃尔夫批评为典型地将他者武断地看作"没有历史的人民"。其本质在于拒不承认他者与"自我"在时间上具有"同生性"，而将空间上有距离的他者（如澳洲人）看作时间上的他者③（古代人）。直到 20 世纪六七十年代，在马克思主义人类学和后现代主义思潮影响下，人类学这种将空间和时间上的他者互置的倾向，在理论上才开始逐步得到清算。

然而，在缺少辩证唯物主义眼光的情况下，即便是面对"自我"社会文化的"过去"，也即仅仅是时间上的他者，人们也同样会将之去历史化。这些被视作一成不变的、没有历史的"过去"，即是一种他者化的时间。这种思维方式表现在文化遗产议题中，即倾向于认为文化遗产得维持"原生态""本真性"。而实际上，在民间"随性"、"原汁原味"、"生命力"和"创新"等概念均具有弹性。在地方景观再造的过程中，可常见生产者从日常生活个体、生命伦理或官方话语中提炼民间智慧，以形成链接日常生活与景观展演之间的价值系统。

湖南长沙铜官窑陶瓷技艺传承、创新及其景观再造过程表明，从人到物，从遗产到城市，包括文化遗产在内的景观再造问题并不变成一个简单

---

① ［美］爱德华·希尔斯：《论传统》，傅铿等译，上海：上海人民出版社1991年版，第15 – 21页。
② ［英］霍布斯鲍姆、［英］兰格：《传统的发明》，顾杭等译，南京：译林出版社2004年版，第1页。
③ ［德］乔纳斯·费边：《时间与他者》，马健雄等译，北京：北京师范大学出版社2018年版，第46 – 47页。

的真假问题。任何消解文化遗产所处时空背景的抽象讨论,实际上并不足以达到"遗产保护"的目的。如果文化遗产既不能满足文化持有者的生活需要,又无任何活化产生价值的可能,仅仅靠国家权力将之"养起来",即便不是完全没有可能,也不可能成为一种普遍手段。要知道,即便是再富有的国家,国家能力也绝不是万能的,而终归是有一定限度的。

若为了追求文化遗产的"原生态""本真性",就要求文化持有者永远维持历史生活景观不变,相当于是永远按照历史方式生活,这显然是一件荒唐的事情。与保守主义思想家希尔斯所说的不同,文化遗产承载的所谓传统,一方面是在历史长河中产生的,另一方面也必然在时间流逝中发生变化。这是辩证唯物主义所呈现的基本历史规律。在此视角下,文化持有者没有任何义务为了他人对"原生态""本真性"的欣赏,而让时间"停止"。不顾文化持有者自身的主体性追求,而片面地追求文化遗产"原生态""本真性",无疑是违背辩证唯物主义的。

进而,也可以说,在"自我"追求和享受着现代生活的同时,却为了怀旧的浪漫主义而要求他人停滞于"过去"的生活状态,本身即是不正义的。只有在文化持有者"文化自觉"的状态下,"原生态""本真性"的追求方具有正义性。而"文化自觉"的前提是文化持有者本身作为社会文化的主体,得到发现和尊重,也即人们对"自我"的文化有"自知之明","自知之明是为了加强对文化转型的自主能力,取得决定适应新环境、新时代时文化选择的自主地位"①。同理,关于传统继承中的创新,"文化自觉"也很关键。任何自上而下、由外而内强加给当地文化持有者的东西,毫无疑问很难说是创新,尽管它们较之于地方传统的文化遗产可能看似"先进"。只有当地文化持有者乐意自觉接受,并尝试主动将之与地方传统文化遗产相结合,方是对之有益的传承与创新均衡发展。激发和尊重传统文化持有者的"文化自觉",对于传承、保护和活化利用文化遗产极为重要。

当代人类学极为强调从"他者"的眼光看问题,其中一个维度即是尊重他者的历史、承认他者与"自我"在时间上具有"同生性"。② 而若将其

---

① 费孝通:《费孝通文集(第十四卷)》,北京:群言出版社1999年版,第166页。
② [德]乔纳斯·费边:《时间与他者》,马健雄等译,北京:北京师范大学出版社2018年版,第45页。

当代的文化事项硬生生地塞入某个远离当下，也即"他者化"的时间框架，即不仅在理论上是违背辩证唯物主义的，在现实性上也必将导致错误乃至荒谬的行为——片面要求他者维持"原生态""本真性"，或胡乱以"新"毁"旧"而谓之"创新"。明白这一道理，并以"文化自觉"原则处理"他者"与"自我"在时间上的"同生性"，对于当下人类学介入文化遗产保护有着重要的意义。

正如马克思批评机械唯物主义那样，仅仅以"抽象物质方向"理解唯物主义，那将不仅不与唯心主义矛盾，而且恰恰是唯心主义的"另一种形式"，这在理论上是错误的，在实践上是有害的。① 对于文化遗产转向文化产业的过程，从研究者角度看，或许生死攸关的不是文化遗产变或不变，而是在变与不变中对"分、继、合"的辩证关系处理，在其中涉及社会主体利益的平衡，尤其是文化持有者基本权益的保护。如果市场和社会无法自动实现后者基本权益保护，国家和相关的社会组织是否有可能通过政策倾斜、社会工作等方式实现这一点，这才是具有实质性的关系平衡问题。如果文化持有者的基本权益无法得到保障，则任何单方面强调其中某一方利益的"高端、大气、上档次"教条——不管它是西方权威话语还是本土行政命令抑或社会文化情怀，恐怕都不是实事求是的，也是难以在实践中行得通的。

以上即是本书考察湖南长沙铜官窑陶瓷技艺在历史上作为生活景观逐步变为文化遗产，及其景观再造过程，尤其是国家更迭、社会变迁以及经济运行逻辑变化在其中的影响，所得出的基本结论。它不仅有助于我们准确理解长沙铜官窑陶瓷技艺之类的历史遗产在地方情境中的复杂关联因素和真实意涵，也表明，只要政府尊重并利用市场规则，充分调动文化持有者的积极性，充分运用辩证唯物主义平衡历史文化遗产的传承、保护与开发利用的关系以及与之相关的各方利益，事实上是有可能规范和推动与文化遗产相关的文化产业、促进地方经济社会发展的，而假若地方经济在利用文化遗产发展产业时违背这一规律，则是值得反思的。

---

① ［德］马克思：《1844年经济学哲学手稿》，中共中央马克思恩格斯列宁斯大林著作编译局译，北京：人民出版社2000年版，第89页。

参考文献

一、中文著作

1. 蔡元培：《蔡元培全集（卷四）》，上海：中华书局1984年版。
2. 长沙市博物馆：《中华彩瓷第一窑》，长沙：岳麓书社2011年版。
3. 长沙窑课题组编：《长沙窑》，北京：紫禁城出版社1996年版。
4. 费孝通：《乡土中国 生育制度》，北京：北京大学出版社1998年版。
5. 费孝通：《费孝通文集（第十四卷）》，北京：群言出版社1999年版。
6. 福柯：《这不是一只烟斗》，桂林：漓江出版社2012年版。
7. 付振伦：《博物馆学概论》，北京：商务印书馆1957年版。
8. 胡惠林：《文化产业发展与国家文化安全》，广州：广东人民出版社2005年版。
9. 胡惠林、李炎主编：《中国文化产业评论》，上海：上海人民出版社2003年版。
10. 胡惠林、单世联：《文化产业学概论》，太原：书海出版社2006年版。
11. 湖南省地方志编纂委员会编：《湖南省志（第九卷）》，长沙：湖南人民出版社1989年版。
12. 湖南省铜官陶瓷总公司老龄工作委员会编：《铜官陶瓷史》，2007年刊印。
13. 湖南省望城县志编纂委员会编：《望城县志》，上海：三联书店1995年版。
14. 湖南省文物考古研究所编：《湖南考古漫步》，长沙：湖南美术出版社1999年版。
15. 湖南省银行经济研究室：《湘东各县手工艺品调查》，1942年刊印。
16. 皇甫晓涛：《文化资本论》，北京：人民日报出版社2009年版。
17. 科大卫：《明清的社会与礼仪》，北京：北京师范大学出版社2016年版。

18. 柯文：《历史三调——作为事件、经历和神话的义和团》，南京：江苏人民出版社2000年版。

19. 李富强：《让文化成为资本》，北京：民族出版社2004年版。

20. 李建毛：《湖湘陶瓷㊀（长沙窑卷）》，长沙：湖南美术出版社2009年版。

21. 李沛新：《文化资本运营理论与实务》，北京：中国经济出版社2007年版。

22. 李效伟、吴跃坚：《南青北白长沙彩》，长沙：湖南美术出版社2012年版。

23. 刘采邦纂修：《长沙县志（卷四）》，《中国地方志集成·湖南府县志辑（第3册）》，南京：江苏古籍出版社2000年版。

24. 刘铁柱：《铜官古韵》，长沙：湖南人民出版社2014年版。

25. 刘永华：《礼仪下乡：明代以降闽西四堡的礼仪变革与社会转型》，上海：三联书店2019年版。

26. 龙坚：《新加坡华商之文化资本的积累与转换》，厦门：厦门大学出版社2013年版。

27. 吕济民：《中国博物馆史论》，北京：紫禁城出版社2004年版。

28. 马翀炜、陈庆德：《民族文化资本化》，北京：人民出版社2004年版。

29. 麻国庆：《永远的家：传统惯性与社会结合》，北京：北京大学出版社2009年版。

30. 毛泽东：《毛泽东选集（第三卷）》，北京：人民出版社1991年版。

31. 宋才发：《民族博物馆研究》，北京：民族出版社2011年版。

32. 孙远太：《文化资本与教育不平等》，北京：知识产权出版社2013年版。

33. 望城县轻工业局编：《望城县轻工业志（1805—1987年）》，1991年内部刊印。

34. 汪海波：《新中国工业经济史（1949—1957）》，北京：经济管理出版社1994年。

35. 汪海波、董志凯：《新中国工业经济史（1958—1965）》，北京：经济管理出版社1995。

36. 王雪野：《国际文化资本运营》，北京：中国传媒大学出版社2008年版。

37. 巫鸿：《中国古代艺术与建筑中的纪念碑性》，上海：上海人民出版社2009年版。

38. 伍新福：《湖南通史（古代卷）》，长沙：湖南出版社1995年版。

39. 曾继梧：《湖南各县物产调查笔记（下册）》，长沙：长沙合济印刷公司1931年版。

40. 赵世瑜：《狂欢与日常——明清以来的庙会与民间社会》，上海：三联书店2002年版。

41. 中华全国手工业合作总社、中共中央党史研究室编：《中国手工业合作化和城镇集体工业的发展（第三卷·上）》，北京：中共党史出版社1997年版。

42. 周世荣编：《唐风妙彩——长沙窑精品与研究》，长沙：湖南美术出版社2008年版。

43. 周守军：《学者的文化资本》，北京：当代中国出版社2013年版。

44. 朱羲农、朱保训编纂：《湖南实业志（二）》，长沙：湖南人民出版社2008年版。

45. 庄孔韶：《银翅：中国的地方社会与文化变迁（1920—1990）》，上海：三联书店2000年版。

二、中文期刊论文

1. ［美］阿兰·邓迪斯：《伪民俗的制造》，周惠英译，《民间文化论坛》2004年第5期。

2. 蔡尚伟、刘锐：《论新中国文化经济及文化产业政策的演变》，《思想战线》2010年第1期。

3. 曹宇：《浅析非物质文化遗产产业化中的知识产权保护》，《兰台世界》2012年第32期

4. 陈克伦：《印尼"黑石号"沉船及其文物综合研究》，《文物保护与考古科学》2019年第4期。

5. 陈茜：《农业文化遗产在乡村振兴中的价值与转化》，《原生态民族文化学刊》2020年第3期。

6. 陈为：《京师同文馆博物馆考略》，《中国博物馆》2014年第3期。

7. 方李莉：《请关注非物质文化遗产的拥有者》，《艺术评论》2006年第6期。

8. 方李莉：《有关"从遗产到资源"观点的提出》，《艺术探索》2016年第6期。

9. 费孝通：《小商品，大市场》，《浙江学刊》1986年第3期。

10. 冯骥才：《文化遗产开发不能搞矿产开发模式》，《领导科学》2009年第

18 期。

11. 冯先铭：《从两次调查长沙铜官窑所得到的几点收获》，《文物》1960 年第 3 期。

12. 耿宝昌：《宣德红釉菱花式洗与成化斗彩高士杯》，《文物》1980 年第 2 期。

13. 龚浩群、姚畅：《迈向批判性遗产研究：非物质文化遗产保护中的知识困惑与范式转型》，《文化遗产》2018 年第 5 期。

14. 杭间：《中国的工艺史与设计史问题》，《装饰》2008 年第 1 期。

15. 何佳、王朝阳、周丽敏：《南京剪纸非物质文化遗产文创品牌的构建》，《包装工程》2018 年第 6 期。

16. 何兰萍：《新农村文化建设中民间文化的传承与保护》，《开发研究》2008 年第 2 期。

17. 胡平：《"中国手艺"不会成为绝唱》，《美术观察》2007 年第 7 期。

18. 胡绍华：《三峡地区非物质文化遗产与旅游开发利用原则》，《三峡大学学报（人文社会科学版）》2007 年第 6 期。

19. 花建：《中国文化产业投资战略的思考》，《上海社会科学院学术季刊》2002 年第 2 期。

20. 黄朝斌、顾琛：《乡村振兴与非物质文化遗产的创造性转化》，《中南民族大学学报（人文社会科学版）》2019 年第 6 期。

21. 黄朴华：《湖南望城县长沙窑 1999 年发掘简报》，《考古》，2003 年第 5 期。

22. 黄胜进：《从"文化遗产"到"文化资本"》，《青海民族研究》2006 年第 9 期。

23. 黄义军：《考古学文化命名原则对古代瓷窑遗址命名方式的启示》，《考古与文物》2012 年第 1 期。

24. 李秉文、赵利生：《文化资本与民族地区城乡一体化》，《云南社会科学》2011 年第 4 期。

25. 李梅田：《长沙窑的"胡风"与中古长江中游社会变迁》，《故宫博物院院刊》2020 年第 5 期。

26. 李沛、苏小燕：《话语分析视角下中国文化遗产的国际地位提升路径研究》，《河南社会科学》2019 年第 9 期。

27. 李守义：《民国初期文物保护工作的历史考察》，《中国国家博物馆馆刊》

2011 年第 2 期。

28. 李昕：《论非物质文化遗产保护产业化运作的可能性》，《贵州民族研究》2008 年第 2 期。

29. 李砚祖：《物质与非物质：传统工艺美术的保护与发展》，《文艺研究》2006 年第 12 期。

30. 李砚祖：《社会转型下的工艺美术》，《装饰》2014 年第 5 期。

31. 梁明珠、贾广美、徐松浚：《村落遗产地品牌个性对游客忠诚的影响》，《旅游科学》2018 年第 1 期。

32. 廖明君、周星：《非物质文化遗产保护的日本经验》，《民族艺术》2007 年第 1 期。

33. 刘金祥：《刍议非物质文化遗产产业化》，《江南大学学报（人文社科科学版）》2012 年第 5 期。

34. 刘魁立：《非物质文化遗产及其保护的整体性原则》，《广西师范学院学报（哲学社会科学版）》2004 年第 4 期。

35. 刘魁立：《关于非物质文化遗产保护的若干理论反思》，《民间文化论坛》2004 年第 4 期。

36. 刘晓春：《谁的原生态？为何本真性》，《学术研究》2008 年第 2 期。

37. 刘垚：《民俗消费视阈下上海非遗老字号品牌的认同重构》，《广西民族大学学报》2019 年第 3 期。

38. 刘朝晖：《被再造的"中国大运河：遗产话语背景下的地方历史、文化符号与国家权力》，《文化遗产》2016 年第 6 期。

39. 鲁雯：《数字媒体艺术的跨学科趋势》，《文艺研究》2011 年第 3 期

40. 马翀炜：《民族文化的资本化运用》，《民族研究》2001 年第 1 期。

41. 马翀炜：《民族文化资本化论纲》，《云南大学学报（社会科学版）》2004 年第 1 期。

42. 麻国庆：《身体的多元表达》，《广西民族大学学报（哲学社会科学版）》2010 年第 3 期。

43. 牟宇鹏、郭旻瑞、司小雨、周玲、汪涛：《基于中国非遗品牌可持续性成长路径的案例研究》，《管理学报》2020 年第 1 期。

44. 彭兆荣：《遗产政治学：现代语境中的表述与被表述关系》，《云南民族大学学报（哲学社会科学版）》2008 年第 2 期

45. 祁庆富：《论非物质文化遗产保护中的传承与传承人》，《西北民族研究》

2006 年第 3 期。

46. 祁述裕、殷国俊：《中国文化产业国际竞争力评价和若干建议》，《国家行政学院学报》2005 年第 2 期。

47. 屈册、张朝枝：《元阳梯田原住民的遗产认同：基于话语分析的视角》，《旅游学刊》2016 年第 7 期。

48. 宋振春、朱冠梅：《世界文化遗产旅游深度开发研究》，《旅游学刊》2007 年第 5 期。

49. 孙九霞：《文化资本化视角下"非遗"的表述与重构》，《思想战线》2018 年第 3 期。

50. 田卫东、张健：《文化产业的时代语境及实践诉求》，《齐鲁学刊》2010 第 3 期。

51. 田自秉：《论工艺美术学》，《装饰》1991 年第 4 期。

52. 王文仙：《非物质文化遗产产业化保护研究》，《当代经济》2012 年第 1 期。

53. 王小葵：《记忆论与民俗学》，《民俗研究》2011 年第 2 期。

54. 文物鉴定与鉴赏编辑部：《考古研究成果证实：唐代长沙窑彩瓷主流工艺是高温釉上彩而非釉下彩》，《文物鉴定与鉴赏》2019 年第 2 期。

55. 乌丙安：《民俗文化空间：中国非物质文化遗产保护的重中之重》，《民间文化论坛》2007 年第 1 期。

56. 乌丙安：《民俗文化遗产保护中的文化修复与维护》，《中原文化研究》2014 年第 3 期。

57. 吴露生：《历史镜头前的非物质文化遗产》，《世界遗产》2010 年第 3 期。

58. 伍秋鹏：《四川邛窑彩绘瓷与三彩小议》，《收藏界》2007 年第 9 期。

59. 吴宗杰：《话语与文化遗产的本土意义建构》，《浙江大学学报（人文社会科学版）》2012 年第 5 期。

60. 吴宗杰、姚源源：《周道对大运河的启示：本土遗产话语的道统源流》，《浙江大学学报（人文社会科学版）》2014 年第 5 期。

61. 肖曾艳：《非物质文化遗产产业化的困境与突破》，《学术论坛》2012 年第 1 期。

62. 辛儒：《我国非物质文化遗产产业化经营问题探讨》，《生产力研究》2008 年第 6 期。

63. 徐嵩龄：《遗产原真性·旅游者价值观偏好·遗产旅游原真性》，《旅游学刊》2008年第4期。

64. 杨正文：《文化遗产保护的关联话语意义解析》，《西南民族大学学报（人文社会科学版）》2014年第7期。

65. 于晓磊、廖汝雪：《文化遗产保护中的中国话语》，《遗产与保护研究》2017年第3期。

66. 曾国军：《跨地方饮食文化生产中的原真性重塑》，《地理学报》2014年第12期。

67. 翟辅东、肖曾艳：《隐性旅游资源显性化的概念和应用》，《旅游学刊》2004年第6期。

68. 詹嘉：《景德镇陶瓷制作与生态景观的演变》，《南京艺术学院学报》2019年第12期。

69. 张博：《非物质文化遗产的文化空间保护》，《青海社会科学》2007年第1期。

70. 张成福、梁平：《民俗学与非物质文化遗产保护》，《重庆文理学院学报（社会科学版）》2007年第4期。

71. 张福康：《长沙窑彩瓷的研究》，《硅酸盐学报》1986年第3期。

72. 章建刚：《中国改革与文化产业的发展》，《文艺理论与批评》2003年第3期。

73. 张建忠、孙根年：《遗址公园：文化遗产体验旅游开发的新业态》，《人文地理》2012年第1期。

74. 张少春：《非物质文化遗产的资源转化》，《思想战线》2015年第6期。

75. 张兴国、姜晓晨阳、崔剑锋、吕竑树、邱玥等：《长沙窑高温釉上彩瓷的检测分析》，《故宫博物院院刊》2020年第5期。

76. 赵世瑜：《传承与记忆——民俗学的学科本位》，《民俗研究》2011年第2期。

77. 赵旭东：《论民俗的易感性》，《民俗研究》2004年第5期。

78. 赵旭东、张洁：《文化主体的适应和嬗变》，《学术界》2018年第12期。

79. 赵彦云、余毅、马文涛：《中国文化产业竞争力评价和分析》，《中国人民大学学报》2006年第4期。

80. 周世荣：《罕见的五代定窑釉下褐彩白瓷碟》，《南方文物》1994年第3期。

81. 周媛：《论〈陶冶图〉与〈陶冶图说〉的研究价值》，《陶瓷研究》2011

年第 4 期。

82. 左冰：《中国旅游经济增长因素及其贡献度分析》，《商业经济与管理》2011 年第 10 期。

83. 德邻：《铜官陶业调查记》，《大公报》1922 年 9 月 24 日第 9 版。

84. 刘晓真：《"非遗"保护要重内涵》，《中国知识产权报》2006 年 3 月 1 日第 7 版。

85. 龙文泱：《高温釉上彩是长沙窑彩瓷主流工艺》，《湖南日报》2018 年 7 月 2 日第 6 版。

86. 熊远帆：《梦回大唐"窑约"千年——长沙铜官窑史话》，《湖南日报》2014 年 5 月 7 日第 15 版。

87. 袁南征：《长沙有瓷　光耀中华：读〈长沙窑〉》，《中国文物报》2006 年 4 月 5 日第 4 版。

三、译著

1. ［澳］戴维·思罗斯比：《经济学与文化》，王志标、张峥嵘译，北京：中国传媒大学出版社 2011 年版。

2. ［德］艾约博：《以竹为生：一个四川手工业造纸村的 20 世纪社会史》，韩巍译，南京：江苏人民出版社 2016 年版。

3. ［德］马克思：《1844 年经济学哲学手稿》，中共中央马克思恩格斯列宁斯大林著作编译局译，北京：人民出版社 2000 年版。

4. ［德］乔纳斯·费边：《时间与他者》，马健雄等译，北京：北京师范大学出版社 2018 年版。

5. ［法］福柯：《古典时代疯癫史》，林志明译，上海：三联书店 2005 年版。

6. ［法］福柯：《知识考古学》，谢强、马月译，上海：三联书店 2003 年版。

7. ［法］亨利·列斐伏尔：《空间与政治：进入都市的权力》，李春译，上海：上海人民出版社 2015 年版。

8. ［法］居伊·德波：《景观社会》，王昭凤译，南京：南京大学出版社 2006 年版。

9. ［法］克洛德·列维-施特劳斯：《面具之道》，张祖建译，北京：中国人民大学出版社 2014 年版。

10. ［法］克洛德·列维-施特劳斯：《忧郁的热带》，王志明译，北京：中国人民大学出版社 2009 年版。

11. ［法］莫里斯·哈布瓦赫：《论集体记忆》，毕然、郭金华译，上海：上海人民出版社2002年版。

12. ［法］皮埃尔·布尔迪厄：《区分：判断力的社会批判（上册）》，刘晖译，北京：商务印书馆2015年版。

13. ［法］皮埃尔·布尔迪厄：《实践理论大纲》，高振华、李思宇译，北京：中国人民大学出版社2017年版。

14. ［法］皮埃尔·布尔迪厄：《文化资本与社会炼金术》，包亚明译，上海：上海人民出版社1997年版。

15. ［法］让·波德里亚：《象征交换与死亡》，车槿山译，南京：译林出版社2012年版。

16. ［美］爱德华·希尔斯：《论传统》，傅铿等译，上海：上海人民出版社1991年版。

17. ［美］安德鲁·斯特拉桑：《身体思想》，王业伟译，沈阳：春风文艺出版社1999年版。

18. ［美］段义孚：《恋地情结》，志丞、刘苏译，北京：商务印书馆2018年版。

19. ［美］段义孚：《人文主义地理学》，宋秀葵、陈金凤、张盼盼译，上海：上海译文出版社2020年版。

20. ［美］杰恩·巴尼：《获得与保持竞争优势》，王俊杰译，北京：清华大学出版社2003年版。

21. ［美］克利福德·格尔茨：《地方知识——阐释人类学论文集》，杨德睿译，北京：商务印书馆2014年版。

22. ［美］路易斯·亨利·摩尔根：《美洲土著的房屋和家庭生活》，李培茱译，北京：中国社会科学出版社1985年版。

23. ［美］迈克尔·波特：《国家竞争优势》，李明轩译，北京：华夏出版社2002年版。

24. ［美］米切尔：《风景与权力》，杨丽译，南京：译林出版社2014年版。

25. ［美］施坚雅：《中国农村的市场和社会结构》，史建云、徐秀丽译，北京：中国社会科学出版社1998年版。

26. ［美］温迪·达比：《风景与认同》，张箭飞、赵红英译，南京：译林出版社2011年版。

27. ［美］詹姆斯·斯科特：《逃避统治的艺术：东南亚高地的无政府主义历

史》，王晓毅译，上海：三联书店2016年版。

28. ［斯洛文尼亚］斯拉沃热·齐泽克：《延迟的否定》，夏莹译，南京：南京大学出版社2016年版。

29. ［印度］杜赞奇：《文化、权力与国家：1900—1942年的华北农村》，王福明译，南京：江苏人民出版社2010年版。

30. ［英］埃文思－普里查德：《努尔人：对一个尼罗特人群生活方式和政治制度的描述》，褚建芳译，北京：商务印书馆2014年版。

31. ［英］霍布斯鲍姆、［英］兰格：《传统的发明》，顾杭、庞冠群译，南京：译林出版社2004年版。

四、学位论文

1. 潘英：《这湘有礼——基于湖南农耕文化的本土设计研究与实践》，湖南大学硕士学位论文2014年。

2. 秦思思：《陶瓷茶具的隐喻性设计研究》，中南林业科技大学硕士学位论文2015年。

3. 汤维：《长沙窑模印贴花特色纹饰的研究与创新》，湖南师范大学硕士学位论文2018年。

4. 王宝升：《长沙窑的现代化生活陶瓷设计研究》，湖南大学硕士学位论文2009年。

5. 肖会君：《多视角融合的长沙窑本土知识可视化设计研究》，湖南大学硕士学位论文2017年。

6. 袁子壹：《现代长沙窑茶具设计研究》，东南大学硕士学位论文2016年。

7. 郑佳佳：《哈尼梯田景观标识的人类学研究》，云南大学博士学位论文2018年。

8. 周任妩茜：《长沙窑互动娱乐游戏界面设计》，湖南师范大学硕士学位论文2018年。

五、外文著作

1. Andy C. Pratt and Paul Jeffcutt, ed., Creativity, Innovation, and the Cultural Economy. London：Routledge, 2009.

2. Barbara Bender eds. Landscape：Politics and Perspectives. Oxford：Berg, 1993.

3. Basso, Keith. Landscape and Language among the Western

Apache. Albuquerque: University of New Mexico Press, 1996.

4. Christopher B. Steiner. The Art of the Trade: On the Creation of Value and Authenticity in the African Art Market. In George E. Marcus and Fred R. Myers, ed. , The Traffic in Culture Refiguring Art, and Anthropology. Berkeley: University of California Press, 1995.

5. Christopher N. Matthews. Idea of the Site: History, Heritage, and Locality in Community Archaeology. In Ludomir R. Lozny, ed. , Landscapes Under Pressure: Theory and Practice of Cultural Heritage Research and Preservation. London: Springer, 2006.

6. Christopher Tilley. A Phenomenology of Landscape: Places, Paths and Monuments. Berg Publishers, 1994.

7. Coleman Danto. Art Artifact: African Art in Anthropology Collections. New York & Munich: Prestel Pub, 1988.

8. Daniel Terrasson. Research Supporting Landscape Policy. in Paul Claval, John Agnew ed. , Landscapes, Identities, and Development. Aldershot: Ashgate, 2011.

9. Denis Cosgrove. Geography and Vision Seeing, Imagining and Representing the World. London: I. B. Tauris & Co Ltd. , 2008.

10. Donald Mitchell. Cultural Geography: A Critical Introduction. London: Blackwell, 2000.

11. Don Mitchell. New Axioms for Reading the Landscape: Paying Attention to Political Economy and Social Justice. In Wescoat Jams and Douglas Johnston ed. , Political Economies of Landscape Change: Places of Integrative Power. New York and London Springer, 2008.

12. E. Hirsh & M. O'Hanlon ed. The Anthropology of Landscape: Perspectives on Place and Space, Oxford: Clarendon Press.

13. Gwendolyn Wright. The Politics of Design in French Colonial Urbanism. Chicago: University of Chicago Press, 1991.

14. Harvey D. Consciousness and the Urban Experience. Oxford: Basil Blackwell, 1985.

15. Helaine Silverman and Tami Blumenfield. Cultural Heritage Politics in China. New York: Springer, 2013.

16. Henri Lefebvre. The Production of Space. London: Blackwell Press, 1991.

17. John Walker. Design History and the History of Design. London: Pluto

Press, 1989.

18. Kenneth R. Olwig. This is not a Landscape: Circulating Reference and Land Shaping. In Hannes Palang, Helen Soovali, Marc Antrop and Gunhild Setten, ed., European Rural Landscapes: Persistence and Change in a Globalising Environment. Dordrecht: Kluwer Academic Publishers, 2004.

19. Lynn M. Hart. Three Walls: Regional Aesthetics and the International Art World. In George E. Marcus and Fred R. Myers, ed., The Traffic in Culture: Refiguring Art and Anthropology. Berkeley: University of California Press, 1995.

20. Meinig D. W. The Beholding Eye: Ten Versions of the Same Scene. in Meinig, D. W. ed.. The Interpretation of Ordinary Landscapes. Oxford: Oxford University Press, 1979.

21. Michel Conan. From Vernacular Gardens to a Social Anthropology of Gardening. In Michel Conan, ed., Perspectives on Garden Histories. Washington: Dumbarton Oaks Research Library and Collection, 1999.

22. Nadel S. F. The Foundations of Social Anthropology. London: Routledge, 2004.

23. Nezar Alsayyad. Consuming Tradition, Manufacturing Heritage Global Norms and Urban Forms in the Age of Tourism. London: Routledge, 2001.

24. Richard Longstreth ed., Cultural Landscapes: Balancing Nature and Heritage in Preservation practice. Minneapolis: The University of Minnesota Press, 2008.

25. Ruth Beilin, Regina Lindborg and Cibele Queiroz. Biodiversity and Land Abandonment: Connecting Agriculture, Place and Nature in the Landscape. In Zoran Roca, Paul Claval and John Agnew, ed., Landscapes, Identities and Development. Aldershot: Ashgate Publishing Limited, 2011.

26. Stephen Daniels, "Marxism, Culture, and the Duplicity of Landscape," in Richard Peet and Nigel Thrift, eds., New Models in Geography: The Political-Economy Perspective, London: Academic Division of Unwin Hyman Ltd., 1989.

27. Tim Ingold. Making: Anthropology, Archaeology, Art and Architecture. London: Routledge, 2013.

28. UNESCO. Towards Sustainable Strategies for Creative Tourism Discussion Report of the Planning Meeting for 2008 International Conference on Creative Tourism Santa Fe. New Mexico, USA, 2006.

29. Webb J., Schirato T., Danaher G. Understanding Bouediue. London and New

Delhi: Sage Publications, 2002.

30. Zukin Sharon. Naked City: The Death and Life of Authentic Urban Places. Oxford: Oxford University Press, 2010.

六、外文期刊论文

1. Connell J. Film Tourism-Evolution, Progress and Prospects. Tourism Management, 2012, Vol. 33, No5.

2. Frith S. Knowing One's Place: The Culture of Cultural Industries. Cultural Studies from Birmingham, 1991, Vol. 11, No. 1.

3. Kole S. K. Dance, Representation, and Politics of Bodies. Journal of Tourism and Cultural Change, 2010. Vol. 8, No. 3.

4. Kong, Lily. Introduction: Cultural, Economy, Policy: Trends and Developments [J]. Geoforum, 2000, Vol. 31, No. 4.

5. Larry Shiner. Primitive Fakes: Tourist Art and the Ideology of Authenticity. The Journal of Aesthetics and Art Criticism, 1994, Vol. 52, No. 2.

6. Pendlebury J. Conservation Values, the Authorized Heritage Discourse and the Conservation-planning Assemblage. International Journal of Heritage Studies, 2013, Vol. 19, No. 7.

7. Tim Ingold. The Temporality of the Landscape. World Archaeology, 1993, Vol. 25, No. 2.

8. Xiaoyan Su. Reconstruction of Tradition: Modernity, Tourism and Shaolin Martial Arts in the Shaolin Scenic Area, China. The International Journal of the History of Sport, 2016, Vol. 33, No. 9.

后　记

　　本书是笔者在中山大学人类学系攻读博士学位的论文基础上修改而成的。

　　感谢我的博士生导师麻国庆教授，在选题方向、田野点确定以及论文写作等方面，给予我的耐心的教诲与指导。老师不仅带我迈进人类学学术研究的大门，还培养我发现问题、研究问题、解决问题的能力。感谢陈志明教授，悉心阅读论文初稿、细致入微批改论文措辞，才得以让拙文逐渐打磨成型。感谢段颖教授，每当在田野调查遇到困惑时，总是及时指点迷津。感谢刘志扬教授、张振江教授、朱爱东教授、谭同学教授，总是倾囊相授，让我逐渐领悟学术的真谛，使我的写作过程充满乐趣。感谢刘昭瑞教授、周大鸣教授、张应强教授，让我感悟到博学求实、认真严谨的治学理念。感谢邓启耀教授、何国强教授、郑君雷教授、张文义教授，不仅授我以鱼，也授我以渔，终身受用。同时也感谢中山大学马丁堂所有的老师们，让我体验到了学术大家庭的亲切与温情。

　　在最充实繁忙的博士论文写作期间，我的两位同门挚友——区缵、苏世天给予我巨大的精神支持与鼓励。几年来，我们一起学习，共同调研，度过了人生中一段难忘的时光。与你们一起研讨学习，我时常会获得灵感，混沌顿悟。

　　论文的完成，还得感谢我亲爱的陶艺师朋友们！你们的真诚、善良和热心，总是感染、激励着我。一次次你们耐心地讲解描述、用心地操作示范，使我这个"门外汉"很快对陶瓷的技艺、工序、流程有了直观的认识和理解。感谢周世洪师傅多次热情接待我，让我及时地收集到第一手资料；感谢刘坤庭师傅为我提供制陶场地，并让我观悟到您精湛的技艺；感谢79

岁高龄的刘铁柱老师亲自带我走访厂矿作坊，给我讲述铜官弄堂、砖墙背后的人文历史，刘老师对铜官的风土人情如数家珍、饱含感情，您是我心中敬重的长者。还要感谢为铜官片区发展默默奉献的各级领导、职员，为我的田野调查提供重要的素材、资料。

感谢我的家人，无论何时，总是支持我所做的任何抉择，包容我生活中的诸多疏忽，坚定陪伴我走过求学之路，让我深感温暖与幸福。

吾生有涯，而知也无涯。感谢满怀理想且义无反顾的自己。虽不再少年，却永远有着少年人的勇气，希望自己一直向阳而行。岁月漫长，然而保持热爱，便可抵达更好的彼岸。

鲁 雯
辛丑年中秋于长沙